Sophia Ebert / Johannes Glaeser (Hrsg.)
Ökonomische Utopien

Sophia Ebert / Johannes Glaeser
(Hrsg.)

Ökonomische Utopien

Neofelis Verlag

Gefördert durch

Gemeinnützige
Hertie-Stiftung

www.ghst.de

Bibliografische Information der Deutschen Nationalbibliothek
Die Deutsche Nationalbibliothek verzeichnet diese Publikation in der Deutschen Nationalbibliografie; detaillierte bibliografische Daten sind im Internet über http://dnb.d-nb.de abrufbar.

Umschlaggestaltung: Marija Skara
Druck: Drusala s.r.o., Frýdek-Místek (CZ)
Gedruckt auf FSC-zertifiziertem Papier.
ISBN (Print): 978-3-95808-008-9
ISBN (PDF): 978-3-95808-051-5

Inhalt

Geleitwort

Welche Bedeutung haben Utopien in einem Zeitalter, in dem viele politische Entscheidungen oder ökonomische Entwicklungen „alternativlos" erscheinen? Vor dem Hintergrund, dass mit diesem Begriff Anfang des 21. Jahrhunderts nicht ausschließlich positive Erfahrungen konnotiert werden, bedarf die Auseinandersetzung mit Utopien eines vielschichtigen und kritischen Blickes. Inwieweit prägen utopische Vorstellungen, die in der frühen Neuzeit oder der industriellen Moderne so bedeutsam waren, auch heute noch Literatur, Kunst, Wissenschaft und gesellschaftliche Diskussionen? Welche Denkmodelle, Potenziale oder Risiken bringen Utopien mit sich?
Die wissenschaftliche Tagung „Ökonomische Utopien" – im Oktober 2013 in Frankfurt am Main – wurde initiiert durch Sophia Ebert und Johannes Glaeser, zwei Fellows der Gemeinnützigen Hertie-Stiftung, die zugleich Herausgeber dieses Bandes sind. Die Tagung bot etwa 30 Nachwuchswissenschaftlerinnen und -wissenschaftlern ein Forum, um über etablierte Konzepte ökonomischer Utopien in den Wirtschafts-, Sozial- und Geisteswissenschaften nachzudenken und weiterführende Fragen und Überlegungen zu diskutieren. Das Ergebnis dieser Konferenz, der vorliegende Band, der die Potenziale eines solchen Zusammentreffens junger Forscherinnen und Forscher unterschiedlicher Disziplinen demonstriert, ist in erster Linie dem Engagement der beiden Initiatoren zu verdanken.

Die Gemeinnützige Hertie-Stiftung hat die Tagung im Rahmen ihres *fellows & friends* Programms gefördert. Mit ihrem internationalen und interdisziplinären Netzwerk von Fellows möchte die Stiftung zur Erweiterung der Kompetenzen und dem Austausch zwischen Experten in Wissenschaft, Politik und Wirtschaft beitragen. Zugleich wäre dieser Band ohne die substantielle Unterstützung durch das Exzellenzcluster „Die Herausbildung normativer Ordnungen“ an der Goethe-Universität Frankfurt am Main nicht entstanden. Auch hierfür unser herzlicher Dank.

Utopien – begriffen als Chancen, Traumvorstellungen *sui generis*, als unkonventionelle Bestrebungen von Individuen oder Kollektiven – können einen Weg zu gesellschaftlichen Veränderungen aufzeigen. Schließlich verwandelt ein vorwärtsdrängendes Begehren nach Veränderung des gesellschaftlichen Status quo Utopien in konkrete Handlungsvorstellungen, die nicht als abstrakte Einbildungen ihren Abschluss finden, sondern nach paradigmatischen Darstellungen suchen. In diesem Geiste und mit fester Überzeugung – „that the most powerful ‘realism’ today is the utopian imagination“[1] – entstand der vorliegende Band.

Grzegorz Nocko
Gemeinnützige Hertie-Stiftung
Leiter Programm *fellows & friends*

1 Arthur Mitzman: *Prometheus Revisited. The Quest for Global Justice in the Twenty-first Century*. Amherst / Boston: University of Massachusetts Press 2003, S. XXI.

Einleitung

Derzeit tritt das ökonomische geradezu als der Feind des utopischen Denkens auf: Sozialphilosophische Gegenwartsdiagnosen betonen den gefährlichen gesellschaftlichen Einfluss einer „Ideologie betriebswirtschaftlicher Rationalisierung" (Oskar Negt), die in alle Lebensbereiche vordringe,[1] sie diagnostizieren besorgt eine „Ökonomisierung des Sozialen", die das „unternehmerische Selbst" (Ulrich Bröckling) zum Leitbild mache.[2] Während die Kunst, so eine verbreitete Ansicht, ein ureigenes Interesse an der Utopie haben müsse, erscheint wirtschaftliches Denken und Handeln als eine Betätigung für trübe Tatsachenmenschen, die sich statt an Wunschbilder an Prognosen halten, die statt grundsätzliche Kritik zu üben, auf die sogenannte Realität verweisen, auf deren Fährnisse und Zwänge.

Nun ist diese Gegenüberstellung von utopischem Möglichkeitsdenken und nüchternem empirisch-sozialwissenschaftlichem Wirklichkeitsbezug natürlich holzschnittartig:[3] Zum einen ist die Semantik des Begriffs

1 SPIEGEL-Gespräch mit Oskar Negt: „In dieser Gesellschaft brodelt es". In: *Der Spiegel*, 09.08.2010, S. 98–101, hier S. 98.

2 Ulrich Bröckling: *Das unternehmerische Selbst. Soziologie einer Subjektivierungsform.* Frankfurt am Main: Suhrkamp 2007, S. 12.

3 Vgl. Wilhelm Vosskamp: „Die Entwicklung eines ‚Möglichkeitssinns' entspricht dem ‚Wirklichkeitssinn', der die jeweilige Realität als potentiell veränderbar ansieht. Der Möglichkeitssinn ist deshalb keine bloß romaneske Erfindung, er liegt vielmehr in der Wirklichkeit selbst begründet." (Wilhelm Vosskamp: Möglichkeitsdenken. Utopie und

der Utopie enorm facettenreich. Er dient als Gattungsbezeichnung für literarische Texte mit historisch betrachtet sehr heterogenen Intentionen und narrativen Strategien, er beschreibt zudem auch generell die Befähigung, Möglichkeiten und Alternativen zu imaginieren. Karl Mannheims Untersuchung des „utopischen Bewusstseins" als eine „bestimmte Art intellektueller Weltsicht"[4] etwa markiert diese appellative Bedeutungsdimension des Begriffs, die über die Utopie als literarische Gattung und auch über die Literatur und über die Kunst insgesamt hinausgeht. Zum anderen besteht historisch eine enge Verbindung zwischen Utopie und Ökonomie: Bevor sich die Neoklassik in den wirtschafswissenschaftlichen Disziplinen als gleichsam alternativloses theoretisches Fundament etablierte, waren gerade Ökonomen an der Entwicklung wirtschafts- und gesellschaftspolitischer Alternativen beteiligt, die sich gegen den Status Quo richteten. So zielte beispielsweise Adam Smiths Betonung der wohlstandsfördernden Wirkungen freien ökonomischen Austauschs auf die Überwindung feudaler Abhängigkeitsverhältnisse; Karl Marx legte mit seinen ökonomischen Überlegungen den Grundstein für eine sozialistische Produktionsweise, die Ausbeutung und Entfremdung der Arbeit überwinden sollte.

Gemein ist solchen sozialistischen wie kapitalistischen Wirtschaftsentwürfen seit dem 18. Jahrhundert ein in der europäischen Aufklärung wurzelnder Fortschrittsoptimismus, der mit dem technischen und wirtschaftlichen Wandel die Hoffnung verbindet, kulturelle Blüte befördern und soziale Nöte beseitigen zu können.[5] Nicht selten sogar nutzten Ökonomen die literarische Utopie zur Veranschaulichung und Propagierung ihrer Einsichten und blieben ihrerseits auch nicht unbeeinflusst von künstlerisch-kreativen Zugängen: Wladimir Iljitsch Lenin bezog sich mit seiner berühmten Streitschrift *Was tun?* (1902) auf den gleichnamigen

Dystopie in der Gegenwart. Einleitung. In: Günter Blamberger / Martin Roussel / Wilhelm Vosskamp (Hrsg.): *Möglichkeitsdenken. Utopie und Dystopie in der Gegenwart*. München: Fink 2013, S. 13–30, hier S. 15.

4 Karl Mannheim: Art. Utopie. In: Arnhelm Neusüss (Hrsg.): *Utopie. Begriff und Phänomen des Utopischen*. Frankfurt am Main / New York: Campus 1986, S. 113–119, hier S. 113.

5 So speisten sich auch die Wirtschaftsstufentheorien der historischen Schule der Nationalökonomie aus der Überzeugung, dass der technische und wirtschaftliche Wandel als eine teleologische Entwicklung der Menschheit zu immer ‚höheren' Kulturstufen zu deuten sei.

Roman Nikolai Gawrilowitsch Tschernyschewskis, in dessen Erzählhandlung utopische Zukunftsbeschreibungen eingebettet sind;[6] der Nationalökonom Theodor Hertzka popularisierte seine Idee eines alternativen Kreditsystems in seinen utopischen *Freiland*-Romanen.[7] Hertzkas *Freiland*-Utopie entstand unter dem Einfluss des utopischen Romans *Looking Backward or Life in the Year 2000* (1888) des amerikanischen Reformsozialisten Edward Bellamy. Dem Ökonomen John Maynard Keynes wiederum diente ein utopischer Entwurf zur Befestigung eines Zukunftsoptimismus, der insbesondere auf stetiges Wirtschaftswachstum setzte. In seinem Essay *Economic Possibilities for Our Grandchildren* von 1931 sagt Keynes den Enkeln seiner Generation eine glückliche Zukunft vorher: Befreit von finanziellen Sorgen und der Last der täglichen Arbeit für den Lebensunterhalt widmeten sich die Menschen des Jahres 2030 vor allem der künstlerischen und kulturellen Selbstverwirklichung.[8]

Die interdisziplinäre Tagung im Oktober 2013 an der Goethe-Universität Frankfurt am Main, deren Ergebnisse der vorliegende Band dokumentiert, legte den Schwerpunkt auf die spezifische Rolle ökonomischer Theorie und Praxis im utopischen Diskurs der Moderne. Eingeladen waren Kultur-, Sozial- und Wirtschaftswissenschaftler zur gemeinsamen Diskussion historischer und aktueller „Ökonomischer Utopien". Der „methodisch offene, experimentelle Charakter"[9] interdisziplinären Forschens bringt es mit sich, dass die einzelnen Beiträge ihrer jeweiligen fachwissenschaftlichen Perspektive entsprechend unterschiedliche Facetten des Utopie-Begriffs betonen. Der Einwand, der bekanntlich häufig gegen interdisziplinäre Ansätze laut wird, Begriffe verlören durch eine zu unscharfe Definition ihre analytische Brauchbarkeit, gilt nur dann,

6 Vgl. Nikolai Gawrilowitsch Tschernyschewski: *Was tun? Aus Erzählungen von neuen Menschen* [1863], aus d. Russ. v. Hermann Gleistein / M. Hellmann, mit einem Nachwort v. Wolf Düwel, Berlin / Weimar: Aufbau 1974.

7 Vgl. Theodor Hertzka: *Freiland. Ein sociales Zukunftsbild.* Leipzig: Duncker & Humblot 1890; ders.: *Eine Reise nach Freiland.* Leipzig: Reclam 1893.

8 Vgl. John Maynard Keynes: Economic Possibilities for Our Grandchildren (1930). In: Ders.: *Essays in Persuasion.* New York: Norton 1963, S. 358–373.

9 Wilhelm Berger / Gert Dressel / Katharina Heimerl / Verena Winiwarter: Doing Inter- und Transdisziplinarität. In: Dies. (Hrsg.): *Interdisziplinär und transdisziplinär forschen.* Bielefeld: Transcript 2014, S. 297–312, hier S. 300.

wenn dieser Umstand von den beteiligten Akteuren nicht ausreichend reflektiert wird. Um die Möglichkeit zu schaffen, die Beziehung zwischen Utopie und Ökonomie in möglichst viele Richtungen hin auszuloten, erschien uns als Herausgebern eine zu enge semantische Begrenzung des Begriffs nicht förderlich. Vielmehr waren die Autoren des Bandes dazu aufgefordert, den jeweils für ihr Thema und ihren Zugriff relevanten Aspekt herauszuarbeiten und in seiner methodischen Funktion kenntlich zu machen.

Der interdisziplinäre Zugang des Bandes spiegelt sich auch in seiner Gliederung, die bewusst eine Sortierung nach Fachrichtung der Autoren bzw. nach Untersuchungsgegenstand vermeidet und die Beiträge stattdessen in vier thematische Schwerpunkte unterteilt.

So rückt Teil I zunächst den für die Ökonomie zentralen Begriff der „Arbeit" in den Blick: Peter Seyferth stellt unter Rückgriff auf die Utopie-Topie-Konstellation bei Gustav Landauer mit Chris Carlssons *After the Deluge* (2004) eine literarische Utopie der Jahrtausendwende vor, die in die Gattungstradition der utopischen Literatur eingeordnet werden kann, sich jedoch von einer Vorstellung verabschiedet hat, die unter Utopie ein perfektes System versteht. Seyferth untersucht das Konzept von Arbeit, das Carlsson in seinem Roman in der Tradition des kommunistischen Prinzips „jeder nach seinen Fähigkeiten, jedem nach seinen Bedürfnissen" entwickelt. Die literarische Fiktion dient Carlsson zur Veranschaulichung einer intentionalen Utopie, darüber hinaus aber, so machen Seyferths Ausführungen deutlich, wird die in der Gattung des utopischen Romans angelegte Dialektik von Utopie und Utopiekritik bei Carlsson weiter getrieben: In seinem Roman ist das Leben und Arbeiten „nach der Sintflut" zwar für viele angenehmer als zuvor, doch gibt es auch Gegner, deren Einwände zugelassen werden.

Angesichts gegenwärtiger Diskussionen um den gesellschaftlichen Stellenwert von Arbeit, angesichts einer neuen „Unübersichtlichkeit von Ausbeutungs- und Verwertungsverhältnissen" in den westlichen Industrienationen, so zeigt Till Breyer, lohnt auch der Blick zurück: Mit ihrem bewusst anti-wissenschaftlichen Gestus, ihren karnevalesken, närrischen, inversiven Strategien eröffne Paul Lafargues Streitschrift *Das Recht auf Faulheit. Widerlegung des Rechts auf Arbeit* von 1848 einen Ort „des Sprechens jenseits der neoliberalen Topie von Arbeit, Vertrauen, sozialer

Verantwortung und systemischer Rationalität". Gedanklich knüpft hier der Beitrag von Matthias Naumann zum „Glücksspiel als inner- und gegenkapitalistische Utopie" an: Arbeit, so Naumann, gelte sowohl in der bürgerlich-kapitalistischen Ökonomie als auch in den meisten sozialistischen Vorstellungen einer alternativen Ökonomie des Proletariats als Versprechen eines erfüllten sozialen und auch eines erfüllten privaten Lebens. Im Glückspiel indes werde das Geld aus seinem sozialen Verhältnis als Maß der Arbeit gelöst. In der künstlerischen Auseinandersetzung mit diesem Phänomen erscheine das Glückspiel, dies weist Nauman anhand literarischer und filmischer Beispiele nach, als antibürgerliches und antiproletarisches Versprechen des Mehrwerts ohne Arbeit – als eine Utopie innerhalb des jeweiligen Systems, die, nehme sie (im fiktionalen Rahmen der behandelten kulturellen Artefakte) reale Gestalt an, oft auch in Dystopie umschlage. Nicht von ungefähr treffe sich das Glücksspiel als antibürgerliche und antiproletarische Betätigung zudem mit der des Künstlers, die ebenso wie die Figur des Spielers die Aufgabe der Maßfunktion des Geldes für die allein wertsetzende Arbeit (und Arbeitszeit) in Frage stelle.

Teil II schließt mit seinem Schwerpunkt „Produktivität" thematisch an, verschiebt die Perspektive indessen hin zur Frage nach Optimierung und Regulierung des Menschen, seiner Arbeitskraft, seiner Zielsetzung und seines Körpers im utopischen Diskurs. Marion Messiner konzentriert sich auf die bioökonomische Dimension von Theodor Herzls Roman *Altneuland*. 1902 veröffentlicht, ist dieser Roman Herzls, der als Begründer des politischen Zionismus gilt, der utopische Entwurf eines jüdischen Staates in Palästina. Vor dem Hintergrund des medizinischen Diskurses der Jahrhundertwende zeigt Messiner, wie Herzls Roman eine Anthropomorphisierung von Gesellschaft betreibt: Der Strom der jüdischen Emigranten, die nach Altneuland kommen, wird vergleichbar mit „Blutkörperchen, die frisches Leben ins alte Land pumpen". Krankenversicherungen sowie Geburten- und Sterbekontrollen dienen der Aufrechterhaltung der Arbeitsproduktivität. Der einzelne Mensch ist hier Ressource, in dessen Gesundheit der Staat aus ökonomischem Kalkül investiert.

Um den Problemzusammenhang „Gesundheit und gesellschaftliche Produktivität" geht es auch im folgenden Beitrag von Kirsten Fitzke: Der

Maler Heinrich Hoerle thematisierte in den 1920er Jahren die Vorstellung einer Verschmelzung von Mensch und Maschine, die sich insbesondere in der Produktion von Prothesen für die rund 2,7 Millionen Männer zeigte, die als Krüppel aus dem Krieg zurückgekehrt waren. Wiedereingliederung in den Produktionsprozess war das Ziel. Hoerles künstlerisches Schaffen entwickelt aus der realen Anschauung Bilder, die durchaus als Vorläufer des Cyborg in der Science-Fiction gelten können. In Hoerles Arbeiten, so hebt Fitzke hervor, bekomme die Verschmelzung von kriegsversehrtem Körper und produktiver Maschine in ihrer Überspitzung eine bedrohliche Dimension.

Eine fiktionale Gesellschaft, die menschliche Arbeit zur Produktion von Gütern nicht mehr kennt, für die Arbeit einzig der persönlichen, geistigen Selbstvervollkommnung dient, stellt Christian E. W. Kremser an einem Beispiel aus der Populärkultur vor: In der Science-Fiction-Welt von *Star Trek* erzeugen Maschinen, die sogenannten Replikatoren, jedes gewünschte Gut, sodass in den „Vereinten Föderationen“ nicht nur keine Knappheit, sondern absoluter Überfluss herrscht. Und dennoch, so zeigt Kremser, sind es eben nicht diese außerordentlichen technischen Möglichkeiten, die das Utopische des Mediafranchise *Star Trek* ausmachen. Vielmehr bestehe der utopische Fortschritt, der in *Star Trek* dem Publikum als erstrebenswerter gesellschaftlicher und individueller Zielpunkt vermittelt wird, in einem Wandel des ökonomischen Ethos, des „Wirtschaftsgeistes“, wie Kremser in Anlehnung an das theoretische Modell zur Bestimmung des Wirtschaftsstils einer Gesellschaft von Arthur Spiethoff herausstellt.

Dass die utopische Vorstellung einer Welt, in der Maschinen die Arbeit übernehmen oder jedenfalls die Produktivität optimieren, durchaus Resonanz nicht nur in populären Science-Fiction-Formaten fand, sondern mit dem Projekt eines kybernetischen Sozialismus in einigen kommunistisch regierten Ländern der 1970er und 1980er Jahre für viele Verantwortliche durchaus realisierbar schien, zeigt Hannes Gießler: Mit Hilfe von Computern sollte ein vollkommen automatisiertes, zentral verwaltetes Wirtschaften möglich werden. Kybernetiker in der Sowjetunion und in Chile hofften, leistungsstarke Rechner würden eine digitale Vernetzung von Haushalten und Betrieben ermöglichen und Produktions- und Lieferketten hinsichtlich ihrer Anforderungen an technische

Neuerungen, Produktionsausfälle oder veränderte menschliche Bedürfnisse berechnen.

Gießlers Ausführungen leiten Teil III des Bandes ein, in dem es um das Verhältnis von utopischer Theorie und ökonomischer Praxis geht. Katja Rieck zeigt im folgenden Beitrag, wie indische Intellektuelle während der britischen Kolonialherrschaft die britischen Freihandelsprinzipien und generell die wirtschaftliche Industrialisierung westlicher Prägung in Frage stellten. Die künftige Ökonomie Indiens sollte mit der agrarischen, dörflichen indischen Kultur und insbesondere auch mit den religiösen Voraussetzungen des Hinduismus vereinbar sein. Anhand der Ideen Rudhakamal Mukerjees für eine indische Wirtschaft, die auf den sozioökonomischen Bedingungen, Traditionen und Tugenden des Landes aufbaut, verdeutlicht Rieck, wie Utopien aus dominanten Machtregimen entstehen und emanzipative Wirkung entfalten können.

Wie weit indes die analytische Tragfähigkeit des Utopie-Begriffs bei der Untersuchung solcher Verwirklichungsversuche alternativer Modelle reicht, fragt Franziska Bechtel. Mit Robert Owens Siedlungsprojekt New Harmony nimmt sie sich einen regelrechten Klassiker der Utopie-Forschung vor – jedoch aus veränderter Perspektive: Wie Bechtel anhand von Archivmaterialen zur Geschichte dieser Stadt zeigen kann, übersieht eine Forschung, die sich allein auf die Gesichtspunkte „Utopie" bzw. „Verwirklichung von Utopie" konzentriert, unternehmerische Aspekte, die bei der Entwicklung und Entstehung des Siedlungsprojektes ebenso eine Rolle gespielt haben wie bei seinem Scheitern.

Die kritische Funktion utopischen Denkens für die Ökonomie und auch umgekehrt, die wachsende Kritik an der Utopie in der Moderne steht im Fokus des vierten Teils. Jonas Nesselhauf weist auf die Skepsis gegenüber der Realisierung perfekter utopischer Wirtschafts- und Gesellschaftsentwürfe hin, die sich bereits in der Literatur des späten 19. und frühen 20. Jahrhunderts bemerkbar macht. Diese Skepsis der Moderne manifestiert sich nicht nur in negativen Utopien à la *Brave New World*, sondern auch in literarischen Texten, bei denen es sich nicht um literarische Utopien beziehungsweise Dystopien handelt. In solchen nämlich, so zeigt Nesselhauf, die den Utopisten selbst zur literarischen Figur machen, und ihn mitsamt seiner Entwürfe eines gerechteren Wirtschaftssystems scheitern lassen.

Um den fiktiven Charakter ökonomischer Modellbildung geht es im Beitrag von Jens Reich. Die normative Ausrichtung neoklassischer Ökonomen auf paretoeffiziente Allokation sowie die Annahme einer auf die Zukunft bezogenen vollkommenen Erwartungsbildung der Wirtschaftsakteure bildet für Reich den Ausgangspunkt, um die Realitätsferne ökonomischer Modellbildung zu diskutieren. Reich spricht von einer „neoklassischen Utopie", einem normativen Entwurf, der zwar im Modell deduktiv hergeleitet werden kann, aber an seiner empirischen Umsetzung und Prognosefähigkeit scheitern müsse und keineswegs zum Ausgangspunkt einer wertfreien Politikberatung erhoben werden dürfe. Auch das Vorgehen, das Marktgeschehen sowie die geäußerten Präferenzen der Wirtschaftsakteure ex post als Ergebnis einer rationalen Handlungslogik zu deuten, wertet Reich als Versuch, die postulierten Modell-Axiome im Nachhinein als real existent, als „Heterotopie" erscheinen zu lassen.

Dass ausgerechnet der österreichische Ökonom Friedrich August von Hayek, der den utopisch-rationalen Konstruktivismus und die Vorstellung einer vernunftgesteuerten Planung von Gesellschaften für eine Anmaßung hielt und gesellschaftliche Zustände als das Ergebnis einer spontanen, nicht-intendierten Ordnung ansah, selbst utopische Anschauungen vertrat und diese geschickt gegen Kritik zu immunisieren verstand, ist Thema des Beitrags von Christopher Dathe. So zeigt Dathe, dass auch Hayeks „spontane Ordnung" von einem idealisierten Menschenbild ausgeht und ohne die Bestimmung rechtlicher Normen nicht auskommt. Sein Konzept der kulturellen Evolution dient Hayek schließlich dazu, diese Verhaltensweisen und Regeln nicht als Resultat der vernunftgeleiteten Erkenntnis oder als normatives Wunschbild des Theoretikers zu betrachten, sondern als unumgängliches und historisch bewährtes Ergebnis der kulturellen Entwicklung auszuweisen.

Inwiefern sich die Tilgung eines finanziellen Kredits als „utopisch", als im Grunde durch Zinsen und Zinseszinsen nicht einlösbares Versprechen erweist, dessen Einlösung immer wieder in die Zukunft aufgeschoben wird, diskutiert Anne Reich. Reich liest Honoré de Balzacs Roman *La Peau de chagrin* (dt. *Das Chagrinleder*) vor der Folie von Karl Marx' *Kritik der politischen Ökonomie* und parallelisiert die narrative Ökonomie des Romans sowie dessen zentrales Motiv – ein Leder, das die Wünsche seines Besitzers erfüllt, allerdings um den Preis seiner Lebenszeit – mit

Marx' Überlegungen zur Funktionsweise des fiktiven Kapitals: So wie bei Marx fiktives Kapital nicht mehr in realen Größen existiert, aber dennoch Zinsen generiert, die durch neue Schulden finanziert werden müssen, verfällt auch der Protagonist in Balzacs Roman dem Glauben, sich durch immer neue Kredite mehr leisten zu können, als er tatsächlich mit Lebenszeit bezahlen kann.

Der vorliegende Band sowie die dem Band vorangegangene Tagung an der Goethe-Universität Frankfurt am Main wäre nicht ohne die umfassende Förderung und Unterstützung der Gemeinnützigen Hertie-Stiftung möglich gewesen. Wir danken insbesondere dem Leiter des *fellows & friends* Programms Grzegorz Nocko sowie Julia Riedel für ihre Kooperation bei Konzeption und Planung des Bandes und ihre Begeisterung für das Thema.

Danken möchten wir auch dem Exzellenzcluster „Die Herausbildung normativer Ordnungen" an der Goethe-Universität für die Bereitstellung der Räumlichkeiten. Das Exzellenzcluster war nicht nur wegen der hervorragenden Ausstattung, sondern auch aufgrund der Ausrichtung auf die interdisziplinäre Erforschung normativer Ordnungen der ideale Ort für die Diskussion ökonomischer Utopien.

Das Gelingen dieses Bandes war maßgeblich von der Unterstützung der Autoren abhängig. Wir möchten uns deshalb bei allen beteiligen Autoren für die Bereitstellung ihrer Artikel bedanken. Wir schließen, indem wir Matthias Naumann vom Berliner Neofelis Verlag für die wunderbar gelungene Gestaltung des Bandes danken. Sein regelmäßiges Mahnen, sein genaues Lektorat, aber auch seine immer wieder gewährte Geduld hat wesentlich zum erfolgreichen Abschluss des Bandes beigetragen.

Sophia Ebert / Johannes Glaeser

Teil I

Utopische Arbeit, utopische Faulheit

San Francisco nach der Ökonomie: *After the Deluge*

Die anarchokommunistische Öko-Utopie Chris Carlssons

Peter Seyferth

Die intentionale Utopie

Wann immer Menschen rational und zukunftsorientiert handeln,[1] tun sie das mit einem Ziel, von dem sie eine irgendwie geartete Vorstellung haben müssen. Definitionsgemäß ist dieses Ziel ein Noch-Nicht, also etwas, das es nicht gibt, das aber hergestellt oder erreicht werden kann. Die Vorstellung davon ist also einerseits fantastisch, erfunden, ausgedacht; andererseits aber ist sie die notwendige Bedingung für die Rationalität der Handlung. Es ist verlockend, den vielschichtigen und widersprüchlichen Begriff „Utopie" auf diese Vorstellung anzuwenden.

1 Genaugenommen geht es hier nur um zweckrationale Handlungen im Sinne Max Webers; wertrationale Handlungen haben ihr Ziel bereits in sich, was das Ziel gegenwärtig macht und ihm einen anderen ontologischen Status verschafft; affektuelle und traditionale Handlungen werden durch die Vergangenheit „angeschoben" und nicht, wie die zweckrationalen, durch die Zukunft „angezogen". Vgl. Max Weber: *Wirtschaft und Gesellschaft. Grundriß der verstehenden Soziologie.* 5. Aufl. Tübingen: Mohr 1980, S. 12. Ökonomisches Handeln ist immer zweckrational; das Ziel kann dabei z. B. als Zahl in einer spieltheoretischen Auszahlungsmatrix vorgestellt werden – oder als literarische Beschreibung einer besseren Welt.

Ernst Bloch tut das in seinem Werk *Das Prinzip Hoffnung* (1959) implizit, wenn er zuerst davon spricht, dass das Wollen (das er als „aktives Fortgehen zu diesem Ziel“ versteht – also als Handlungsmotivation) vom Wünschen abhängt, das auf eine bestimmte Zielvorstellung hingespannt ist, wenn er danach betont: „desto stärker wird das Wollen sein, je lebhafter seine mit dem Wünschen gemeinsame Zielvorstellung zu einem Wunschbild gestaltet worden ist“[2], und wenn er schließlich Wunschbilder nicht nur in Tagträumen und in der Fantasie, sondern auch in allerlei literarischen Genres (darunter die enger zu definierende literarische Utopie), in Technik, Architektur, Kunst, Politik etc. erblickt.[3] Utopie ist für Bloch im Grunde jede durch den Willen wirksam gemachte Vorstellung von etwas Gewünschtem. Das ist erstens deshalb problematisch, weil der Begriff „Utopie“ so zu viele Phänomene abdeckt, um als analytisches Werkzeug noch nützlich sein zu können. Zweitens ist Blochs Utopiebegriff problematisch, weil er in einem letzten Schritt auflösbar ist: Bloch hält utopisches Hoffen für eine Eigenschaft der unvollkommenen Welt, die verschwindet, wenn mit dem Kommunismus Marx’scher Prägung endlich das Ende der Geschichte erreicht worden ist und alle Menschen für immer wunschlos glücklich sind. Und drittens ist Blochs Utopiebegriff problematisch, weil das literarische Werk, das den Begriff „Utopie“ in die Welt gebracht hat – Thomas Morus’ *Utopia* (1516) – von seinem Autor gar nicht als Wunschbild geschrieben wurde und so im Bloch’schen Sinne eben keine Utopie ist; und das gilt sogar für die meisten literarischen Werke, die wir heute als „Utopien“ kennen.[4]

2 Ernst Bloch: *Das Prinzip Hoffnung*. Frankfurt am Main: Suhrkamp 2013, S. 51.

3 Vgl. ebd., S. 395–1086.

4 Bloch sieht zwar in der *Utopia* „das erste neuere Gemälde demokratisch-kommunistischer Wunschträume“ (ebd., S. 603) und versichert, dass die Schilderungen „des Morus radikalste Auffassungen“ wiedergeben (vgl. ebd., S. 604), und mit dieser Ansicht ist er nicht allein (vgl. Thomas Schölderle: *Utopia und Utopie. Thomas Morus, die Geschichte der Utopie und die Kontroverse um ihren Begriff.* Baden-Baden: Nomos 2011, S. 62–63). Doch es wäre ein Irrtum, Morus als einen Kommunisten zu verstehen, der seinen Utopia-Entwurf verwirklicht sehen wollte; Morus war stets ein katholischer Humanist und schrieb die *Utopia* als Sozialkritik, die den Blick auf die Realität schärfen sollte, nicht auf einen zukünftigen Soll-Wert (vgl. ebd., S. 55–57, 91). Die Morus’sche Intention wurde typisch für die ganze Literaturgattung. Schölderle konstatiert zutreffend: „Über die längste Phase ihrer Geschichte tritt die Utopie ohne erkennbare Verwirklichungsbestrebungen

Um eine brauchbare Vorstellung von der intentionalen Utopie zu erhalten, lohnt es sich daher, statt Bloch Blochs Quelle heranzuziehen: Gustav Landauers Schrift *Die Revolution* (1907). Landauer unterscheidet zwischen „Topie" und „Utopie". Die Topie umfasst die Gesamtheit aller Erscheinungsformen des Zusammenlebens, solange es relativ stabil ist. Allerdings ist die Topie nie perfekt, daher kann die Utopie für Instabilität sorgen und führt schließlich zur Revolution. Die Utopie ist eine Vorstellung von einer tadellos funktionierenden Topie, „die keinerlei Schädlichkeiten und Ungerechtigkeiten mehr in sich schließt"[5]. Sie ist das Leitbild der die Topie umstürzenden Revolution.[6] Dieser Utopiebegriff ist analytisch schärfer als der Blochs, denn er bezeichnet lediglich diejenigen Wunschbilder, die auf eine neue Gesellschaftsordnung zielen. Aber weil sie eine Vorstellung ist, ist die Utopie nicht verwirklichbar: was durch die Revolution entsteht, ist stets wieder eine Topie, die den Keim der Unzufriedenheit der ihr Unterworfenen in sich trägt. Ein Ende der Geschichte wird es nicht geben. „Auf jede Topie folgt eine Utopie, auf diese wieder eine Topie, und so immer weiter."[7] Auch das ist ein Vorteil der Landauer'schen Utopie gegenüber den quasi-eschatologischen Hoffnungen Blochs. Sowohl die Topie als auch die Utopie machen dabei eine je eigene Entwicklung durch: jede Topie besteht aus Elementen der vorherigen Topie und aus in der letzten Revolution erkämpften Schnipseln der damaligen Utopie; jede Utopie „setzt sich aus zwei Elementen zusammen: aus der Reaktion gegen die Topie, aus der sie erwächst, und

auf. Ihre intentionale Ausrichtung befindet sich über Jahrhunderte hinweg in weitgehender Übereinstimmung mit der Funktion als imaginäre Kritikfolie bestehender Missstände." (Ebd., S. 474–475.)

5 Gustav Landauer: *Die Revolution.* Berlin: Karin Kramer 1974, S. 13.

6 Revolution ist dabei nicht als eine kurzfristige Aktion zu verstehen, etwa das Zerschlagen des Staates (oder gar seine Eroberung, die ja an der Struktur nichts ändert); sie ist das Erschaffen neuer Beziehungen zwischen den Menschen. Und das ist eine langwierige Aufgabe. Die analytische Trennung von Topie und Utopie darf nicht mit einer empirischen Trennung historischer Phasen verwechselt werden. In der Wirklichkeit läuft ein dialektischer Prozess ab, in dem das soziale Sein und dessen Überwindung gleichzeitig stattfinden.

7 Ebd.

aus der Erinnerung an sämtliche bekannte frühere Utopien."[8] Zwar schließt auch Landauers Utopie-Begriff einen Großteil der literarischen Utopie-Tradition aus, doch immerhin konstatiert er für die Utopie einen Entwicklungsprozess, der sich an der Kritik an älteren Utopien hinaufrankt. Es wird also ein eigener literarischer Utopiebegriff benötigt, aber über die dialektische, selbstkritische Entwicklung sowohl der Revolutionswünsche als auch der Alternativgesellschaftsliteratur lassen sich beide Begriffe erheblich besser miteinander kombinieren.

Die literarische Utopie

Als sich Thomas Morus einen Humanistenscherz erlaubte und in einem fiktiven Reisebericht die Kritik an den schlimmen Zuständen des zeitgenössischen England (vor allem die nach dem Raub der Allmenden einsetzende Armut) mit der Beschreibung eines viel besseren Gemeinwesens (der autoritär-kommunistisch organisierten Insel Utopia) kombinierte, erschuf er eine Literaturgattung, die in einer mehrfach gebrochenen – aber niemals abgerissenen – Tradition bis heute besteht. Thomas Schölderles Definition umfasst alle literarischen Utopien von 1516 bis heute:

> Eine Utopie ist der meist literarisch verfasste, fiktionale und universale Entwurf von idealtypisch und rational-experimentell konstruierten Institutionen oder Prinzipien eines Gemeinwesens, der den realhistorischen Verhältnissen in kritischer Intention gegenübergestellt und auf ein besseres Leben der Menschen gerichtet ist.[9]

Die Utopien der ersten Phase der Utopie-Tradition kann man als *klassische Raumutopien* bezeichnen. Die etwa in Tommaso Campanellas *La città del Sole* (1623) oder in Gabriel de Foignys *La terre australe connue* (1676) beschriebenen Alternativgesellschaften befinden sich anderswo auf der Erde und werden sozusagen ‚entdeckt'. Wie in den authentischen Reiseberichten dieser Entdeckerzeit erfährt der Leser Erstaunliches

8 Landauer: *Die Revolution*, S. 15. So ist abzusehen, dass neuere Utopien die Naivität perfekter Paradiesvorstellungen aus früherer Zeit bald hinter sich lassen werden: Solche Utopien erzeugen stets besonders hässliche Topien, und diese Erfahrung formt die neueren Utopien.

9 Schölderle: *Utopia und Utopie*, S. 481.

und Lobenswertes über die ganz anders lebenden Fremden.[10] Als aber die Welt vollständig bereist und beschrieben war und Utopia unter den neuen Ländern nicht dabei war, begann man, die kritische Gegenfolie zur kritisierten Gesellschaft in die Zukunft zu verlegen. Louis-Sébastien Merciers *L'An 2440* (1770) galt lange als erstes Werk dieser zweiten Phase, der *klassischen Zeitutopien*. Wenn die bessere soziale, politische und wirtschaftliche Ordnung in der Zukunft liegt, dann lässt sie sich vielleicht nicht per Schiff erreichen – aber doch per Veränderung der jetzigen Ordnung. Dass diese nämlich Menschenwerk und somit veränderlich ist, hatte man inzwischen auch erkannt. Insbesondere im 19. Jahrhundert erschienen nun literarische Utopien, die sogar zahlreiche Anhänger fanden, die zur Verwirklichung der beschriebenen Alternativgesellschaft bereit waren. Prominente Beispiele sind Étienne Cabets *Voyage en Icarie* (1840) und Edward Bellamys *Looking Backward* (1888). Die Versuche, Utopien (literarische wie intentionale) in die Wirklichkeit umzusetzen, brachten üblicherweise nicht die erwünschten Ergebnisse. Cabets Ikarier scheiterten genauso wie die frühsozialistischen Phalansterien Charles Fouriers oder Robert Owens utopische Siedlungen.[11] Die totalitären Systeme des 20. Jahrhunderts können ebenfalls als Verwirklichungsversuche positiv gemeinter Utopien verstanden werden (von Räten gesteuerter Kommunismus in der Sowjetunion, expansive Rassereinheit im Nationalsozialismus, individuelle Freiheit für Eigentümer im Kapitalismus).[12] Je radikaler die Gesellschaftsstruktur in die Blaupause

10 Oft ist die Grenze zwischen Reisebericht und Utopie schwer zu ziehen, da die Reisenden gerne übertrieben. Louis-Armand de Lahontan vermischte in seinem Bericht von Kanada beides, indem er einen fiktiven Dialog mit einem proto-anarchistischen Huronenhäuptling hinzufügte (1703). Vgl. Peter Seyferth: Reisebericht: Reise zur Selbsterkenntnis einer Gesellschaft. Lahontans und Diderots *Supplémente* politisch gelesen. In: Dirk Lüddecke / Felicia Englmann (Hrsg.): *Zur Geschichte des politischen Denkens. Denkweisen von der Antike bis zur Gegenwart.* Stuttgart / Weimar: Metzler 2014, S. 139–164, hier S. 142–149.

11 Vgl. dazu den Beitrag von Franziska Bechtel in diesem Band: New Harmony. Ein utopisches Unternehmen?

12 Der Begriff „Totalitarismus" war schon immer ein polemischer Begriff, der Ungleiches zusammenfasst und simplifizierend ein feindliches Gegenüber schafft; sozusagen ein Hitler-Vergleich in sozialwissenschaftlichem Jargon. Robert Kurz macht darauf aufmerksam, dass die Totalitarismustheorie zwar davon ausging, dass der Staat total werden kann, aber von der damit vergleichbaren „totalen Durchkommerzialisierung des Lebens

eines perfekten Systems gezwängt wurde, desto schrecklicher wurde das entstehende System. Dieser Zusammenhang wurde in der dritten Phase der utopischen Literatur in den *klassischen Dystopien* illustriert. Jewgeni Samjatins *Мы* (dt. *Wir*, 1924), Aldous Huxleys *Brave New World* (1932) und George Orwells *Nineteen Eighty-Four* (1949) sind die bekanntesten Texte. Im Unterschied zu den positiv formulierten Utopien der ersten beiden Phasen, die Narration mit Diskurs verbanden und daher literarisch schwach, ja langweilig waren, entsprechen die negativ formulierten Dystopien den hohen Anforderungen des Romans: Der Protagonist besucht die beschriebene Gesellschaft nicht mehr von außen, um sie sich leichtgläubig von einem propagandistischen Fremdenführer erklären zu lassen, sondern er ist nun ein Eingeborener Utopias, der die Zustände am eigenen Leib verspürt, mit ihnen unzufrieden ist und so eine glaubwürdige

im nunmehr allumfassenden eisernen Griff der Verwertungsmaschine" immer schwieg (vgl. Robert Kurz: *Schwarzbuch Kapitalismus*. Frankfurt am Main: Eichborn 1999, S. 528). Einige der sechs Totalitarismus-Kriterien Carl Joachim Friedrichs treffen auch auf den heutigen Kapitalismus zu: 1. Es gibt eine einzige anerkannte Ideologie (Liberalismus), die von der früheren Ideologienvielfalt übriggeblieben ist und zu der sich alle bekennen müssen (auch wenn es einige Varianten gibt); 2. Es gibt zwar mehrere Parteien, aber alle bekennen sich zur selben Ideologie und behaupten fälschlicherweise, wahrhaftig demokratisch zu sein; 3. die Geheimpolizei richtet sich in ihrer Überwachung gegen alle Bürger. Die anderen Kriterien sind schwächer ausgeprägt: 4. das Monopol an den Medien und 5. das Monopol an den Waffen lag nach Friedrich im diktatorischen Totalitarismus lediglich aus technischen Gründen bei der jeweils herrschenden Partei, heute ist das breiter verteilt – aber die Wirkung, dass Einzelne entwurzelt werden und bewaffneter Widerstand praktisch unmöglich ist, gilt immer noch. Und dass 6. die Wirtschaft zentral durch den Staat gelenkt und völlig gleichgeschaltet wird, trifft heute zwar nicht zu, doch es gibt sehr wohl Konzentrationen und Monopolisierungen (und große Konzerne mit ihren Bürokratien ähneln in Verwaltungshinsicht durchaus Staaten; jedenfalls planen sie ökonomisch und beherrschen mit ihrer Propaganda den öffentlichen Raum) und zumindest sind alle Wirtschaftsteilnehmer gleichermaßen Profitmaximierer – oder sie gehen unter (vgl. Carl Joachim Friedrich: *Totalitäre Diktatur*. Stuttgart: Kohlhammer 1957, S. 19–22). Selbst die „Inseln der Absonderung", die Friedrich im Totalitarismus damals ausgemacht hatte (Familie, Kirchen, Universitäten, Militär) sind heute kommodifiziert (vgl. ebd., S. 214). Daher bekämpft das Unsichtbare Komitee auch „die makellose Totalität der Warenwelt" (Unsichtbares Komitee: *Der kommende Aufstand*. Hamburg: Edition Nautilus 2010, S. 108). Einerseits verwende auch ich den Begriff als Kampfbegriff; andererseits will ich darauf aufmerksam machen, dass Topien, die zwar Kinder von Utopien sind, dabei aber weitere Utopien unterdrücken, zum Totalitarismus neigen – und das gilt eben neben Nationalsozialismus und Sowjetunion auch für den heutigen Kapitalismus.

Psychologie an den Tag legt. Weil die Dystopien augenscheinlich die bittere Wahrheit über Utopien aufgedeckt haben, galten sie vielen als Anti-Utopien, die das utopische Denken überhaupt delegitimiert hätten.
Den drei Phasen der klassischen Utopien und Dystopien war eine gewisse Tendenz zur Starrheit bzw. Perfektion der beschriebenen Alternativgesellschaften gemein. Das Ende der Geschichte war erreicht, jede Abweichung vom Plan galt als Verschlechterung. Eigentlich wurden Paradies und Hölle beschrieben, keine diesseitigen, tatsächlich herstellbaren (und daher auch wieder veränderbaren) menschlichen Gemeinschaften. In der vierten Phase der literarischen Utopie-Tradition wurde es schließlich üblich, Alternativgesellschaften zu beschreiben, die offen für Reformen und Revolutionen waren und die auch von verschiedenen Bürgern Utopias unterschiedlich bewertet wurden. Diese *kritischen Utopien und Dystopien* überwanden das utopische Dilemma dadurch, dass darin Landauer'sche Topien dargestellt werden, also relativ stabile Erscheinungsformen des Zusammenlebens, in denen Landauer'sche Utopien entstehen: Auch Utopier träumen von besseren Welten. Literarisch umgesetzt wurde das üblicherweise mit den Mitteln fortgeschrittener Science Fiction.[13] Zunächst machten die kritischen Utopien in den 1970er Jahren es wieder möglich, positive Gesellschaftsentwürfe zu formulieren; Beispiele für diese frühe „Nachklassik" sind Ursula K. Le Guins *The Dispossessed* (1974), Joanna Russ' *The Female Man* (1975), Marge Piercys *Woman on the Edge of Time* (1976) und Samuel R. Delanys *Triton* (1976).[14] Ab Ende der 1980er Jahre, als die Hoffnungen der 68er abklangen und sich der Neoliberalismus die globale Hegemonie erkämpfte, wurden die Aussichten düsterer, es erschienen nun kritische Dystopien. Anders als die klassischen

13 Das erfordert eine spezielle Kunstfertigkeit bei Autor wie Leser (weshalb nicht alle Utopieforscher diese Literatur berücksichtigen können). Klassische Raum- und Zeitutopien funktionieren wie *portal fantasy*: Leser und Protagonist kommen aus derselben Welt, betreten eine fremde Welt und lernen sie gemeinsam kennen. Simpel zu erzählen, simpel zu lesen. Die kritischen Utopien funktionieren aber wie *immersive fantasy*: „Wir sitzen auf der Schulter des Protagonisten, und während wir Zugang zu seinen Ohren und Augen haben, werden wir doch nicht mit einer erklärenden Erzählung versorgt." (Farah Mendlesohn: „Einführung" in die Rhetorik der Fantasy. In: *Zeitschrift für Fantastikforschung* 2 (2011), S. 90–107, hier S. 100.) Folglich muss der Leser die utopische Welt aus verstreuten Hinweisen selbst konstruieren, er wird Mit-Utopist.

14 Vgl. Tom Moylan: *Das Unmögliche verlangen. Science Fiction als kritische Utopie*, aus d. Amerikan. v. Michael Haupt / Andrea Krug. Hamburg: Argument 1990, S. 65–211.

Dystopien sind die kritischen aber nicht anti-utopisch, sondern unterscheiden sich nur graduell von den kritischen Utopien. Zwar ist die dargestellte Gesellschaft schlecht, aber die Chancen, sie zu überwinden, stehen ziemlich gut.[15] Als Beispiele wären zu nennen Kim Stanley Robinsons *Gold Coast* (1988), Marge Piercys *He, She and It* (1991) und Octavia Butlers *The Parable of the Sower* (1993) und *The Parable of Talents* (1998).[16] Die vierte Phase dauert noch an.[17] Ob es sich bei neueren Werken um kritische Utopien oder kritische Dystopien handelt, lässt sich oft nicht mehr entscheiden, da die Literaturgattung die wertende Reinheit ihrer klassischen Phasen abgelegt hat. Die Wertungen sind nun durchwachsen, mehrdeutig, komplex – und werden häufig dem Leser überlassen. Ein besonders eindrückliches Beispiel dafür soll im Folgenden ausführlicher behandelt werden.

Chris Carlsson: *After the Deluge* (2004)

Die positiven Utopien wollen den Leser in eine schönere Welt entführen und stellen ihn daher an die Seite eines „utopischen Reisenden", der diese Welt kennenlernt. Die negativen Dystopien wollen dem Leser die Hässlichkeit der angeblich schönen Welt vorführen und stellen ihn daher an die Seite eines „dystopischen Außenseiters", der an dieser Welt verzweifelt. Chris Carlssons 2004 erschienene kritische Utopie *After the Deluge* kombiniert beide Perspektiven.[18] Vorgestellt wird das „post-economic San Francisco" (so der Untertitel des Romans) des Jahres 2157. Nach einem durch künstliche Viren ausgelösten Massensterben (3,5 Milliarden Menschen starben) wurden 2074 alle wissenschaftlichen Labors geschlossen (S. 274); diese waren aber nur deshalb gefährlich gewesen, weil sich

15 Jedenfalls besser als in den klassischen Dystopien, wo aber ebenfalls erfolgreiche Systemwechsel angedeutet werden (etwa der Aufstand am Ende von *Мы* oder die Tatsache, dass der *Nineteen Eighty-Four*-Appendix „The Principles of Newspeak" in der standardenglischen Vergangenheitsform formuliert ist).

16 Vgl. Tom Moylan: *Scraps of the Untainted Sky. Science Fiction, Utopia, Dystopia*. Boulder: Westview 2000, S. 194–199.

17 Der jüngste Roman dieser Untergattung dürfte Margaret Killjoys *A Country of Ghosts* sein, der im März 2014 erschienen ist.

18 Chris Carlsson: *After the Deluge. A Novel of Post-Economic San Francisco*. San Francisco: Full Enjoyment 2004. Alle Seitenangaben in Klammern beziehen sich im Folgenden auf dieses Buch.

die Forschung rücksichtslos am Profit orientiert hatte. Etwa 50 Jahre später brach eine gewaltsame antikapitalistisch-anarchistische Revolution aus (S. 165, 176), die die bisherigen wirtschaftlichen und politischen Systeme zerschlug und neue Ordnungen erschuf. Seit knapp 35 Jahren wird das (wegen Klimawandels teilweise überflutete) San Francisco so aufgebaut, wie wir es im Roman antreffen. Statt Autostraßen gibt es nun Fahrradwege, Felder und Korridore für Wildtiere zwischen den Häusern (S. 190). Wissenschaftliche Forschung ist wieder möglich, aber unter politische Kontrolle gestellt. So entstanden neue Technologien, die biologisch verträglich sind und dennoch einen höheren Komfort ermöglichen, als wir ihn heute haben. Diese Stadt, und vor allem ihre Wirtschaft und Politik, lernt der Leser durch einen utopischen Reisenden *und* einen dystopischen Außenseiter kennen. Ich beschränke mich im Folgenden auf die Beschreibung der Ökonomie und vor allem der Arbeit.

Für Eric ist San Francisco eine deutliche Verbesserung. Er wuchs im nachrevolutionären Chicago auf, wo er die jährlichen, jeden verpflichtenden Arbeitsstunden („Annuals") als entfremdend und isolierend empfand (S. 130); die sechs Arbeitsstellen, die er ausprobierte, frustrierten ihn allesamt (S. 2). Doch kaum in San Francisco angekommen, stellt er fest, dass hier die Erfüllung der Annuals nicht kontrolliert wird. Die Leute scheinen hier von einem Geist der gegenseitigen Hilfe erfüllt zu sein, der sich gerade dann einstellt, wenn man zu den Hilfeleistungen nicht gezwungen wird (S. 43).[19] „A well-developed cooperative ethic turned what could have been a chaotic nightmare into a beautiful self-choreographing dance." (S. 73) Er lernt Menschen kennen, die (wie er selbst in Chicago) ständig zwischen unterschiedlichen Beschäftigungen wechseln und offensichtlich nie zur Ruhe kommen, doch er selbst findet

19 Damit liegt dem Roman eine kooperative Anthropologie zugrunde, wie sie der Theoretiker des wissenschaftlich fundierten Anarchokommunismus, Peter Kropotkin, begründet hat. Vgl. Peter Kropotkin: *Gegenseitige Hilfe in der Tier- und Menschenwelt*, aus d. Engl. v. Gustav Landauer. Grafenau: Trotzdem 1999. Die heutige Biologie bestätigt Kropotkins Ansichten weitgehend und verwirft damit pessimistischere und antisozialere Anthropologien wie diejenige Thomas Hobbes'. Vgl. dazu Peter Seyferth: Durch Gewalt zum Altruismus? Kropotkins evolutionäre und revolutionäre Theorie der Entstehung gegenseitiger Hilfe. In: Jennifer Gradt / Thomas Maissen / Michael Wink (Hrsg.): *Gewalt und Altruismus. Interdisziplinäre Annäherungen an ein grundlegendes Thema des Humanen*. Heidelberg: Winter, im Erscheinen.

schließlich eine Arbeit, die ihn so sehr interessiert, dass er bereit ist, sich darin probeweise („Tryout") ausbilden zu lassen: er wird „Public Investigator", so etwas ähnliches wie ein Polizist. Zu Beginn ist das zwar eine unangenehme Arbeit – um die notwendigen Tätigkeiten zu erlernen, muss er tun, was ihm von anderen vorgegeben wird (S. 119), er fühlt sich beim Mithören von Gesprächen unwohl, weil er kein Spion sein will (S. 124), und als es mal richtig viel Arbeit wird, beneidet er die Vögel draußen (S. 154) – aber er kann gerade durch die Anstrengungen seinen Liebeskummer verdrängen (S. 222), lernt neue interessante Leute kennen und fängt so an, sich in San Francisco heimisch zu fühlen. Außerdem ist es ihm möglich, unangenehme Aspekte der Arbeit (etwa die Ermittlung gegen Erfinder, die planen, ohne Erlaubnis intelligente Lebewesen genetisch zu verändern) zu umgehen. Schließlich wird er zu einem richtigen Bürger San Franciscos und verpflichtet sich zu einer gründlichen Ausbildung („Apprenticeship") in seinem neuen Beruf (S. 278–279).

Für Nwin hingegen ist San Francisco, sein Geburtsort, nahezu unerträglich. Zwar empfindet er seine Tryout-Arbeit als Rosenzüchter und Reisbauer als sinnvoll und gut – es bleibt ihm nebenher noch genug Zeit für künstlerische und hedonistische Aktivitäten (S. 55), wenn es zu heiß wird, kann er einfach weggehen (S. 60), und trotz seiner Rückenprobleme geht er immer wieder hin (S. 92, 136). Aber dennoch wird er seine Verpflichtung dort nicht verlängern (S. 44). Der Grund liegt in der fehlenden Anerkennung: Sein Vater lehnt diese Arbeit ab (S. 18), und auf der Arbeit hat er ständig Streit mit einem der langfristig dort arbeitenden Profis („Lifer", S. 24). Er hat das Gefühl, dass er nicht verstanden wird, dass die Kultur und die Struktur San Franciscos seine Freiheit einschränken. Selbst der sehr milde soziale Druck, den die Propagandaschilder für die Annuals auf ihn ausüben, lösen militanten Widerstand bei ihm aus: „‚No one wants to so we all have to. [Do your Annuals.]' *Says who?!* […] Whipping out his magnifying glass, he focused its beam on the sign and coaxed a flame into existence. He repeated the act on the sign's other end and soon it was engulfed in fire." (S. 11) Nwin wird Brandstifter, zunächst mit teilweise sexueller Motivation (S. 1). Doch er ist zutiefst mit der Topie unzufrieden und will etwas gegen sie tun. „He was taking action. In action, he would forge a new synthesis, and single-handedly challenge the hypocrisy of a society grown easy and self-satisfied." (S. 45)

Er schließt sich schließlich einer terroristischen Guerilla-Organisation an (Reagan-Pinochet Army), die den Kapitalismus wieder einführen will – das ist auch seine Utopie.

Carlssons Roman trägt den Untertitel „A Novel of Post-Economic San Francisco", doch dafür wird darin erstaunlich viel Ökonomie erläutert. Genauer wäre es wohl, San Francisco als post-kapitalistisch zu bezeichnen, oder vielmehr: als kommunistisch. Denn das kommunistische Prinzip „jeder nach seinen Fähigkeiten', jedem nach seinen Bedürfnissen" ist hier verwirklicht. Jede Arbeit ist freiwillig, alle Güter und Dienstleistungen werden ohne Gegenleistung und ohne Kontrolle verteilt (S. 5, 197). Zwar gibt es neben Plakaten auch einen gewissen sozialen Druck, sich an der notwendigen Arbeit zu beteiligen (S. 85), aber zu großer Arbeitseifer wird ebenfalls misstrauisch beäugt (S. 104–105, 147), und wenn man nicht mag, arbeitet man eben nicht (S. 30). Trotzdem wird in der Stadt materieller Überfluss produziert (S. 5); die heutige Market Street heißt nun Abundance Street (S. 31, 42).[20] Das kann freilich nicht funktionieren, falls die Modellannahme der neoklassischen Ökonomie stimmen sollte und der Mensch ein egoistischer individueller Nutzenmaximierer (*homo oeconomicus*) ist. Implizit geht der Roman aber vom Menschen als *ζῷον πολιτικόν* aus, als gesellig-politisches Lebewesen.[21] So entspricht die politische Ordnung San Franciscos auch einer radikalen Variante der von der Aristotelikerin Hannah Arendt empfohlenen Räterepublik.[22]

20 Man vergleiche auch die dem Buch vorangestellten Karten (iv–vi) mit dem Stadtplan des heutigen San Franciso. Dass Überfluss für wirkliche Befreiung notwendig ist, hatte schon Marx festgestellt; die im Kapitalismus entwickelte Technologie schafft eigentlich schon seit einem halben Jahrhundert Überfluss, aber erstens auf Kosten der Natur, zweitens auf entfremdende Weise und drittens nicht für alle – sicherzustellen, dass viele weiterhin mit Mangel leben müssen, ist eine der Aufgaben des Staates im Kapitalismus. Der kommunistische Öko-Anarchist Murray Bookchin schlägt daher die revolutionäre Schaffung von „ecocommunities", urbanen Ökodörfern, vor (vgl. Murray Bookchin: Post-Scarcity Anarchism. In: Ders.: *Post-Scarcity Anarchism.* Edinburgh / Oakland: AK Press 2004, S. 1–17, hier S. 2–5, 9).

21 Diese Anthropologie wurde zuerst von Aristoteles begründet. Vgl. Aristoteles: *Politik*, aus d. Altgriech. v. Eugen Rolfes. Hamburg: Meiner 1981, S. 4 (I,2 1253a2–4).

22 Arendt hält allerdings eine Zentralregierung für notwendig, die mit ihrer „Machtvollkommenheit" die Räte schützt (vgl. Hannah Arendt: *Über die Revolution.* München: Piper 2013, S. 326) – hiervon weicht die anarchistische Utopie Carlssons deutlich ab. Die Ablehnung der Ökonomie als gesellschaftsformender Sphäre und die Bevorzugung der Politik als bestimmender Sphäre begründet Arendt in ihrer Revolutionsschrift

Allerdings blendet Carlsson die Ökonomie nicht aus – sie ist, anders als bei Arendt, keine Sache nur des *οἶκος*, des privaten Haushalts, sondern untrennbar mit der *πόλις*, der Stadt als politischer Gemeinschaft, verbunden. Die Produktionsweise hat immensen Einfluss auf die Machtverhältnisse in einem Gemeinwesen. Und so sind nicht nur die politischen und juristischen Entscheidungen San Franciscos deliberativ-konsensdemokratisch organisiert, sondern eben auch die Betriebe. Trotz dieses hohen machtegalitären Anspruchs kommt es zu unangenehmen Situationen. Die Abstufung der selbstgewählten Arbeitsverpflichtungen in Annuals (S. 38–39, 64–65), Tryouts (S. 39, 42, 48), Apprenticeships (S. 88, 265–266) und Lifers (S. 21–22, 55, 110–111, 185) sorgt für ungewollte und beiderseits frustrierende Autoritätsdifferentiale. In Einzelfällen kommt auch Ausbeutung vor, doch es ist die Aufgabe der öffentlichen Ermittler, das zu unterbinden (S. 108).[23] Wer materielle Güter anhäuft, gilt als harmloser Messie und muss die Dinge wieder abgeben (S. 134). Es gibt „Freestores" (Kostenlosläden), in denen die in San Francisco produzierten Güter sowie gebrauchte Gegenstände für Interessierte bereitstehen; alternativ kann man auf dem „Bart-Mart" auch Dinge tauschen (S. 40–41, 56). Essen und Dienstleistungen werden kostenlos angeboten, aber Lob (oder eine Cannabisblüte) als „Gegenleistung" werden gerne

mit eher pragmatischen Erwägungen; eine philosophische Grundlage gibt sie in ihrem Hauptwerk, in dem sie das Arbeiten als tierische Aktivität für das Überleben, Handeln (v. a. politisches Miteinander-Reden) hingegen als menschliche Aktivität für das gute Leben versteht (vgl. Hannah Arendt: *Vita activa oder Vom tätigen Leben*. München: Piper 1960). Die Unterscheidung zwischen Überleben und gutem Leben ist sowohl für Aristoteliker als auch für Anarchisten zentral. Aristoteles zählt das rein ökonomische Händler-Leben nicht zu den gelungenen Lebensweisen – wer gut (d. h. tugendhaft und glückselig) leben will, muss sich der Politik, der Philosophie oder der Lust widmen (vgl. Aristoteles: *Nikomachische Ethik*, aus d. Altgriech. v. Eugen Rolfes. Hamburg: Meiner 1985, S. 5–6 (I,3 1095b14–1096a11)). Und Bookchin sekundiert: „By no means is this concept of community motivated exclusively by the need for a lasting balance between man and the natural world; it also accords with the utopian ideal of the rounded man, the individual whose sensibilities, range of experience and lifestyle are nourished by a wide range of stimuli, by a diversity of activities, and by a social scale that always remains within the comprehension of a single human being." (Bookchin: Post-Scarcity Anarchism, S. 9). *After the Deluge* kann als literarisch-fiktionale Ausformulierung dieser Bewertung der „ecocommunity" gelesen werden.

23 Daran merkt man auch, dass die Public Investigators keine Polizisten sind, denn solche haben genau die gegenteilige Aufgabe, zumindest in kapitalistischen Staaten.

angenommen (S. 56, 28). Haupttransportmittel ist das Fahrrad, das man sich formlos in einem „Velome“ ausleihen kann (S. 33, 156). Wirklich seltene und importierte Güter kann man – nach einiger Wartezeit – auf Treasure Island erhalten, wo geldloser Handel mit anderen Weltgegenden getrieben wird (S. 5, 56, 81–84). Privatbesitz ist nicht ganz ausgeschlossen, wird aber scheel angesehen und ist selten (S. 52, 156). Da man weder durch die Angst vor Mangel noch wegen der Liebe zum Mehr-Haben zum Arbeiten gezwungen werden kann, sind entfremdende Arbeiten mangels Nachfrage ausgestorben.

Eine intentionale literarische Utopie in anarchokommunistischer Tradition

Damit ist *After the Deluge* innerhalb der Tradition der literarischen Utopien am ehesten William Morris' *News from Nowhere* (1890) verpflichtet. Die Utopie des libertären Utopisten Morris versucht ausdrücklich, Romantik und Realismus, friedliche Idylle und gewaltsame Umsetzung unter einen Hut zu bringen. In Morris' Bild einer zu erkämpfenden kommunistischen Zukunftsgesellschaft ohne Regierungen werden Arbeiten nur noch freiwillig erledigt, dabei entstehende Produkte kann man sich kostenfrei in Warenhäusern abholen – wobei es sich streng genommen ja nicht um Waren mit Tauschwert, sondern um Güter mit Gebrauchswert und ästhetischem Wert handelt. Die Arbeit wird hauptsächlich ohne Maschinen erledigt, da Maschinen hässlich sind und Handarbeit ohne kapitalistischen oder staatlichen Zwang zu freier sportlicher oder kunsthandwerklicher Tätigkeit wird. Die Ablehnung und sogar Überwindung der Industrialisierung entspricht dem kollektiven Willen der Nirgendwonianer – die Ökonomie muss sich also der Politik beugen. Ex post könnte man sogar noch eine ökologische Ausrichtung in die Utopie hineininterpretieren, denn ganz England ist nun eine Gartenstadt, die erstaunliche stadtplanerische und landschaftliche Ähnlichkeiten zu den später erfundenen „ecocommunities“, Permakulturen und eben dem grünen, „postökonomischen“ San Francisco aufweist. Dass sowohl Morris als auch Carlsson von einer blutigen Revolution berichten, die für die Ruinen der alten Gesellschaft sorgte, in der die neue Gesellschaft wachsen konnte, ist eine weitere bemerkenswerte Parallele, denn üblicherweise blenden die positiven Utopien den Weg zu ihrer Erschaffung aus. Die Betonung der Revolution ist wohl eine Spezialität der anarchistischen Utopien – sie kommt in (der von Nicolas Gueudeville radikalisierten Fassung von) Louis-Armand de Lahontans *Dialogue* (1704), in Joseph Déjacques *L'Humanisphère* (1857) und in Giovanni Rossis *Der Paraná im XX. Jahrhundert* (1897) vor. Auch in den kritischen Utopien geht der anarchistischen Gesellschaftsform meist eine Revolution voraus, so in Ursula K. Le Guins *The Dispossessed*, in Starhawks *The Fifth Sacred Thing* (1993) und sogar noch in Margaret Killjoys *A Country of Ghosts* (2014). Morris und Carlsson fügen sich nahtlos in diese Tradition ein.[24]

Sowohl Morris als auch Carlsson meinten es ernst mit ihrer Utopie: Sie sollte verwirklicht werden. Damit ist nicht gemeint, dass *News from Nowhere* und *After the Deluge* Blaupausen seien. Es sind vielmehr Anregungen, die das schöne Ziel, für das zu kämpfen sich lohnt, vorstellbar machen. Erreicht werden soll ja nicht die Utopie, sondern eine Topie, die es in der Welt wirklich geben kann. Und das schließt die Perfektion aus, die im Ingenieurswesen, der Architektur und anderen blaupausenaffinen Disziplinen als Tugend gilt. Die Intentionalität der literarischen Utopie Carlssons lässt sich anhand seines 2008 erschienen Buches *Nowtopia* nachweisen. Auch darin thematisiert er die Ökonomie primär anhand der Arbeitswelt; im Buch geht es um „a new politics of work"[25]. Er beschreibt die tatsächlichen Anstrengungen von Aktivisten, die mit Permakultur, Guerilla-Gärten, Fahrrad-Aktionen, Freiem Programmieren etc. Tätigkeiten schaffen wollen, die wertvoll sind, ohne mit Geld

24 Wenn man die freiesten (und dabei stets kommunistischen) Gesellschaftsordnungen, die in Marge Piercys *Woman at the Edge of Time* und in Kim Stanley Robinsons *Mars*-Trilogie (1992–95) beschrieben werden, als anarchistisch bezeichnen möchte, dann gehören die darin beschriebenen vorangehenden Gewalttaten ebenfalls in diese Tradition. Morris würde übrigens leugnen, eine anarchistische Utopie geschrieben zu haben – er verstand *News from Nowhere* sogar ausdrücklich als anti-anarchistischen Text. Aber Autoren sind nicht unbedingt die besten Interpreten ihrer eigenen Texte. Dass *News from Nowhere* anarchistisch ist, weise ich nach in Peter Seyferth: William Morris' *News from Nowhere* (1890). Die libertär-anarchistische Linie als Korrektiv der etatistischen Utopietradition. In: Thomas Schölderle (Hrsg.): *Idealstaat oder Gedankenexperiment? Zum Staatsverständnis in den klassischen Utopien.* Baden-Baden: Nomos 2014, S. 231–264, insbes. S. 243–251.

25 Chris Carlsson: *Nowtopia. How Pirate Programmers, Outlaw Bicyclists, and Vacant-Lot-Gardeners Are Inventing the Future Today!* Oakland / Edinburgh: AK Press 2008, S. 3.

bewertet zu werden.[26] Das Ziel geht über die jeweils konkreten Inhalte hinaus: Die Klassengesellschaft des Kapitalismus soll im Ganzen überwunden werden, und zwar von unten durch neue Weisen des Wirtschaftens und überhaupt der Gestaltung des Alltags.[27] Das Ziel ist, wie in *After the Deluge*, der Kommunismus.[28] Materieller Komfort soll aufhören, ein Privileg zu sein, und zum universellen Menschenrecht werden. Bookchins „post-scarcity anarchism" soll endlich erreicht werden.[29] Wenn das den Nowtopiern gelingt, könnten viele Städte in Zukunft in etwa so aussehen, wie sich Carlsson das utopische San Francisco vorstellt.

26 Ebd.

27 Ebd., S. 14.

28 Der Weg dorthin ist allerdings – anders als in der Utopie – unblutig. Anarchisten setzen spätestens seit Bookchin auf die Vereinbarkeit von Ziel und Mittel. Per „prefiguration" soll sich schon in der Revolution das spiegeln, was durch sie erreicht werden soll. Vgl. Bookchin: Post-Scarcity Anarchism, S. 11; Marianne Maeckelbergh: *The Will of the Many. How the Alterglobalisation Movement is Changing the Face of Democracy*. London / New York: Pluto 2009, S. 66–98; Uri Gordon: *Hier und Jetzt. Anarchistische Praxis und Theorie*. Hamburg: Edition Nautilus 2010, S. 121–160.

29 Carlsson: *Nowtopia*, S. 248.

Von der Wissenschaft zur Utopie

Über Paul Lafargues *Das Recht auf Faulheit*

Till Breyer

Einleitung[1]

Politiker tanzen, behängt mit Wahlprogrammen, vor Wählern mit Eselsohren. Das Proletariat schafft unablässig die gesellschaftlichen Reichtümer herbei, während gleichzeitig Männer, Frauen und Kinder von einer eisernen, maskierten Riesenmaschine verschlungen werden. Kaufmänner und Bankiers werden vorgelassen, um die Reichtümer eilig in Beschlag zu nehmen. „*Alors le tonnerre éclate, la terre s'ébranle et s'entrouvre, la Fatalité historique surgit; de son pied de fer elle écrase les têtes de ceux qui hoquettent, titubent, tombent et ne peuvent plus fuir, et de sa large main elle renverse la France capitaliste, ahurie et suante de peur.*“[2] (DP, S. 149)[3] So stellt sich Paul Lafargue

1 Für ihre konstruktive Kritik danke ich Ariane Breyer, Rasmus Overthun und Philippe Roepstorff-Robiano.

2 „Da bricht das Unwetter herein, die Erde wankt in ihren Fugen – die historische Notwendigkeit tritt auf. Mit ehernem Fuß zermalmt sie die Köpfe der sich ihr in den Weg Stellenden, und mit gewaltiger Hand wirft sie das zitternde und angstschweißüberdeckte kapitalistische Frankreich über den Haufen.“ (RF, S. 68).

3 Ich verwende folgende Editionen: Paul Lafargue: *Le droit à la paresse*, hrsg. v. Maurice Dommanget. Paris: Éditions Maspero 1982 (im Folgenden: DP); Paul Lafargue: *Das Recht auf Faulheit*, nach d. Übers. aus d. Franz. v. Eduard Bernstein, hrsg. v. Gerald Grüneklee / Michael Wilk. Frankfurt am Main: Trotzdem 2012 (im Folgenden: RF).

die Dramaturgie der Stücke vor, mit der die Schauspieltruppen der kommenden Gesellschaft ihr Publikum zerstreuen würden. Freie Zeit dafür bliebe genug, denn das Recht auf Faulheit würde das Recht instituieren, keine Minute länger zu arbeiten, als für den Bedarf der Menschen notwendig ist.

In seinem Pamphlet *Le droit á la paresse. Refutation du droit au travail de 1848* („Das Recht auf Faulheit. Widerlegung des Rechts auf Arbeit von 1848"), das erstmals 1880 in der sozialistischen Zeitschrift *L'Egalité* erscheint, verknüpft Lafargue polemische Zeitkritik mit einem utopischen Impuls. Seine Regieanweisungen für die Spielpläne der Zukunft zeigen allerdings, dass das ironisch-satirische Moment die eigene Position nicht ausnimmt: Denn nicht nur die gierigen Bankiers, sondern auch die marxistische Konstruktion der ‚historischen Notwendigkeit' („*la Fatalité historique*") selbst landet auf der Bühne.

Lafargue, der im Jahr 1882 zusammen mit Jules Guesde die erste marxistische Partei Frankreichs, die *Parti Ouvrier*, gründet, hat mit *Das Recht auf Faulheit* einen Text in die sozialistische literarische Tradition eingeschleust, der als Hybrid zwischen Abhandlung und Satire, zwischen Beweisführung und Albernheit im Kern experimentell ist. Der ästhetische Effekt hat Vorrang, während die Argumente zugleich überzeugen und sich lustvoll widersprechen.[4] Lafargue nimmt daher nicht nur eine Gegenposition gegenüber der sozialistischen Forderung eines ‚Rechts auf Arbeit' ein, die im 19. Jahrhundert, etwa bei Charles Fourier und Pierre-Joseph Proudhon, immer wieder laut wurde; er verknüpft den politischen Einspruch vor allem mit einer Form, die sich einer Verwissenschaftlichung gesellschaftspolitischer Kampfzonen verweigert.

Die Abhandlung stellte von Beginn an ein Rezeptionsproblem dar. „Nehmen Sie sich in Acht, selbst den Franzosen war das stellenweise zu stark!"[5], schreibt Engels an den Übersetzer Eduard Bernstein, der seinerseits anfänglich die Befürchtung hegte, die Schrift könnte unter den

4 Vgl. Guillaume Paoli: Wider den Ernst des Lebens. In: *Paul Lafargue. Das Recht auf Faulheit*, aus d. Franz. v. Eduard Bernstein / Ulrich Kunzmann. Berlin: Matthes & Seitz 2013, S. 81–123, hier S. 81–85.

5 Zit. n. ebd., S. 87.

deutschen Arbeitern „böses Blut“[6] machen. Während dessen Vorwort von 1887 den Text tendenziell auf den Unernst der Satire festlegt, erkennen neuere Lektüren darin umgekehrt Züge einer Ideologiekritik im Stile Max Webers[7] oder einen Vorgriff auf die These kollektiver Triebrepression, wie sie später von Herbert Marcuse formuliert wird.[8]

Ohne diese inhaltlichen Bezüge von der Hand zu weisen, werde ich auf den folgenden Seiten zu zeigen versuchen, dass Lafargues Text sich weder auf bloße Satire noch auf ein ideologiekritisches, d. h. primär *analytisches* Projekt festzurren lässt. Wenn der Text selbst eine ostentative Faulheit an den Tag legt, dann betrifft das nicht nur die stillschweigend aus anderen Arbeiten (z. B. aus Marx' *Kapital*) entnommenen Zitate altgriechischer Philosophie,[9] sondern auch die Weigerung, Satire und Wahrheitsanspruch streng zu trennen. Diese bewusste Verweigerung führt auf ein publikationsgeschichtliches Indiz zurück: Denn womöglich ist es kein Zufall, dass im selben Jahr, in dem *Das Recht auf Faulheit* publiziert wird, auch die von Lafargue ins Französische übersetzte Abhandlung von Friedrich Engels *Socialisme utopique et Socialisme scientifique*[10] erscheint. Die deutsche Version erscheint 1883 unter dem Titel: *Die Entwicklung des Sozialismus von der Utopie zur Wissenschaft.*

Der Popularisierung marxistischen Gesellschaftswissens, der Engels seine Schrift im Vorwort widmet, stellt Lafargue – so meine These – im selben Moment, in dem er die Engels-Übersetzung fertigstellt, einen argumentativen wie ästhetischen Einspruch entgegen. Damit bezeugt er eine Sensitivität, die Ernst Bloch später philosophisch einholen wird. Mit Bezug auf Engels berühmte Abhandlung fragt Bloch in einem Vortrag von 1968, ob es nicht „auch einen etwas zu großen Fortschritt des Sozialismus von der Utopie zur Wissenschaft“ gebe: „Sind hier nicht große emotionale Antriebe, die doch da sind, aber nicht ausgesprochen werden,

6 So Bernstein in seinem Vorwort von 1887, abgedruckt in: Paul Lafargue: *Das Recht auf Faulheit & Persönliche Erinnerungen an Karl Marx*. Wien: EVA 1966, S. 15–16.

7 Michael Wilk: Warum Paul Lafargues ‚Recht auf Faulheit'? In: RF, S. 7–18, hier S. 9–11; Paoli: Wider den Ernst des Lebens, S. 90–95.

8 Iring Fetscher: Einleitung. In: Lafargue: *Recht auf Faulheit & Persönliche Erinnerungen*, S. 5–14, hier S. 14.

9 Maurice Dommanget: Introduction. In: DP, S. 7–89, hier S. 46–47.

10 Frédéric Engels: *Socialisme utopique et Socialisme scientifique*. Trad. Française par Paul Lafargue. Paris: Derveaux 1880 (Nachdr. Berlin: Dietz 1980).

bedroht, wenn alles zur Wissenschaft wird und zur Tabelle, alles ausgerechnet werden kann […]?“[11]

Lafargues Einspruch ließe sich hypothetisch wie folgt zuspitzen: Wo das marxistische Wissen die kapitalistische Produktionsweise geschichtsphilosophisch einordnet und die Leidtragenden auf den Eintritt eines (sozial-)wissenschaftlich deduzierten Systemzusammenbruchs verweist, formuliert *Das Recht auf Faulheit* einen dezidiert anti-wissenschaftlichen Diskurs, der die von Engels annoncierte Richtung von der Utopie zur Wissenschaft vom Weg abbringt, ökonomisches Systemwissen spielerisch ignoriert und den Objektbereich ökonomischer Makrostrukturen entlang närrischer Kurzschlüsse als Verstandesverwirrung an die Subjekte zurückgibt: „Une étrange folie possède les classes ouvrières des nations où règne la civilisation capitaliste.“[12] (DP, S. 121)

Lafargue kultiviert in seinem Pamphlet eine Art kritischen Überschwang, der die Position des Vernünftigen ambivalent werden lässt und den antikapitalistischen Konsens selbst in Gefahr bringt. Damit aber stellen sich vor allem zweierlei Fragen, denen nachzugehen ist: Erstens, worin bestünde das mutmaßlich Problematische an der von Engels annoncierten Verwissenschaftlichung sozialistischer Utopie? Und zweitens, welche Funktion kommt der eigenwilligen Poetik des Lafargueschen Pamphlets zu bei dem Versuch, utopische Gehalte im Moment ihrer Verwissenschaftlichung zu aktualisieren?

Recht auf Arbeit/Faulheit

Lafargues Schrift ist selbst Einsatz innerhalb eines utopischen Feldes. Denn das ‚Recht auf Arbeit‘, gegen das Lafargue sich polemisch wendet, ist bereits selbst Utopie. In der Pariser Nationalversammlung von 1848 ist es zwar vorgeschlagen, aber nicht eingeführt worden, weil es als zu revolutionär und nicht durchsetzbar galt.[13] Pierre-Joseph Proudhon, eine

11 Ernst Bloch: Ideologie und Utopie. In: Ders.: *Abschied von der Utopie? Vorträge*, hrsg. v. Hanna Gekle. Frankfurt am Main: Suhrkamp 1980, S. 65–75, hier S. 71.

12 „Eine seltsame Sucht beherrscht die Arbeiterklasse aller Länder, in denen die kapitalistische Zivilisation herrscht.“ (RF, S. 34).

13 Hans-Peter Benöhr: Das Recht auf Arbeit in Frankreich 1848. In: *Zeitschrift der Savigny-Stiftung für Rechtsgeschichte. Germanistische Abteilung* 109 (1992), S. 178–208, hier S. 204.

der wichtigsten Stimmen des französischen Sozialismus und ebenfalls Abgeordneter der Nationalversammlung, veröffentlichte noch im selben Jahr eine enttäuschte Streitschrift: Mit dem Recht auf Arbeit sei „die wahre und einzige Formel der Februar-Revolution […] verworfen“[14] worden.

Die Frage, ob dieses Recht überhaupt eine kohärente Forderung darstelle oder ob mit einem ‚Recht auf Arbeit‘ – soweit damit nicht der bloße Anspruch auf die seit jeher verhassten ‚Arbeitshäuser‘ gemeint wäre – nicht vielmehr die Grundlagen des bestehenden Wirtschaftssystems aufgehoben würden, diese Frage ist auch in den 1880er Jahren noch nicht entschieden. Karl Kautsky beispielsweise lehnt die Forderung nach einem ‚Recht auf Arbeit‘, die unter Bismarck wieder aktuell wurde, in einem Artikel von 1884 ab: Unter den krisenhaften Gesellschaftsstrukturen des Kapitalismus könne ein solches Recht nur entweder unrealistisch sein oder verschlimmernd wirken. Stattdessen verweist Kautsky auf Lafargues utopische Gegenposition:

> In dieser Forderung liegt ein sehr gesunder Kern, trotz aller Witze, die dagegen losgelassen worden. Das „Recht auf Faulheit“ besagt nichts anderes als das Recht des Arbeiters, sich als Mensch zu fühlen, und nicht bloß als Lasttier; es besagt, daß der Mensch arbeitet, um zu leben, und nicht lebt, um zu arbeiten.[15]

Kautskys Überlegung hält genau die Differenz der beiden Postulate fest: Das ‚Recht auf Arbeit‘ ist letztlich wohlfahrtsstaatlich begründet. In ihm soll die zentrale Form kapitalistischer Vergesellschaftung modifiziert und sekurisiert werden, indem bei erfolgloser Arbeitssuche ein staatlicher Ersatz garantiert würde. Das ‚Recht auf Faulheit‘ hingegen bezieht innerhalb des Vergesellschaftungsmodus der Arbeit die Position der Unvernunft.

Die Strategie dieser Unvernunft muss von zwei Seiten beleuchtet werden: Erstens von der Seite einer bestimmten, diskursgeschichtlichen ‚Topie‘ her, d.h. einer begrifflichen, institutionellen und praktischen Position, die das Lebens- und Wissensfeld der Arbeit in der zweiten Hälfte des

14 Pierre-Joseph Proudhon: *Das Recht auf Arbeit und das Recht des Eigenthums. Organisation des Kredits und der Cirkulation und Lösung der sozialen Frage. Kapital und Rente. Erörterungen zwischen Proudhon und Bastiat.* Leipzig: Arnoldische Buchhandlung 1851, S. 60.

15 Karl Kautsky: Das Recht auf Arbeit. In: *Die Neue Zeit* 2 (1884), S. 299–303.

19. Jahrhunderts eingenommen hat; und zweitens – daran anschließend – von der Poetik des Lafargueschen Pamphlets selbst her, das gerade deshalb utopisch ist, weil es diese Topie invertiert und durchkreuzt.

Topie der Arbeit

Als Mediziner, der in Paris und London studiert hat, war Lafargue mutmaßlich eine bestimmte wissenschaftsgeschichtliche Entwicklung geläufig, die sich in der zweiten Hälfte des 19. Jahrhunderts im Wechselspiel von Physiologie, Medizin, Ökonomie und Physik abzeichnet, und deren Ergebnis ein spezifischer Arbeitsbegriff ist. Dieser Arbeitsbegriff bildet den Gegenstand einer neuen, interdisziplinären Wissenschaft, die seit den 1880er Jahren als ‚Arbeitswissenschaft' (‚Ergonomics', ‚Science du travail') bekannt wird, und die zuerst in Frankreich und Italien und kurz darauf in Deutschland und England institutionalisiert wird. Diese Arbeitswissenschaft erforscht die medizinischen, ernährungsphysiologischen und mechanischen Bedingungen von Produktivitätssteigerung. Lafargues Schrift spielt auf den spezifischen Objektivierungsmodus der Arbeitswissenschaft an, etwa wenn er beklagt, dass der Arbeiter zur „rôle de machine" herabsinke (DP, S. 121).

Interessant ist nun, dass unter dieser Prämisse der Effizienz die Konzepte von Müßiggang und Faulheit, die in der Zeit der Aufklärung noch als moralische Antipoden der Arbeitsamkeit und des Fleißes aufgerufen wurden, ab der Jahrhundertmitte aus dem arbeitswissenschaftlichen Raster ausscheiden. Der Historiker Anson Rabinbach hat diese Entwicklung diskursgeschichtlich ausgeleuchtet.[16] Im Analyseraster der Arbeitswissenschaft ist es von nun an nicht mehr das moralische Phänomen der Faulheit, sondern das physiologische der Ermüdung, das ihr Kopfzerbrechen bereitet. Ermüdung, so Rabinbach, war das soziale und kulturelle, angstbesetzte Phänomen, in dem sich die allgemeine Sorge um den Niedergang der modernen Zivilisation spiegelt. Der Begründer der französischen Arbeitswissenschaft etwa, Étienne-Jules Marey, analysierte die Bewegungsökonomie industrieller Arbeitsprozesse. Die von ihm entwickelte ‚Chronofotografie' erlaubte es, die Bewegungsabläufe eines

16 Anson Rabinbach: *The Human Motor. Energy, Fatigue, and the Origins of Modernity*. Berkeley / Los Angeles: University of California Press 1992.

menschlichen, arbeitenden Körpers in ihrem Verlauf festzuhalten mit dem Ziel, ihre Effizienz zu optimieren.[17]

Der nicht mehr utopische, sondern dezidiert wissenschaftliche Sozialismus, der mit Marx und Engels möglich schien, wird also in der zweiten Hälfte des 19. Jahrhunderts von einer szientistischen und von der Thermodynamik inspirierten Arbeitswissenschaft überholt, die längst alle Relationen zwischen Arbeit und Ermüdung bzw. Erholung ausgerechnet hat und die die Länge des Arbeitstags mathematisch, und damit scheinbar politisch neutral, für jede Berufssparte im Interesse der nationalen Effizienz festlegen konnte. Beide, Arbeitswissenschaft und wissenschaftlicher Sozialismus, kommunizieren zumindest in zweierlei Hinsicht miteinander: Erstens teilen sie eine Verobjektivierung des Arbeitsbegriffs. ‚Arbeit' ist hier per definitionem nicht mehr als autonomes, spezifisch menschliches Handeln begreifbar (eben so wenig wie z. B. ‚Transpirieren' als solches in Frage käme), sondern ist – im Unterschied zu Marx' früheren *Pariser Manuskripten* – objektiver, eben materieller Prozess, der dementsprechend (natur-)wissenschaftlich betrachtet werden kann: „produktive Verausgabung von menschlichem Hirn, Muskel, Nerv, Hand"[18], wie es in einer oft zitierten Passage heißt.[19] Zweitens treten in diesem szientistischen Arbeitsbegriff die beiden wirkmächtigen Modelle von Effizienz und Fortschritt zusammen. Denn auch der wissenschaftliche Sozialismus belastet die gesteigerte Effizienz, d. h. den gesteigerten Grad an Ausbeutung gesellschaftlicher Arbeit, mit einer Fortschrittserwartung.

Ist die „kapitalistische Produktionsweise", wie Engels schreibt, einmal als „Notwendigkeit für einen bestimmten geschichtlichen Zeitabschnitt"[20] erklärt und anerkannt, ändert sich auch die Perspektive der Emanzipation. Sie wird objektiver, beinahe naturhafter Prozess. Auf diese Weise wird dem Begehren nach der befreiten Gesellschaft ein ‚Realitätsprinzip'

17 Ebd., S. 84–119.

18 Karl Marx: *Das Kapital. Kritik der politischen Ökonomie. Erster Band. Marx-Engels-Werke (MEW)*, Bd. 23. Berlin: Dietz 1973, S. 58.

19 Damit kann freilich der komplexe Arbeitsbegriff bei Marx kaum umrissen werden. Zum diskursgeschichtlichen Zusammenhang von Historischem Materialismus und physikalischer Thermodynamik vgl. dennoch Rabinbach: *Human Motor*, S. 72–83.

20 Friedrich Engels: Die Entwicklung des Sozialismus von der Utopie zur Wissenschaft. In: *MEW*, Bd. 19. Berlin: Dietz 1973, S. 181–228, hier S. 209.

im Freudschen Sinn, d.h. ein konstitutiver Aufschub eingeschrieben. Die politische *Kritik* kann den Zeitpunkt der ökonomischen *Krise* nicht beschleunigen. Und die Arbeiterklasse, an die Engels seine Schrift primär adressiert, wird mit einer sozialwissenschaftlichen Erzählperspektive ausgestattet, von der aus sie ihre eigene Lebensform als quasi-naturwissenschaftlichen Gegenstand vorfindet. Demgegenüber deutet sich bei Lafargue eine Skepsis an, die die beschriebene Entwicklung als epistemologische Verengung vitaler politischer Interessen wahrnimmt, d.h. als eine Verhakung der (utopischen) ‚Was-soll-sein-Frage' in der (historisch-wissenschaftlichen) ‚Was-ist-Frage'.
In der Schlusspassage eines Artikels, der Marx' Geschichtstheorie gegen den britischen Ökonomen Ernest Belfort Bax in Schutz nimmt, schreibt Lafargue:

> [W]enn nun nach einem Versuch mit dem ökonomischen Determinismus Bax diesen mangelhaft findet, so kommt dies daher, daß er, durch und durch Metaphysiker, zu ungeschickt war, sich seiner zu bedienen, und nun, wie eben ein schlechter Arbeiter, seine Ungeschicklichkeit auf das Werkzeug schiebt.[21]

An solchen Spitzen zeigt sich Lafargues Diskurstaktik: Im selben Moment, in dem er die Rolle des kreativen (Theorie-)Arbeiters einnimmt, dessen „Werkzeug" die Theorie ist, schiebt er den rigiden Objektivitätsanspruch dieses Werkzeugs beiseite. Es kommt nicht darauf an, ob eine Theorie absolut richtig ist, sondern darauf, was man mit ihr macht.

Närrische Kritik

Lafargues Pamphlet trägt der Einsicht Rechnung, dass Utopien – „Vorgemälde von Tendenzen und Latenzen in der gegenwärtigen Gesellschaft"[22] (Bloch) – nicht primär epistemologische, sondern vor allem formsensible Äußerungen sein müssen. Das Postulat der Faulheit, das hier formuliert wird, ist deshalb zugleich von strategischen Irritationen durchzogen, die bestimmte Wahrnehmungsweisen der ‚sozialen Frage' unterbrechen. Das wissenschaftliche *Sehen-dass* kippt um in ein ästhetisches *Sehen-als*.

21 Paul Lafargue: Ökonomie, Naturwissenschaft und Mathematik. In: *Die Neue Zeit* 27 (1906), S. 25–30, hier S. 30.

22 Bloch: Ideologie und Utopie, S. 70.

Lafargues Inszenierung der kapitalistischen Gesellschaft verfolgt, erstens, eine Technik der Invertierung.[23] Die Arbeiterklasse – seit Beginn des 19. Jahrhunderts primär als Opfer, Resultat oder ‚Produkt' der Industrialisierung identifiziert – wird bei ihm als das Subjekt ihrer eigenen Unterwerfung vorgeführt: Es ist, so Lafargue, die „übertriebene Leidenschaft der Arbeiter für die Arbeit" („*la passion extravagante des ouvriers pour le travail*", DP, S. 133 / RF, S. 49), die zur zyklischen Überproduktion führt. Folgerichtig muss man sie „überzeugen", mit dieser Leidenschaft zu brechen, womit eine „schwierige Aufgabe" anstehe: „Nur Physiologen, Hygieniker und kommunistische Ökonomen können sie übernehmen." (RF, S. 48–49)

Lektüren allerdings, die Lafargue dazu gratulieren, die „subtilen Formen der Herrschaftsmechanismen" und die „Identifizierung des Proletariats mit der Ideologie der Arbeit"[24] aufzudecken, verfehlen dessen Verfahren ebenso wie die Rüge, er ignoriere die „sozialen und ökonomischen Zwänge hinter dem Rücken der beteiligten Personen"[25] und behandle die Kapitalisten „mit verwirrender Nachsicht"[26]. Nicht um Sozialpsychologie oder Ideologiekritik à la Frankfurter Schule geht es hier, sondern um eine präzise Vertauschung von Zuschreibungen, die an den Humor karnevalistischer Praktiken und Literaturen anknüpft.[27] Wo Ideologiekritik einem analytischen Prinzip untersteht, verfolgt die Lafarguesche Invertierung der üblichen Zuschreibungen (Akteure und Opfer, Handeln und Erdulden, dementsprechend: Anklage und Mitleid) eine konsequente Gegenstandsverfehlung: Während die Arbeiterschaft sich von den Pfarrern und Ökonomen „den Kopf hat verdrehen lassen", sehen sich die bemitleidenswerten Kapitalisten „zu erzwungener Faulheit und Üppigkeit, zu Unproduktivität und Überkonsum verurteilt." (RF, S. 51–52)

23 Maurice Dommanget hat in seiner Analyse mit dem Begriff der „Paradoxie" argumentiert, s. ders.: Introduction, S. 23.

24 Wilk: Warum Paul Lafargues ‚Recht auf Faulheit'?, S. 11.

25 Fetscher: Einleitung, S. 9.

26 Dommanget: Introduction, S. 31: „avec une indulgence déconcertante".

27 Lafargue verweist sogar explizit auf die klassischen Autoren des parodistischen und Schelmenromans: Rabelais, Quevedo und Cervantes (DP, S. 135; RF, S. 50); zum literaturwissenschaftlichen Begriff des Karnevals, u. a. anhand von Cervantes und Rabelais, siehe die klassischen Studien von Michail Bachtin: *Literatur und Karneval. Zur Romantheorie und Lachkultur*. Frankfurt am Main: Fischer 1990.

Die physiologische Analyse, mit der Marx vor allem im ersten Band des *Kapital* die Verkümmerung von Körper und Lebensform des Proletariats festzuhalten versucht hatte, kehrt sich im medizinischen Blick des Lafargueschen Erzählers genau um: als körperliche Gebrechen durch erzwungenen Trüffelkonsum (RF, S. 52).

Der zweite Aspekt betrifft die Position des Erzählers, der nicht mit dem Autor selbst verwechselt werden darf. In ihr spitzt sich der Antagonismus zur Verwissenschaftlichung von Gesellschaftsutopie zu, indem sie ostentativ mit dem Reiz von Nichtwissen operiert. So ist bereits deutlich geworden, dass *Das Recht auf Faulheit* ökonomietheoretisches Systemwissen minimiert. Was erst für die kommende Gesellschaft Gültigkeit hätte, nämlich der Einklang von Tun und Tun-Wollen, unterstellt Lafargues Erzähler in seiner Arbeitssucht-These kurzerhand bereits der gegenwärtigen. Aus dieser Disposition ergibt sich eine Publikumsbeschimpfung des eigenen Lagers, die kaum als gerichtete ‚Ironie' eingefangen werden kann, sondern vielmehr auf das Gebaren eines unfreiwillig zynischen Narren verweist:

> Travaillez, travaillez, prolétaires, pour agrandir la fortune sociale et vos misères individuelles, travaillez, travaillez, pour que, devenant plus pauvres, vous ayez plus de raisons de travailler et d'être misérables. Telle est la loi inexorable de la production capitaliste.[28] (DP, S. 129–130)

Es fügt sich in dieses Entsetzen des Unwissenden – des empörten Idioten –, dass er die Arbeiter selbst anklagt, sie hätten die alten Zunftgesetze abgeschafft, und die Ökonomen umgekehrt als arme Irre einstuft, die, „von ihrem eigenen Gekrächz betäubt und idiotisiert" („*idiotisés par leurs propres hurlements*", DP, S. 129 / RF, S. 43), in der eigentlich ganz offenkundigen Problemlage nur Verwirrung stiften.

In Albernheiten – das wäre der dritte poetologische Zug – läuft die Expertise des Lafargueschen Erzählers zur Höchstform auf. So treibt der Erzähler seine invertierte Analyse unablässig fort, um schließlich die Leser darüber aufzuklären, dass zwar „Ignoranten […] unsere frommen

28 „Arbeitet, arbeitet, Proletarier, vermehrt den Nationalreichtum und damit euer persönliches Elend. Arbeitet, arbeitet, um, immer ärmer geworden, noch mehr Ursache zu haben, zu arbeiten und elend zu sein. Das ist das unerbittliche Gesetz der kapitalistischen Produktion." (RF, S. 44).

Fabrikanten des Betruges" beschuldigen, dass diese jedoch „in Wahrheit" nur dem Arbeitsbedürfnis der Arbeiter möglichst umfassend nachzukommen versuchen (RF, S. 58). Eine gesetzliche Begrenzung sei erfordert, damit die Arbeiter nicht mehr „miteinander eifersüchteln" („*ne se jalouseront plus*", RF, S. 60 / DP, S. 142). In solchen Passagen geriert sich der ignorante Erzähler, der die Ignoranten entlarvt, als Hofnarr einer ‚Kritik der politischen Ökonomie', und die gerichtete Rhetorik der Ironie wird als Albernheit überboten.[29]

Form der Utopie

Lafargues Pamphlet kultiviert nicht so sehr eine analytische als eine *para*lytische Poetik, die sich der paradoxen Doppelaufgabe verschreibt, politische Evidenz zu erzeugen *und zugleich* ‚Evidenz' im sozialwissenschaftlichen Sinne zu parodieren. Der ästhetische Mehrwert des närrischen Sprechens, der Albernheit und des idiotischen Nichtwissens ist es, gegenüber dem Realitätsprinzip der Arbeitsgesellschaft einen Un-Ort aufzusuchen und eine Unordnung zu erzeugen, die gleichsam die fotografische Überbelichtung eines kollektiven Irrsinns ermöglicht. Dabei geht es nicht nur, wie Ernst Bloch vermutet hat, um die Rettung emotionaler Antriebe, sondern vor allem um eine Äußerungsweise, die bestimmte Rationalitätszuschreibungen irritieren soll; denn Engels' Urteil über die „reine Phantasterei" eines Fourier oder Owen, deren Gesellschaftsentwürfe bloß „aus dem Kopfe erzeugt"[30] wurden, spricht den frühsozialistischen Phantastereien eine Vernünftigkeit ab, die es der kapitalistischen Realität damit indirekt zubilligen muss. Erst mit dieser Form jedenfalls gewinnt Lafargue einen Ort des Sprechens, von dem aus er die *imago* und das Begehren eines un-produktiven sozialen Lebens in den sozialistischen Diskurs einspeisen kann: eine Gesellschaft, die ihre Arbeit auf das Minimum reduziert und dabei sowohl alle verfügbaren Technologien als auch alle erreichbaren Genüsse und Amüsements ausschöpft.

Frappierend ist, dass die Charaktere der Lafargueschen Satire bestimmte Züge aufweisen, die die gegenwärtigen post- oder spätindustriellen

29 Zum Verhältnis von Albernheit und Ironie vgl. Michael Glasmeier / Lisa Streib: *Albernheit.* Hamburg: Textem 2011, S. 15.

30 Engels: Entwicklung, S. 194.

Gesellschaften kennzeichnen: Auf der einen Seite etabliert sich seit den 1980er Jahren eine neue Subjektivierungsform des ,unternehmerischen Selbst'[31], die alle privaten und nicht-privaten Tätigkeitsbereiche dem Kalkül der Investition unterzuordnen lernt und damit, wie die unersättlichen Lafargueschen Arbeiter, den Arbeitszwang internalisiert hat und keinen Spielraum für die Tugend der Faulheit mehr lässt; demgegenüber erscheinen die zahlreichen Müßiggangs- und Faulheits-Ratgeber der letzten Jahre als blasse Kompensationsversuche. Auf der anderen Seite wird immer wieder (spätestens seit den 1980er Jahren) ein Ende der Arbeitsgesellschaft konstatiert, das allerdings nicht zur Freiheit von Arbeit, sondern umgekehrt zu einer neuen Unübersichtlichkeit von Ausbeutungs- und Verwertungsverhältnissen geführt hat. Angesichts des Vorschlags, den ökonomischen Menschen in einen „Gemeinwohl-Unternehmer"[32] umzudeuten, sowie angesichts der sich seit der Jahrtausendwende abzeichnenden ,Aktivierungsgesellschaft'[33], in der es, wie Gerhard Schröder 2003 mitteilte, „kein Recht auf Faulheit"[34] gibt, erscheint eine Lafarguesche Suche nach praktischen ebenso wie diskursiven Nicht-Orten – Orten des Sprechens jenseits der neoliberalen Topie von Arbeit, Vertrauen, sozialer Verantwortung und systemischer Rationalität – geradezu als Propädeutikum politischer und theoretischer Praxis.

31 Ulrich Bröckling: *Das unternehmerische Selbst. Soziologie einer Subjektivierungsform*. Frankfurt am Main: Suhrkamp 2007.

32 Ulrich Beck: Wohin führt der Weg, der mit dem Ende der Vollbeschäftigungsgesellschaft beginnt? In: Ders. (Hrsg.): *Die Zukunft von Arbeit und Demokratie*. Frankfurt am Main: Suhrkamp 2000, S. 7–66, hier S. 49.

33 Stephan Lessenich: *Die Neuerfindung des Sozialen. Der Sozialstaat im flexiblen Kapitalismus*. Bielefeld: Transcript 2008.

34 Konjunktur: Schröder fordert Optimismus. In: *Spiegel*, 06.04.2001.

Ökonomie der Aufgabe

Glücksspiel als inner- und gegenkapitalistische Utopie

Matthias Naumann

> *Niemand würde behaupten, es ginge am Roulette- oder Kartentisch um Leben und Tod. Es geht natürlich um mehr. Wo das Spielen so weihevoll praktiziert wird wie in einem noblen Casinosaal, wo die Akteure, selbst in Momenten, da sie allen Grund hätten, die Fassung zu verlieren, Haltung, ja sogar Würde zeigen, da geht es um das Heiligste, was die Menschen kennen: das über alles in der Welt geliebte und verehrte Geld.*[1]

Die entscheidende Zahl ist 17. Es könnte auch jede andere zwischen 1 und 36 sein oder auch die Null, „zéro", der in Fjodor Dostojewskis *Der Spieler* die reiche alte Tante verfällt. Aber für Jackie (Jeanne Moreau) ist es in Jacques Demys Film *La Baie des Anges* (F 1963) die 17, und so wird sie es auch für Jean (Claude Mann), der zuvor mehrmals bei 13 gewonnen hat. Der Film erzählt Jeans Weg ins Glücksspiel, am Roulettetisch lernt er in Nizza die spielabhängige Jackie kennen, verliebt sich in sie, und fortan erleben sie gemeinsam das Auf des Gewinnens und des schnellen, guten Verlebens des Gewonnenen, und das Ab des Verlierens. Ein schnellerer Herzschlag der Filmmusik unterlegt dabei die entscheidenden Momente

1 Michael Kohtes: *Va Banque. Über Glücksspieler und Spielerglück*. Berlin: Transit 2009, S. 17.

des Spiels sowie der Liebe, beide erscheinen so mit derselben emotional-körperlichen Ergriffenheit, demselben Schwindel verbunden.
Das Glücksspiel zeigt sich hier als ein gefährlicher, ein utopischer Weg aus dem Angestelltendasein, das Jean zu Beginn des Films noch ganz umfasst. Er arbeitet in einer Bank in Paris und lebt bei seinem Vater, als ein befreundeter Bankangestellter ihn mitnimmt zum Roulette nach Enghien – wohin in *A Moveable Feast* Ernest Hemingway zum Pferderennen und -wetten ging: „Enghien, the small, pretty and larcenous track that was the home of the outsider."[2] Dort gewinnt Jean eine schöne Summe bei seinem ersten Roulette und beschließt, den Urlaub in Nizza zu verbringen, an der Côte d'Azur, einer Gegend des Spiels in mancherlei Hinsicht. Die sich darin äußernde Intention – das Begehren nach einem Ausbruch aus dem ordentlichen, kleinbürgerlichen Leben – führt zum Konflikt mit dem Vater, der das Glücksspiel für vollkommen unangemessen nicht zuletzt für einen Bankkaufmann hält. Dies erscheint ironisch angesichts der in der sogenannten Finanzkrise seit 2008 häufig bemühten Vergleiche zwischen Glücksspiel und Börsentätigkeit,[3] hat aber aus der Perspektive des Vaters durchaus seine Berechtigung, da er auch das Dasein des Bankers, der hier eher als Kassenangestellter erscheint, durch die Qualität der Arbeit ausgezeichnet sieht, während die Rede vom ‚Casinokapitalismus' der Bankertätigkeit diesen moralischen Wert, Arbeit zu sein, gerade abzusprechen versucht.[4] Damit erscheint Arbeit einerseits als Möglichkeit – vielleicht sogar die einzige Möglichkeit – der ökonomischen Wertschöpfung, und andererseits fungiert Arbeit selbst als ein moralischer Wert, zu arbeiten ist der tugendhafte Weg zu leben, der von der väterlichen Autorität gefordert wird.

2 Ernest Hemingway: *A Moveable Feast.* London: Arrow 2004, S. 28.

3 Vgl. auch historisch zum Verhältnis von Börse und Film Christina von Braun / Dorothea Dornhof (Hrsg.): *Spekulantenwahn. Zwischen ökonomischer Rationalität und medialer Imagination.* Berlin: Neofelis 2015, sowie allgemeiner zur Figur der Spekulation Urs Stäheli: *Spektakuläre Spekulation. Das Populäre der Ökonomie.* Frankfurt am Main: Suhrkamp 2007.

4 Demgegenüber verweigert Michael Kohtes den „Zockernaturen" im „internationalen Finanz-Roulette", den heutigen Investmentbankern, gerade die Anerkennung als Spieler, da sie nicht mit eigenem Geld und also auf eigenes Risiko, sondern mit fremdem Geld und – wie sich politisch gewollt in den vergangenen Jahren zeigte – zumeist ohne eigenes Risiko wetten (Kohtes: *Va Banque*, S. 56).

La Baie des Anges führt so gleich zu Beginn eine Entgegensetzung von Arbeit und Spiel ein, um die es danach nicht mehr explizit gehen muss, die aber dennoch den Zugriff des Films auf das Thema grundiert und Georges Batailles Feststellung vom „fundamentale[n] Charakter des Gegensatzes von Spiel und Arbeit“[5] aufzugreifen scheint. Bataille nennt die Arbeit auch die „*spielverneinende*[] Tätigkeit, die die ausschließlichen Rechte der Arbeit behauptet, die das Eigentum der Arbeiter ist“[6]. Die Arbeit ist spielverneinend, aber verneint damit auch das Spiel die Arbeit, oder lässt sich vielleicht auch mit Arbeit spielen? Die Gegenüberstellung von Arbeit und Spiel und ihre ökonomischen Implikationen sollen einen Ausgangspunkt der weiteren Überlegungen zum Glücksspiel bilden, begleitet allerdings von der anderen Opposition, in die Sigmund Freud das Spiel in einer Untersuchung des „Schaffens des Dichters“, seines „Phantasierens“ setzt: „Der Gegensatz zu Spiel ist nicht Ernst, sondern – Wirklichkeit.“[7] Eine vergleichbare Kontrastierung findet sich bei Johan Huizinga, der das Spiel als vom „gewöhnlichen Leben“, der „gewöhnlichen Welt“ unterschieden sieht[8] und auf den sich wiederum Bataille mit seiner Opposition von Spiel und Arbeit bezieht. Es ist also nicht zuletzt nach dem Verhältnis von Wirklichkeit, dem Gewöhnlichen und Arbeit als potentiellen Gegensätzen des Spiels zu fragen, in Bezug auf die sich das Glücksspiel als inner- und gegenkapitalistische Utopie lesen lässt.

Die Funktionen des Geldes

Während der französische Titel von Demys Film *La Baie des Anges* – Die Bucht der Engel – sowohl auf den Handlungsort Nizza Bezug nimmt als auch eine romantische Note, ein utopisches Versprechen in der Gestalt der Engel einführt, wartet der deutsche Verleihtitel mit einer moralischen Wertung im Sinne von Jeans Vater auf. Hier heißt der Film:

5 Georges Bataille: Spiel und Ernst. In: Ders.: *Die Aufhebung der Ökonomie*. München: Matthes & Seitz 2001, S. 303–338, hier S. 322.

6 Ebd.

7 Sigmund Freud: Der Dichter und das Phantasieren (1908). In: Ders.: *Studienausgabe*, Bd. X: Bildende Kunst und Literatur, hrsg. v. Alexander Mitscherlich / Angela Richards / James Strachey. Frankfurt am Main: Fischer 1997, S. 169–179, hier S. 171.

8 Vgl. Johan Huizinga: *Homo Ludens. Vom Ursprung der Kultur im Spiel*. Reinbek: Rowohlt 2011, u. a. S. 18, 21.

Die blonde Sünderin. Gemeint ist die Spielerin Jackie mit ihren platinblonden Haaren und ausgewiesen wird das Glücksspiel, aber vielleicht auch ihr freizügiger Lebensstil, mit einer Spielbekanntschaft ins Hotelzimmer zu gehen anstatt sich um ihr Kind zu kümmern, als Sünde. Die Suche nach der dieser Sünde korrespondierenden Tugend führt vom französischen Roulettetisch zurück nach Deutschland bzw. ins Dostojewski'sche Roulettenburg, wo sich der Ich-Erzähler Alexej Iwanowitsch, der Spieler, einmal am Mittagstisch des Generals folgendermaßen mitteilt:

> Ich bin hier gestern zehn Werst weit umhergegangen: es ist ganz ebenso wie in den moralischen deutschen Bilderbüchern. Überall, in jedem Hause, gibt es hier einen Hausvater, der furchtbar tugendhaft und außerordentlich redlich ist, schon so redlich, daß man sich fürchten muß, ihm näherzutreten. Ich kann solche redlichen Leute nicht ausstehen, denen näherzutreten man sich fürchten muß. Jeder derartige Hausvater hat eine Familie, und abends lesen alle einander laut belehrende Bücher vor. […] Nun also, so lebt hier jede solche Familie beim Hausvater in vollständiger Knechtschaft und Untertänigkeit. Alle arbeiten wie die Ochsen, und alle scharren Geld zusammen […] Nun ist das nicht ein erhebendes Schauspiel: hundert- und zweihundertjährige sich vererbende Arbeit, Geduld, Klugheit, Redlichkeit, Charakterfestigkeit, Ausdauer, Sparsamkeit, der Storch auf dem Dach! Was wollen Sie noch weiter? Etwas Höheres als dies gibt es ja nicht, und in dieser Überzeugung sitzen die Deutschen selbst über die ganze Welt zu Gericht, und wer da schuldig befunden wird, das heißt ihnen irgendwie unähnlich ist, über den fällen sie sofort ein Verdammungsurteil. Also, wovon wir sprachen: ich ziehe es vor, auf russische Manier ein ausschweifendes Leben zu führen oder meine Vermögensverhältnisse beim Roulett aufzubessern; ich will nicht nach fünf Generationen Hoppe & Co. sein. Geld brauche ich für mich selbst; ich bin mir Selbstzweck und nicht nur ein zur Kapitalbeschaffung notwendiger Apparat.[9]

Für Alexej erscheint das Roulette als *die* Möglichkeit, an Geld zu kommen, mit dem es sich dann gut leben ließe, und zwar jetzt, in diesem, seinem Leben. Ideal ist hier nicht die bürgerliche Familie als Ort von Erbfolge und Eigentum, wie sich auch an des Generals scheiterndem Bemühen zeigt, das Geld der alten Tante zu erhalten, die es lieber verspielt, als es ihm zu geben. An anderer Stelle erklärt Alexej das Roulette zu seinem Schicksal, als habe er keine andere Chance, zu Geld zu kommen, als zu spielen, und folgerichtig verfällt er dem Spiel. Die Entscheidung für das Spiel scheint immer eine für das Schicksal zu sein, eine Wahl des

9 Fjodor M. Dostojewski: *Der Spieler*, aus d. Russ. v. Hermann Röhl. Frankfurt am Main: Insel 1986, S. 38–40.

Schicksals als etwas, dem sich zu überlassen sei. Diese Wahl des Schicksals verkleidet sich im zitierten Text in die Behauptung nationaler Stereotype, als könne der Sprecher als Russe nicht anders als spielen.[10] Doch trifft Alexej hier neben der Unterscheidung von Verhaltensformen des Gelderwerbs – mühselige Arbeit bzw. Glücksspiel – eine weitere zentrale Unterscheidung, die er mit der ersten verknüpft: Er unterscheidet anhand des Einsatzes bzw. des Gebrauchs des Geldes im Leben, in den sozialen Verhältnissen. Alexej möchte das Geld nämlich für sich selbst, um es als Tauschmittel wieder verausgaben zu können, man könnte sogar sagen, um es zu konsumieren, aber er möchte es nicht, um es in den Aufbau von Kapital investieren zu können, wie es die deutsche, protestantische, kapitalistische Moral und Ökonomie fordert, die er so deutlich angreift.

Karl Marx zeigt für das Geld in der kapitalistischen Gesellschaft drei Funktionen, die zugleich für das ökonomische Selbstverhältnis dieser Gesellschaft entscheidend sind:[11] Das Geld misst einerseits die Werte der Waren und in ihnen den Wert, den die zur Herstellung der Waren eingebrachte Arbeitszeit gehabt haben wird. Andererseits dient das Geld als Tauschmittel, durch welches die abstrakte Zirkulation der Waren ermöglicht wird und geschieht. Und schließlich findet sich im Kapitalismus die dritte Funktion des Geldes darin, dass es Ort des Kapitalumschlags ist. Denn die Kapitalbewegung ist nur durch das Geld möglich, das als Ausdruck von Wert, d.h. von toter/gespeicherter Arbeitszeit, fungiert, der reinvestiert werden kann und muss, um Mehrwert zu schaffen, der sich adäquat wiederum nur in Geld ausdrückt, wenn das Kapital vermehrt

10 Diese nationale Zuweisung der Spieler- und Nichtspieler-,Natur' findet sich bereits bei Alexander Puschkin, in dessen Erzählung *Pique-Dame* der deutsche Offizier Hermann nicht mit seinen russischen Freunden Karten spielt, sondern nur interessiert zuschaut, denn „ich bin nicht in der Lage, das Notwendige zu opfern, in der Hoffnung, Überflüssiges zu gewinnen." (Alexander Puschkin: Pique-Dame. In: Ders.: *Pique-Dame und andere Erzählungen*, aus d. Russ. v. Fega Frisch. Zürich: Manesse 1994, S. 259–306, hier S. 262.) Erst als er meint, er könne durch das Geheimnis der drei sicheren Gewinnkarten der alten Gräfin, die stirbt, als er es ihr zu entreißen versucht, das Glücksspiel ‚entspielen', nämlich sicher gewinnen, wagt er sich an den Kartentisch. Hier zeigt sich, dass der Versuch, das (Glücks)Spiel zu beenden, auch den Tod der anderen in Kauf nimmt – wie auch in *Deadwood* zu sehen sein wird.

11 Vgl. Karl Marx: *Das Kapital. Erster Band. Marx-Engels-Werke*, Bd. 23. Berlin: Dietz 1962, Abschnitt 1 u. 2, bzw. Frank Engster: *Das Geld als Maß, Mittel und Methode. Das Rechnen mit der Identität der Zeit.* Berlin: Neofelis 2014.

zu sich zurückkehrt, um dann erneut zur Schaffung weiteren Mehrwerts reinvestiert zu werden, usw. Auf diese letzte Funktion zielt die Arbeit des deutschen Hausvaters über zweihundert Jahre und mehr, nämlich durch Arbeit sowie die Speicherung und Vermehrung ihres Werts durch weitere Arbeit Kapital aufzubauen, und zwar immer mehr. Dagegen zielt des Spielers Interesse am Geld auf dessen zweite Funktion als Tauschmittel, rein als Tauschmittel, und das ist hier einer der utopischen Aspekte des Glücksspiels: Es kehrt hinter den Kapitalismus zurück, indem es das Geld seiner dritten Funktion entzieht, nämlich der, den Wert vergangener, toter Arbeit zu speichern und reinvestierbar zu machen, um Mehrwert zu schaffen, der erneut im Kapitalkreislauf investiert werden soll. Das Geld als Tauschmittel und als reines Zeichen von Gewinn und Verlust im Spiel schert sich nicht um die Aufgabe, die Forderung des Kapitals. Die Frage, auf welche *La Baie des Anges* in der dort vorgenommenen Gegenüberstellung von Arbeit und Spiel noch deutlicher hinführt als *Der Spieler*, ist allerdings, was das Glücksspiel für die erste Funktion des Geldes – als Maß – bedeutet.

Bei seinem ersten Roulettenachmittag in Enghien hat Jean viel Glück und weiß auch genau, wann er aufhören muss – eines der großen Probleme des Glücksspiels. Um 480.000 Francs reicher kehrt er nach Paris zurück, in die Wohnung seines Vaters, der als Uhrmacher und -händler von der Zeit lebt, und doch beschäftigt ihn auf der Rückfahrt mit seinem Freund Caron nicht der Enthusiasmus des Gewinnens, sondern er ist verstört, dass er in weniger als einer Stunde mehr Geld erworben hat, als er in sechs Monaten in der Bank verdient. Die Verhältnisse zwischen Arbeit, Arbeitszeit und Geld als Wertmaß der Arbeit und Arbeitszeit geraten durch das Glücksspiel durcheinander, und das soziale Gefüge, das sich in der kapitalistischen Gesellschaft im Geld sein Maß und seinen Ausdruck gibt, gerät ins Wanken, erhält Risse und erscheint auf einmal gar nicht so fest gefügt bzw. so klar verständlich, d. h. berechenbar. Demgegenüber sagt Jackie, als die beiden die gewonnenen Millionen in Monte Carlo an einem Tag für Auto, Kleider, Hotelsuite und natürlich Roulette verausgaben, das Geld sei ihr egal, sie möge es gar nicht, es gehe ihr nur um das Gefühl des Gewinnens. Wenn sie es hat, lebe sie gerne im Luxus, wenn nicht, eben arm. Und überhaupt lebt sie bis zur letzten Entscheidung des Films nur, um an den Spieltisch zurückzukehren, um erneut zu spielen.

Hier wird deutlich, wie sich, zumindest in der persönlichen Erfahrung der Spielerin, das Geld entwertet, und zwar im Sinne eines Maßes von notwendiger und zusätzlicher Arbeit, von Wertschöpfung; seinen Wert als Tauschmittel behält es dabei, da es im sozialen Zusammenhang noch immer eine Wertgröße ist, und kann so verausgabt werden. Würde diese Entsetzung des Werts des Geldes bzw. die vom Glücksspiel in Gang gesetzte unberechenbare Sprunghaftigkeit seines Besitzes – und damit des Werts bzw. Vermögens seines Besitzers – bei vielen oder gar allen zur glücksspielenden Praxis, gar anstatt einer klassischen Erwerbsarbeit, stellte sich die Frage, ob das Glücksspiel als innerkapitalistische Utopie des/der Einzelne_n auch zur gegenkapitalistischen Utopie aller taugt, also zu einer, deren imaginäre Kraft den Kapitalismus nicht nur momentweise auszusetzen, sondern aufzuheben vermöchte.

Eine andere Szene des Films reflektiert die Angst vor der Unwägbarkeit des Werts, den jemand als Besitzender und vielleicht bald schon nicht mehr Besitzender hat: Als Jean in Nizza angekommen im Hotel nach dem Weg zum Casino fragt, bittet ihn die Hotelbesitzerin, sein Zimmer im Voraus zu bezahlen, da sie sich bei einem Spieler ja nicht sicher sein könne, ob er morgen noch das Geld für das Hotelzimmer haben werde. Eine Unwägbarkeit, die es zu verhindern gilt, nämlich dass das Zimmer und die damit verbundene Arbeit plötzlich nichts mehr wert sind, dass das darin investierte Kapital nichts abwirft, eine Gefahr, die aufscheint, wo das Roulette droht, die Verwertung des Zimmers zu entrechnen, d.h. der Berechenbarkeit zu entziehen. Dabei will die Hotelbesitzerin nicht mitspielen, nicht auf das Glück ihres Gasts setzen. An ihr zeigt sich die Angst der Arbeit vor dem Spiel.

Diese Angst vor dem Spiel, Kehrseite seiner Hoffnung, zieht sich durch den *Spieler* eben wie durch *La Baie des Anges*. Zu betrachten sind beide, Roman und Film, als Formen des Nachdenkens über die utopische Idee des Glücksspiels und seines Abgrunds, der schwindeln lässt – wie die schnellen Musikeinsätze in *La Baie des Anges* – und damit Angst und Lust am Sich-Verlieren zugleich hervorruft und zudem den Lustgewinn aus der Souveränität, sich über diesen Abgrund erhaben zu zeigen, anbietet. „Souveränität" ist der vierte Begriff, den Bataille mit Arbeit, Angst und Spiel in eine Konstellation des sozialen Verhaltens setzt: „Spiel und

Souveränität sind untrennbar."[12] Dabei zeigt sich für ihn Souveränität als ein über den Dingen und dem Geld Stehen, als ein Glänzen im Loslassen im Spiel, im Gleichsetzen dessen, was einen Zweck hat, mit dem, was keinen hat, ja keinerlei Sinn hat. „[...] der Spieler um Geld ist ein Mensch, der darin glänzt, daß er *seinen Reichtum losläßt*"[13]. Demgegenüber steht die Angst: „Die Grenze der Anziehungskraft des Spiels ist die Angst: das Verlangen, etwas zu erhalten, geschützt zu halten, wendet sich in uns gegen das, es zu vergeuden."[14] Gegen diese Angst soll die Arbeit schützen, mit ihrem Versprechen des Erhaltens, des Aufbaus und der Vernunft. Sie zeigt sich als Zwang, als Handlung aus der und gegen die Not, und ist damit nicht souverän – so scheint es zunächst. Die einfach scheinenden Oppositionen verkomplizierend, führt Bataille jedoch die Figur des Revolutionärs ein, der nicht mehr für den Profit eines anderen ausgebeutet werden, sondern den Zwang an der Arbeit aufheben will, womit ihm das Spiel in die Arbeit gerät:

> Er fordert so das Recht ein, selber ein souveränes Leben zu führen – ein Leben genaugenommen, das nicht mehr dem Spiel eines anderen unterworfen ist, das vielmehr auf der Stelle ein Spiel für ihn selber ist.[15]

Die Idee des Spiels tritt somit nicht nur als momentane Aussetzung des profanen Alltags, als diesem gegenüber interesselos und souverän auf, was das Heilige des Spiels ausmacht,[16] sondern auch als Fiktion, welche die gegebenen sozialen Verhältnisse – die sogenannte Wirklichkeit – zu transzendieren bzw. umzuwälzen vermag. Da der Kapitalismus versucht, noch alles seinen Verwertungsrhythmen einzupassen, muss ihm das Spiel, das sich wie in Jackies Spielhaltung als Interesselosigkeit gegenüber seinem inneren Maß, dem Geld, zu äußern vermag, Herausforderung sein.[17]

12 Bataille: Spiel und Ernst, S. 328.

13 Ebd., S. 314.

14 Ebd., S. 320.

15 Ebd., S. 332.

16 Vgl. Robert Pfaller: *Wofür es sich zu leben lohnt.* Frankfurt am Main: Fischer 2012, S. 222–224.

17 Insofern ließe sich der in Anm. 3 bereits angesprochene Finanzkapitalismus der Wettbanker auch als eine ‚gelungene' Integration des Glücksspiels in das kapitalistische Gefüge verstehen, in dem er mit allen erfassbaren sozialen Verhältnissen in Summen

Suchen, Gold, Spielen an der Frontier

Bataille nennt den für sich selbst spielenden Revolutionär auch die „paradoxe Gestalt des *souveränen Arbeiters*“[18]. Spiel und Arbeit in einer Figur – an die sich von anderer Seite wiederum mit Marx annähern lässt, der im 25. Kapitel des 1. Bands des *Kapitals*, überschrieben „Die moderne Kolonisationstheorie“, im Hinblick auf das damalige ökonomische Geschehen in den USA, insbesondere an der Frontier, auf zwei Arten der Arbeit aufmerksam macht. Er schickt seiner Unterscheidung voraus:

> Man weiß: Produktions- und Lebensmittel, als Eigentum des unmittelbaren Produzenten, sind kein Kapital. Sie werden Kapital nur unter Bedingungen, worin sie zugleich als Exploitations- und Beherrschungsmittel des Arbeiters dienen.[19]

Anhand der Lage in den USA und den sich erschließenden Gebieten, dann Territorien, später Staaten im Westen erläutert Marx, wie die Arbeiter dort aufgrund ihrer geringen Zahl und der Möglichkeiten des Landes vermögen, sich der Lohnarbeit an der Ostküste zu entziehen, indem sie nach Westen gehen und ihre eigenen Produzenten werden, solange bis das Kapital sie auch dort wieder einholt. Und darin besteht Marx’ Unterscheidung der Arbeitsformen: „Verwandlung der Lohnarbeiter in unabhängige Produzenten, die statt für das Kapital, für sich selbst arbeiten, und statt den Herrn Kapitalisten sich selbst bereichern“ – was natürlich „durchaus schadhaft auf die Zustände des Arbeitsmarkts“ zurückwirkt, d. h. den Arbeitsmarkt an der Ostküste.[20]

Unter anderem um den daraus folgenden Prozess, die Durchsetzung der kapitalistischen Produktionsweise gegen die unabhängigen Produzenten, geht es in der HBO-TV-Serie *Deadwood* (2004–2006), allerdings tritt hier zudem das Verhältnis von Spiel und Arbeit in besonderer Weise zutage.

spielt, die immer nur das Leben und die Zukunft vieler anderer sein können, nicht aber des ‚Spielenden‘ selbst, so dass es für diese vielen anderen dann keinen Ausweg mehr zu geben scheint, da ihr Leben in den sozialen Verhältnissen rapide an Wert verliert; vgl. z. B. die Situation und u. a. steigende Selbstmordrate in Griechenland. Beim ‚klassischen‘ Glücksspiel wurde der Suizid, zumindest in der Literatur, häufig noch von den Spielenden selbst, da kein Bailout in Sicht war, als ‚letzter Ausweg‘ gewählt, vgl. z. B. *Vierundzwanzig Stunden aus dem Leben einer Frau* von Stefan Zweig oder *Spiel im Morgengrauen* von Arthur Schnitzler.

18 Bataille: Spiel und Ernst, S. 333.

19 Marx: *Kapital*, S. 794.

20 Ebd., S. 797.

Deadwood spielt Mitte der 1870er Jahre, etwa zehn Jahre nach dem Bürgerkrieg, genau in der Zeit, von der Marx schreibt, und an historischem Ort. Überhaupt schien es David Milch, dem sich die Serie verdankt, um ein Nachdenken über Fragen der Konstitution des Sozialen, der Ökonomie und des Rechts verbunden mit beider Gewalt anhand einer minutiösen Rekonstruktion historischer Figuren und eines Ortes zu gehen, wobei gerade durch diese Genauigkeit, den scheinbaren historischen Realismus, eine erzählerische Dichte entsteht, die *Deadwood* zugleich ganz dem Dokumentarischen enthebt.[21]

Zu Beginn der Serie, in 3 Staffeln mit insgesamt 36 Folgen, ist *Deadwood* ein Goldgräbercamp in den Black Hills, das gegen die Verträge zwischen den USA und den Sioux verstoßend auf dem Land der Sioux errichtet wird, wo es Gold gibt. Das Camp besteht zunächst vor allem aus Goldgräbern und Saloons, um das evtl. gefundene Gold wieder zu verausgaben. Allerdings wird hier nicht Roulette, sondern Karten gespielt. Das gründende Glücksspiel des Camps ist jedoch die Goldsuche selbst, die in sich das Verhältnis von Arbeit und Spiel kompliziert, da sie für die Goldsucher ein Glücksspiel mit der Arbeit ist. Das Aussuchen und in Anspruch Nehmen eines Stücks Land als eigenes, dessen darin Gefundenes einem gehören wird, also das Abstecken eines Claims, ist für sich bereits eine Wette auf die Goldhaltigkeit gerade dieses Stücks Land. Auf das Gold dann wirklich zu stoßen und es zu bergen, bedarf großer Arbeit. Nach der kapitalistischen Logik misst sich der Wert von Arbeit in ihrem Verkauf bzw. dem Wert der hergestellten Ware, die hier direkt in das Symbol des Geldes, das Gold, übersetzt ist. Erst im Moment der Realisierung lässt sich für einen Moment feststellen, was die vergangene Arbeit genau Wert gewesen sein wird. Im Fall der Goldsuche ist jedoch unklar, ob überhaupt, und wenn ja, wie viel Gold geborgen werden wird, das retroaktiv in der Lage sein mag, die eigene Arbeit in mehr oder weniger Wert zu setzen. Es handelt sich also um ein Spiel mit der Arbeit, das diese einer irgendwie über gesellschaftliche Verhältnisse stabilisierten Wertmessung, z. B. durch feste Lohnzahlungen, entzieht. Potenziert wird dies durch den folgenden Einsatz des gefundenen Goldes als – zumindest in

21 Zur Entstehung der Serie und einer genaueren Untersuchung vgl. Tom Holert: *Deadwood*. Zürich / Berlin: Diaphanes 2013.

vielen Fällen – Spieleinsatz im Glücksspiel, was allerdings einer logischen Fortsetzung der Herauslösung des Goldes aus einem stabilisierten Wertzusammenhang entspricht und diesen weiter sprunghaft hält. Arbeiten hat dann als solches auch nicht mehr einen moralischen Wert, wie für Jeans Vater in *La Baie des Anges*, sondern verschiedenste Formen ‚unmoralischer Arbeit', wie genau geplante Raubüberfälle, das Betreiben eines Saloons oder Prostitution, gedeihen. In *Deadwood* finden all diese zusammen in der Figur Al Swearangen, dem Betreiber des Gem, eines Saloon, und anderer Geschäfte, zu Beginn der Serie der mächtigste Mann am Ort, der durchaus unter Einsatz seiner Position um die weitere polit-ökonomische Entwicklung des Ortes spielt.

Aspekte des Spiels lassen sich in zwei Formkonstanten der Serie lesen: Das ist zum einen die Sprache, die um vieles herumspricht, in der immer wieder, gerade von Swearangen in seinen Besprechungen mit anderen, um das Verständnis oder die Möglichkeiten des Verstehens und des Schmiedens von Plänen, die anderen verborgen bleiben sollen, gespielt wird. Es handelt sich dabei um ein oft ‚positively Shakespearean' anmutendes Entstehen der Handlungsverwicklungen im Sprechen, eine literarisch verdichtete Sprache mit wüstestem Fluchen durchsetzt. Der andere Aspekt ist die absolute Gegenwärtigkeit von *Deadwood*, das Filmbild zeigt immer die Gegenwart, als wäre alles Agieren in der Gegenwart und ihren gerade geltenden und sich verändernden Regeln, im Moment dieses Spielzugs, gefangen. Das Bildmaterial kennt keine Rückblenden, Traumsequenzen oder Ähnliches; wird von der Vergangenheit gesprochen, so geschieht dies als gegenwärtige Rede dessen, der Vergangenes berichtet. Das Bild kennt hier wie das Spiel nur die Gegenwart.

Nicht zuletzt, die Frage der Souveränität. Sie äußert sich einerseits in der emblematischen Figur des Westens, den sich die unabhängigen Produzent_innen noch aneignen und indem sie ihr eigenes Recht setzen können, also des Westens des Westerns, dessen Überwindung durch das Kapital die Serie zeigt. Diese Figur ist Wild Bill Hickok, ein Hüter des selbst gesetzten Rechts dieses Westens aus eigener Souveränität, der vor dem Hintergrund des Goldgräbercamps mit seiner den Kapitalismus vorbereitenden Akkumulation anachronistisch wirkt und dessen Souveränität sich nicht zuletzt darin äußert, dass ihm auch das Leben Spieleinsatz ist – ganz im Sinne Batailles. Folglich wird er recht früh von einem der Neuen, der Unsouveränen, der sich von ihm beleidigt fühlt, beim Kartenspiel hinterrücks erschossen, so dass sein Mörder nicht sich selbst einsetzt, nicht sein eigenes Leben wie etwa im Duell.

Andere Beispiele der Verknüpfung von Spiel und Souveränität lassen sich im Abwehrkampf der Bewohner_innen *Deadwoods* gegen den Großindustriellen des Goldbergbaus George Hearst finden. Hearst ist der Repräsentant des alles mit seiner Gewalt bedrohenden und bezwingenden Kapitals. Er kommt erst an Goldfundorte, deren Wert bereits sicher ist, die Phase des Spiels mit der Arbeit gewonnen wurde, um sich diesen Gewinn anzueignen, wenn nötig mit Gewalt, und auszubeuten, indem er Arbeiter ausbeutet, die das Gold für ihn abbauen. *Deadwood* zeigt deutlich diese Ausbeutungsverhältnisse, in denen einer der Arbeiter, als sie eine Gewerkschaft gründen wollen, von Hearsts Leuten ermordet wird. Als Zeichen, sich so nicht einschüchtern zu lassen, veröffentlicht der Rat der Stadt einen Brief Seth Bullocks über den Ermordeten in der örtlichen Zeitung. Diese Geste kann zwar als eine Behauptung von Souveränität im Sinne von Angstfreiheit gelten, zugleich offenbart sie die Schwäche dieser ‚zivilgesellschaftlichen' Souveränität angesichts der von Hearst durchgesetzten Gewalt des Kapitals, die auch diejenigen, die zuvor noch unabhängig waren, immer weiter vom Status des „*souveränen Arbeiters*" fortzwingt, sie zwingt, sich auf die Gewaltspielregeln des Kapitals einzulassen, die nicht mehr die Spielregeln sind, die Männer wie Swearangen, Hickok oder Bullock zuvor selber, häufig auch mit Gewalt, mitzusetzen vermochten.

Das Glücksspiel ums Gold beim Graben und den Karten erscheint so in *Deadwood* als anfängliche Utopie eines sich selbst gründenden und regierenden neuen Gemeinwesens, die jedoch die Dystopie, ihre eigene Überwindung durch die Ausbeutung der Arbeit in gewaltsamer Durchsetzung gegen ein Spiel mit der Arbeit, bereits in sich trägt. Und dies vielleicht deshalb, weil auch das Glücksspiel als Zeichen seiner Werte, des Gewinnens und Verlierens, der Lust und der Souveränität, das Geld oder Gold setzt, ebenso wie das Kapital, das ohne jenes als Zeichen von Arbeitswert und damit Ausbeutungserfolg nicht sein kann. Michael Kohtes unterscheidet deshalb mit Blick auf das Geschehen an der Frontier das „Glücksspiel[] aus dem Geiste des Kapitalismus" vom „ehrwürdige[n]

Hasard, wie es das alte Europa noch kannte",[22] als eine Erscheinungsform des Glücksspiels, in der die spielerische Haltung verloren geht:

> Nicht alle im Saloon waren Glücksjäger, aber alle Glücksjäger waren im Saloon. Nicht die Aussicht auf Prestige- oder Lustgewinn, nicht die Passion weckte ihren Wagemut, sondern die schiere Gier nach dem Dollar.[23]

Bei der Frage nach der utopischen Qualität des Glücksspiels – oder Hasard – ginge es also nicht zuletzt um die Haltung des/der Spielenden zum Spiel und seinem Einsatz, zu Gewinn und Verlust.

Die Wette der Utopie

Um die Haltung zu Gott geht es Blaise Pascal, der als Erfinder des Roulette gilt,[24] in seiner Wette auf Gott. Auf diesen sei zu setzen, da, auch wenn die höhere Wahrscheinlichkeit gegen seine Existenz spräche, aus dieser mehr zu gewinnen sei, gebe es ihn denn, als umgekehrt.[25] Jedes Glücksspiel lässt sich als Wette auf einen Ausgang verstehen, mit der die Unvernünftigkeit des Spiels[26] an die Wirklichkeit herangetragen und diese herausgefordert wird. In der Phantasie künstlerischen Schaffens wird, so Freud, gegenüber der Wirklichkeit gespielt, wie in den erwähnten Werken,[27] aber ebenso wird am Roulette- und Kartentisch oder durch den „*souveränen Arbeiter*" gegenüber – oder mit – der Wirklichkeit gespielt.

Mit der Wirklichkeit zu spielen, würde ihre Register des Notwendigen und Überflüssigen verschieben, die im Kapitalismus im Geld gemessen werden. Da das Spiel aber per se immer eine Alternative kennt, die der Einlassung auf das Spiel bedarf, lässt sich in der Haltung des Wettens

22 Kohtes: *Va Banque*, S. 97.

23 Ebd., S. 96.

24 Vgl. ebd., S. 29–30.

25 Vgl. Blaise Pascal: *Pensées*, aus d. Franz. v. Ewald Wasmuth. Heidelberg: Lambert Schneider 1978, Frag. 233, S. 120–126.

26 „Die Tiere können spielen, also sind sie bereits mehr als mechanische Dinge. Wir spielen und wissen, daß wir spielen, also sind wir mehr als bloß vernünftige Wesen, denn das Spiel ist unvernünftig." (Huizinga: *Homo Ludens*, S. 12.)

27 Deren Rezeption Wolfgang Iser wiederum als Spielvorgang verstehen würde, vgl. ders.: *Das Fiktive und das Imaginäre. Perspektiven literarischer Anthropologie.* Frankfurt am Main: Suhrkamp 1993.

selbst bereits ein utopisches Moment erkennen. Die kapitalistischen Register des Notwendigen und Überflüssigen lassen Hermann in *Pique-Dame* sagen: „Das Spiel interessiert mich sehr [der Reiz des Utopischen], [...] aber ich bin nicht in der Lage, das Notwendige zu opfern, in der Hoffnung, Überflüssiges zu gewinnen [eine sogenannte vernünftige oder realistische Haltung]."[28] Doch ließe sich im Glücksspiel als einem Exodus aus der kapitalistischen Verwertungslogik vielleicht auch Überflüssiges opfern, in der Hoffnung, Notwendiges zu gewinnen.

28 Puschkin: Pique-Dame, S. 262.

Teil II

Utopische Produktivität

Zwischen Belebung und Zirkulation

Bioökonomische Mechanismen in sozialliberalen Utopien der Jahrhundertwende: am Beispiel von Theodor Herzls *Altneuland*

Marion Messiner

Die Leistung des Utopischen beginnt mit dem Denken, so definiert das Reallexikon den Begriff „Staatsroman": „[Die Utopie] beruht auf der Frage nach der Art geschichtlicher Realität und ihrer überprüfbaren Veränderbarkeit durch das Denken, das sie überschreitet."[1] Nicht erst ihre Materialisierung schafft die Existenzberechtigung, sondern schon das Ausformulieren solcher Gedanken verweist auf einen Prozess der Veränderung.

Von dieser Vorstellung getragen, entsteht im Einklang mit dem zeitgenössischen Fortschrittsglauben um die Jahrhundertwende eine eigene Kategorie innerhalb der utopischen Literatur: die Fortschrittsutopie.[2] Qua technischer und naturwissenschaftlicher Methoden, so das Versprechen, könne der vernunftgeleitete Mensch das Entstehen des Ideal-Staates

1 Staatsroman. In: *Reallexikon der deutschen Literaturgeschichte*, Bd. 4. 2. Aufl., hrsg. v. Klaus Kanzog / Achim Masser. Berlin / New York: de Gruyter 2001, S. 170.

2 Vgl. Birgit Affeldt-Schmidt: *Fortschrittsutopien. Vom Wandel der utopischen Literatur im 19. Jahrhundert.* Stuttgart: Metzler 1991, S. 17.

beschleunigen und die Gesellschaft aus der sozialen Misere der Jahrhundertwende führen.[3] „Planbarkeit statt Zufall" wird zum Leitsatz der Utopien, die menschliches Handeln selbst zum Maßstab des Fortschritts erklären. Um ihrem Schicksal, als Produkt ewiger Träumereien und Hirngespinste abqualifiziert zu werden, zu entkommen, bilden sie „Koalitionen [...] mit wissenschaftlichen Diskursen"[4]. Der Glaube, durch Technik die soziale Frage lösen zu können, ist nicht nur im sozialdemokratischen Lager weit verbreitet, sondern wird ebenso von AnhängerInnen des Liberalismus vertreten.[5] Neue technische Erfindungen in Verbindung mit der „richtigen" Wirtschaftspolitik werden als Wundermittel für die Lösung sozialer Probleme gepriesen.

Selbst Friedrich Engels glaubt an die zukunftsweisende Wirkung der Elektrotechnik. In letzter Konsequenz, so meint er, würde die Standortfreiheit der industriellen Produktion eine beschleunigte Entfaltung der Produktivkräfte begünstigen, die so der Kontrolle der Bourgeoisie entglitte, was schlussendlich die Voraussetzung für den Übergang zum Sozialismus schaffen würde.[6] Jene Nobilitierung der Elektrotechnik kommt nicht von ungefähr: schließlich soll mittels neuer leistungsfähiger Verkehrsmittel nicht nur das Problem der Überbevölkerung in Ballungsgebieten gelöst, sondern zudem auch der wirtschaftspolitische Raum geöffnet werden. Federführend preist ein paar Jahrzehnte zuvor der Wirtschaftstheoretiker und Pionier des Liberalismus Friedrich List den Durchbruch wirtschaftlicher Freiheiten an. Mit dem großflächigen Ausbau der Eisenbahnstrecken wird dabei nicht nur eine ökonomische

3 Vgl. Werner Michler: Zukunft und Augenblick: Utopien der Jahrhundertwende. In: Ulrike Tanzer / Eduard Beutner / Hans Höller (Hrsg.): *Das glückliche Leben – und die Schwierigkeit, es darzustellen. Glückskonzeptionen in der österreichischen Literatur.* Beiträge des 14. Österreichisch-Polnischen Germanistentreffens, Salzburg 2000. Wien: Dokumentationsstelle für Neuere Österreichische Literatur 2002, S. 17–32, hier S. 18.

4 Werner Michler: Träume der Vernunft. Utopien und Apokalypsen von der Spätaufklärung bis zum Ersten Weltkrieg. In: Hans Petschar (Hrsg.): *Alpha & Omega. Geschichten vom Ende und Anfang der Welt.* Wien: Springer 2000, S. 57–86, hier S. 78.

5 Vgl. Elun Gabriel: Utopia, Science, and the Nature of Civilization in Theodor Hertzkas's Freiland. In: *Seminar. A Journal of Germanic Studies* 48,1 (2012), S. 9–29.

6 Vgl. Dieter Schott: Das Zeitalter der Elektrizität: Visionen – Poteniale – Realitäten. In: *Jahrbuch für Wirtschaftsgeschichte* 40,2 (1999) S. 31–50, hier S. 37.

Agenda verfolgt: sie ist auch der maßgebliche Hoffnungsträger völkerverbindender Kommunikation.[7]

Jener Fortschrittsapologetik schließt sich auch Theodor Herzl in seinem 1902 erscheinenden utopischen Roman *Altneuland* an, der die Technik zur conditio sine qua non für das Entstehen der von ihm ersonnenen utopischen Stadt macht. In seinem Werk, das sechs Jahre nach der Veröffentlichung seines nationalen Manifests *Der Judenstaat* entsteht, beschreibt Herzl die Auswanderung der jüdischen Bevölkerung und die geglückte Besiedlung Palästinas.

Das erzählerische Narrativ nimmt seinen Ausgang in Wien um die Jahrhundertwende. Der junge Anwalt Dr. Friedrich Löwenberg, aufgrund einer unglücklichen Liebe des Lebens überdrüssig, schließt sich dem preußischen und in Amerika sozialisierten Millionär Mr. Kingscourt bei dessen Reise auf eine einsame Insel an. Auf ihrem Weg in die karibische Glückseligkeit machen die zwei missmutigen Protagonisten einen Zwischenstopp in Palästina, das, anno 1902, hauptsächlich aus Sand und Sumpf bestehend, wie ein ausgestorbenes Land auf sie wirkt. Die Menschen, die ihnen in den Straßen begegnen, siechen, mehr tot als lebendig, dahin: „Arme Türken, schmutzige Araber, scheue Juden lungerten herum, alles träg, bettelhaft und hoffnungslos. Ein sonderbarer Moderduft, wie von Gräbern, beengte einem das Atmen."[8]

Bei ihrem ersten Besuch in Jerusalem treffen Löwenberg und Kingscourt auf den russischen Juden Eichmann und seine Tochter, die sich beide als AugenärztInnen vorstellen. Die Intentionen des Doktors werden offenkundig, als er die zwei Reisenden auf den Ölberg führt und in schwärmerischem Ton sagt: „Auf Hügeln könnte man abermals eine Weltstadt erbauen, etwas Herrliches. Denken sie sich den Blick, den man dann von hier aus hätte. […] Ach, wenn meine alten Augen das noch sehen könnten!"[9] 20 Jahre später – Dr. Eichmann ist mittlerweile Präsident – kommen die beiden misanthropischen Wahlinsulaner, nachdem sie zuvor in kompletter Isolation lebten, erneut nach Palästina, in dem währenddessen die vom politischen Zionismus angestrebte Kolonisierung

7 Vgl. ebd.

8 Theodor Herzl: Altneuland. In: Ders.: *Wenn ihr wollt, ist es kein Märchen*, hrsg. u. eingel. v. Julius Schoeps. Kronberg i. Ts.: Jüdischer Verlag 1978, S. 5–186, hier S. 39.

9 Ebd., S. 43.

stattgefunden hat. Unter der Ägide führender Ingenieure ist die einst von Dürre gezeichnete Gegend mittels gewaltiger Bewässerungsanlagen und raffinierter Kanalsysteme inzwischen zu einem technologischen Wunderland avanciert. So schwärmt der Vorzeigeemigrant und Zionist der ersten Stunde David Littwak: „Nie in der Geschichte sind Städte so rasch und herrlich erbaut worden wie bei uns, weil man nie vorher solche technische Mittel zur Verfügung hatte".[10] Mittels technischer Versiertheit und geschickter Organisation sollen die Massen ihrem Heil entgegengeführt werden. Schließlich steigt dann auch die Figur des Ingenieurs David Littwak, der beim Aufbau und der Realisierung der neuen Heimatstätte eine eminente Rolle spielt, zum säkularen Moses auf, indem er den Auftakt zum modernen Exodus einleitet. Schwebebahnen, elektrische Eisenbahnen und Überlandleitungen verbinden Wirtschaftszentren und fungieren als elektrische Adern, die das Land zum Pulsieren bringen. Mit jener heilbringenden Figuration maschineller Erfindungen, die im Roman zur Grundlage erhoben wird, schließt Herzl an jene Technikeuphorie des späten 19. Jahrhunderts an, die sich als Lösung der sozialen Frage gebiert, und glaubt in ihr die Antwort auf die virulent gewordene „Judenfrage" gefunden zu haben.

Aber zunächst wieder einen Schritt zurück ins Jahr 1896, in dem ein Werk entsteht, das Herzls altneuländisches Wirtschaftskonzept maßgeblich beeinflussen wird: *Die Siedlungsgenossenschaft* von Franz Oppenheimer. Humanistischen Prinzipien folgend unternimmt der Soziologe und Nationalökonom Oppenheimer in seinem wirtschaftspolitischen Reformkonzept, wie schon im Untertitel der Überschrift vorweggenommen, den *Versuch einer positiven Überwindung des Kommunismus durch Lösung des Genossenschaftsproblems und der Agrarfrage*.[11]

Oppenheimers unter dem Begriff des liberalen Sozialismus firmierende These ist folgenreich, was u. a. daran ersichtlich wird, dass sie selbst noch dem bundesdeutschen Nachkriegskanzler Ludwig Erhard als Grundlage für sein Konzept der sozialen Marktwirtschaft dienen wird. Im Kern besagt sie, dass die Wurzel allen Übels in der Monopolisierung und der

10 Herzl: Altneuland, S. 75.

11 Vgl. Franz Oppenheimer: *Die Siedlungsgenossenschaft. Versuch einer positiven Überwindung des Kommunismus durch Lösung des Genossenschaftsproblems und der Agrarfrage*. Jena: Gustav Fischer 1922.

damit einhergehenden Bodensperre liegt – beides Praktiken, die aus den bis damals bestehenden Herrschaftssystemen hervorgegangen seien.[12] Dabei geht er von einer grundlegenden Differenz zwischen reiner und politischer Ökonomie aus. Handele es sich bei der Erstgenannten, so Oppenheimer, um ein sozio-ökonomisches Modell, das sich durch rein ökonomische Mittel gebildet habe, so sei letztere die Ausgeburt machtpolitischer Strategien. Die Grundproblematik, stellt er weiter fest, bestehe allerdings darin, dass jene Unterscheidung nur idealtypisch existiere: de facto würden die Zugangsbeschränkungen zu den Ressourcen jede reine Ökonomie zu einer politischen machen.[13] Dem Staat selbst, und darin sieht Oppenheimer die Malaise der Moderne, liege die Unterdrückung der Bauern zugrunde: auf diese Weise gehe er eine unmoralische Liaison mit den Großgrundbesitzern ein, die jede kollektive Bewirtschaftung verhinderten. So klingt dann auch Oppenheimers Folgerung, wenn er die Suspendierung des Staats einfordert, nur konsequent. Für ihn ist der Staat, wie er ausführt, nämlich keine Naturnotwendigkeit, wie noch für Plato oder Rousseau,[14] sondern ein historisches Konstrukt, das – indem es den Markt beherrscht – Ausbeutungsverhältnisse perpetuiert. Hingegen würde die reine Wirtschaft, oder, noch konkreter, das genossenschaftliche Reformkonzept, eine gerechte Verteilungslogik begünstigen und die Lösung der sozialen Misere bewerkstelligen.

Herzl ist begeistert von Oppenheimers Text, der auch noch im selben Jahr wie Herzls Gründungsmanifest *Der Judenstaat* erschienen ist. In der von Oppenheimer entwickelten Theorie, die sich als einzig angemessene Antwort auf das soziale Problem verstanden wissen will, erkennt er eine Ähnlichkeit zu seinem eigenen, allerdings von der Lösung der „Judenfrage" bestimmten Programm – und auch umgekehrt wird Oppenheimer wenig später festhalten, dass er den Antisemitismus nicht für eine

12 Vgl. Bernhard Vogt: Die Liberalität der sozialen Marktwirtschaft. Über Ludwig Erhard und Franz Oppenheimer. In: Richard Faber (Hrsg.): *Liberalismus in der Geschichte und Gegenwart.* Würzburg: Königshausen & Neumann 2002, S. 151–160.

13 Vgl. Walter Preuss: Franz Oppenheimers wissenschaftliche Bedeutung. In: *Bulletin des Leo Baeck Instituts* 7 (1964), S. 56–68.

14 Vgl. Clemens Peck: „Den lebendigen Körper von einer Schlinge befreien" – Theodor Herzls Utopie-Roman „Altneuland" im Spiegel von Franz Oppenheimers Soziologie der reinen Ökonomie. In: *Chilufim. Zeitschrift für jüdische Kulturgeschichte* 8 (2010), S. 51–82.

„Rassenfrage, sondern für eine mit dem Rassenvorurteil maskierte wirtschaftlich-soziale Frage“[15] hält.

Kurz zuvor, am 25. Januar 1902, hat Herzl die inspirierende Lektüre der *Siedlungsgenossenschaft* dazu getrieben, mit Oppenheimer in Kontakt zu treten. Er schreibt ihm, dass er sein Konzept von den Versuchssiedlungen realisieren wolle, und schickt ihm zugleich ein Kapitel seines damals noch unvollendeten Romans, das sich auf die zentrale Idee Oppenheimers stützt[16] – nämlich auf die Synthese zwischen den nur scheinbar unversöhnlichen Wirtschafts-, respektive Gesellschaftsmodellen aus Sozialismus und Liberalismus. Oppenheimer zeigt sich von ihren vielfältigen Gemeinsamkeiten erfreut. So antwortet er ihm:

> Das Romankapitel hat mich um so mehr interessiert, als ich selbst einmal in einer desperaten Stunde vergessen habe, dass ich zum Poeten verdorben bin, und eine Siedlungs-Utopie entwarf, die jedoch nicht weit gediehen ist.[17]

Im Mai 1902 kommt es in Berlin zum ersten Treffen der beiden Männer – und tatsächlich kostet es Herzl nicht viel Überzeugungskraft, Oppenheimer sogleich für seine Sache zu gewinnen: verspricht er ihm doch nicht nur die praktische Verwirklichung seiner „Siedlungs-Utopie“, sondern stellt ihm zugleich auch die erstrebenswerte Position in Aussicht, der Verwirklichung seines zionistischen Projekts als Chefökonom vorzusitzen.

Herzl, der die jüdische Krise auch als ein gesamteuropäisches Staatsversagen[18] sieht und sich bereitwillig der Staatskritik seines neu gewonnenen Mitstreiters anschließt, lässt seine utopischen BewohnerInnen programmatisch verlauten: „Wir sind hier, nicht um ein Staatsoberhaupt zu wählen, denn wir sind kein Staat.“[19] Die *neue Gesellschaft* versteht sich – ganz auf einer Linie mit Oppenheimers Idealvorstellung – vielmehr als

15 Theodor Herzl / Franz Oppenheimer: Briefwechsel. In: *Bulletin des Leo Baeck Instituts* 7 (1964), S. 21–55. hier S. 25.

16 Alex Bein: Franz Oppenheimer als Mensch und Zionist. In: *Bulletin des Leo Baeck Instituts* 7 (1964), S. 1–21.

17 Herzl / Oppenheimer: Briefwechsel, S. 22. Oppenheimer wird erst 1934 seinen utopischen Staatsroman *Sprung über ein Jahrhundert* vollendet haben.

18 Vgl. Shlomo Avineri: Theodor Herzl's Diaries as a Bildungsroman. In: *Jewish Social Studies* 5,3 (1999), S. 1–46. hier S. 13.

19 Herzl: Altneuland, S. 128.

ein Zusammenschluss genossenschaftlicher Betriebe, der kollektive und individuelle Bestrebungen fusioniert und als Vermittlungsebene zwischen den eigenen Bedürfnissen und denen der Gesellschaft fungiert. „Ich sehe eine Ordnung in der Freiheit, und doch bemerke ich nirgends eine staatliche Autorität hervorlugen“[20], konstatiert Kingscourt und verweist dabei auf die Maxime liberaler Politik.

Indes bilden darwinistische Evolutionsmodelle, kapitalistisches Gedankengut und sozialreformerische Pläne das Amalgam der von Herzl entworfenen utopischen Gesellschaft. Als Musterbeispiel für das gelungene Genossenschaftskonzept in *Altneuland* dient die Geschichte vom Gutsherren Vandaleur, der seine Arbeiter nach dem Mord an seinem Verwalter nicht bestraft, ihnen dafür aber Land verpachtet. Statt der zu befürchtenden Sanktionen erhalten die Arbeiter ein Stück Land, das sie gemeinschaftlich verwalten und bewirtschaften sollen. Ziel ist es, sie zu eigenständigen Wirtschaftssubjekten zu erziehen, die angetrieben von persönlichem Nutzen „doppelt so viel“[21] arbeiten wie ein „Arbeiter der Umgegend“[22]. Beide Seiten profitieren von dem erhöhten Arbeitseinsatz der Bauern, da der Gutsherr letztendlich mehr Renten und Zinsen von seinen Pächtern verlangen kann. Der Leistungsanstieg der Arbeiter steht so in einem proportionalen Verhältnis zu dem Gewinn von Vandaleur, der aus seinem Besitz selbst Geld schöpfen kann, ohne dafür aktiv am Arbeitsprozess mitzuwirken.

Der altneuländische „Mutualismus“, den Oppenheimer in seinen Schriften als Mittelweg zwischen Sozialismus und Kapitalismus als einzig gesunde Wirtschaftsform lanciert, soll daher auch „keine eisernen Regeln, keine unbeugsamen Grundgesetze, überhaupt nichts Hartes, Steifes, Doktrinäres, sondern einem harmlos und natürlich fließenden Gebrauch“[23] weichen. Programmatisch heißt es daher in *Altneuland*:

> Wir sind durch unseren Mutualismus nicht ärmer geworden an kräftigen Individualitäten, sondern reicher. Der einzelne wird bei uns weder zwischen den Mühlsteinen des Kapitalismus zermalmt, noch von sozialistischer Gleichmacherei geköpft.

20 Ebd., S. 177.
21 Ebd., S. 103.
22 Ebd., S. 104.
23 Ebd., S. 66.

> Wir kennen und schätzen die Entwicklung des Individuums, so wie wir seine wirtschaftliche Basis das Privateigentum, respektieren und schützen.[24]

Daher fügt sich auch die Figur des Mutualismus – worauf im Folgenden näher eingegangen werden soll – gut ins „Feld der technischen Zirkulation und Krafterhaltung“[25] ein.

Wie so viele Ökonomen, Soziologen und zionistische Führer vor ihm (Bernhard Mandeville, Francois Quesnay, Leo Pinsker, Max Mandelstamm, Max Nordau u. v. m.) ist Oppenheimer vor seiner Tätigkeit als Theoretiker als Mediziner beschäftigt gewesen. „Ich sah Dutzende von jungen Menschen, die ich mit Sicherheit hätte heilen können, wenn ich sie in gute Luft und ausreichende Ernährung hätte bringen können; so kam ich zur Ökonomik“[26], begründet Oppenheimer seine wissenschaftliche Umorientierung. Seine erlernte Profession bestimmt zu einem hohen Grad seine politischen Anschauungen. Die Gesellschaft selbst wird von ihm als Organismus betrachtet, die Missstände, so meint er, seien Ausgeburten von Krankheiten, die nur dann geheilt werden können, wenn die Erreger lokalisiert und determiniert werden.

Unter den Vertretern des Liberalismus gilt das *ordre naturel* als das gesunde, konsensuelle Modell. Der Markt ist für sie der Ort, der die Fähigkeit besitzt, Individualisierung zu naturalisieren, während der Staat die notwendige Eigenständigkeit torpediere.[27] Daher sei die einzig folgerichtige Medikation der Abbau und die Demontage des Staats, der als Bakterienhort jede Genesung verhindere. So schlägt Oppenheimer eine Entschlackungskur vor, wenn er schreibt: „Was ich aber will, ist nicht, etwas Kompliziertes aufzubauen, sondern etwas abzubauen; sozusagen den lebendigen Körper von einer Schlinge zu befreien, die ihn drosselt und zu erdrosseln droht.“[28]

24 Herzl: Altneuland, S. 69.

25 Peck: „*Den lebendigen Körper von einer Schlinge befreien*“, S. 58.

26 Franz Oppenheimer: *System der Soziologie*, Bd. I, 1. Hbd. Jena: Gustav Fischer 1922, S. 10.

27 Oppenheimers Position unterscheidet sich allerdings von den Vertretern des Liberalismus, insofern er gegen den vorherrschenden Glauben einer ahistorischen Volkswirtschaft opponierte und in seine Theorie soziale und geschichtliche Bewegungsabläufe integrierte.

28 Franz Oppenheimer: *Erlebtes, Erstrebtes, Erreichtes. Lebenserinnerungen.* Düsseldorf: Melzer 1964, S. 151.

Herzls metaphorischer Befreiungsschlag für den vom Staat eingeschnürten Körper findet seine symbolische Entsprechung in der „turnenden Jugend", die das Ideal von Beweglichkeit und Elastizität verkörpert. Jene von Herzl eingesetzte Analogie von menschlichen Bewegungsabläufen und wirtschaftlicher Flexibilität speist sich aus der Affiliation von medizinischen und ökonomischen Diskursen im 18. Jahrhundert.[29] Die Zirkulation von Ware und Arbeit wird als „Kreislauf des Warenflusses"[30] beschrieben, der die „Stimulierung der Arbeitskraft"[31] naturalisiert. Der Wettbewerb wird zum „Lebensgeist der Produktion"[32] erklärt, der wirtschaftliche Handlungen als Energien von lebensspendender Kraft produziert.

Jene Vorstellung vom „Fluss des Lebens" verdankt sich William Harveys Entdeckung des Blutkreislaufs im Jahr 1628, die mit dem Entstehen des modernen Kapitalismus zusammen fiel und nicht nur das Aufkommen des Individualismus beeinflusste, sondern sich auch maßgeblich in der Architektur niederschlug.[33] Städteplaner übertrugen die Idee des Blutkreislaufs und der Atmung auf das Stadtbild, das zu einem Ort „fließender Arterien und Venen" werden sollte, an dem die Menschen „wie gesunde Blutkörperchen" sich „frei bewegen und frei atmen konnten".

Mit der „Anthropomorphisierung des Rauminventars"[34] wird ein Trend in Gang gesetzt, der sich aus einer vitalistischen Philosophie generiert. Primat ist nun nicht mehr die Struktur der Organe, sondern das Zusammenspiel des gesamten, in Bewegung versetzten Organismus.

Ist mit der Beschreibung der defizitären Lage zu Beginn des Romans ein klassisches Dispositiv der utopischen Literatur genannt, so verfolgt Herzl eine weitere – weniger dem Genre-Narrativ verpflichtete – machtpolitische Strategie. In *Altneuland* fungiert das antithetische Paar von Leben und Tod, Stillstand und Bewegung nicht nur als Kontrastierung

29 Vgl. Richard Sennett: *Fleisch und Stein. Der Körper und die Stadt in der westlichen Zivilisation*, aus d. Amerik. v. Linda Meissner. Frankfurt am Main: Suhrkamp 1997, S. 338.

30 Ebd.

31 Ebd.

32 Joseph Vogl: *Das Gespenst des Kapitals*. Zürich: Diaphanes 2010, S. 57.

33 Vgl. Sennett: *Fleisch und Stein*, S. 319–320.

34 Clemens Peck: *Im Labor der Utopie. Theodor Herzl und das „Altneuland"-Projekt*. Berlin: Jüdischer Verlag 2012, S. 427.

von Realität und Utopie, sondern auch als biopolitischer Mechanismus. Ein historischer Seitenblick genügt, um die Strategie Herzls zu plausibilisieren, die mit der Gegenüberstellung vom vitalen Juden und kraftlosen Einheimischen, zeitgenössische Degenerationstheorien umkehren will. Bestimmte Krankheitserreger, wie Syphilis und Lepra, werden lange Zeit mit dem jüdischen Körper in Bezug gesetzt. Im 19. Jahrhundert entstehen unter den Wissenschaftlern zahlreiche Debatten – deren argumentative Validität sich aus fragwürdigen pseudowissenschaftlichen Versuchen ableitet –, die spezielle Krankheitsbilder als genuin „jüdisch" diagnostizieren. Sowohl die Vertreter des Antisemitismus als auch die Verfechter des Zionismus erklären sich die ‚schwache Konstitution der Juden' als eine direkte Konsequenz ihrer Heimatlosigkeit.[35] Während für erstere das Vagabundentum Erklärung genug ist, um sie als Überträger von Seuchen zu diffamieren, verschafft sie den zionistischen Vertretern jene – teilweise recht undifferenziert übernommene – Kausalität, die sie als argumentativen Boden für ihre Forderungen nach einem eigenen Staat benutzen.

Um der körperlichen Degeneration entgegen zu wirken, verschreiben die Wortführer des Zionismus zwei Arten von Therapie: die Schaffung eines eigenen Heimes und die Regeneration des Körpers. Für Herzl selbst ist der Antisemitismus, und dabei folgt er darwinistischen Ansätzen, für die Förderung der Abwehrkräfte konstitutiv, da er das Bewusstsein der jüdischen Gemeinschaft bestärkt.[36]

Dass Herzl ausgerechnet den Bakteriologen Steineck zu einer führenden Persönlichkeit Altneulands erhebt, offenbart sein strategisches Vorgehen, die gängigen Stereotypisierungen des kranken Juden umzukehren. „Wir achten selbstverständlich auf die Volksgesundheit"[37], lässt er seinen zukünftigen Präsidenten in *Altneuland* sagen, und dreht so die antisemitische Agitation um.

35 Vgl. Klaus Hödl: *Die Pathologisierung des jüdischen Körpers. Antisemitismus, Geschlecht und Medizin im Fin de Siecle.* Wien: Picus 1997.

36 Vgl. Szilvia Ritz: Das Fremde im Eigenen. Assimilation und Zionismus in den Schriften der jüdischen Schriftsteller Theodor Herzl, Max Nordau und Stefan Zweig. In: Ernest Hess-Lüttich (Hrsg.): *Deutsch im interkulturellen Begegnungsraum Ostmitteleuropa.* Frankfurt am Main: Lang 2010, S. 137–149.

37 Herzl: Altneuland, S. 91.

Krankheit gilt seit der Aufklärung als Symptom einer falschen Lebensweise, die der Mensch durch rationalen und vernünftigen Umgang mit seinem Körper vermeiden kann. Planvolles und kalkuliertes Vorgehen charakterisiert den Modus operandi der Fortschrittsutopien, die mittels exakter Berechnungen, präziser Prognostik und Triebregulation jedem Zufall und jeder Störung entgehen wollen. Geburten- und Sterbekontrolle, Fruchtbarkeitsmessungen und Krankenversicherungen sind Technologien, die die Systematisierung der menschlichen Gattung sichern und dabei globales Gleichgewicht herstellen. Diese Stabilität der Arbeitsproduktion wird in *Altneuland* durch ein Versicherungssystem verankert. Ökonomischer Nutzen, der aus den vitalen Körpern gezogen werden kann, begründet die Investitionen, so der Gesundheitsbeamte: „Für die öffentliche Gesundheit wird bei uns viel aufgewendet. […] Es rentiert sich in den kommenden Geschlechtern."[38]

Liest man Herzls Utopie mit Blick auf die medizinischen Diskurse des 18. und 19. Jahrhunderts, so erscheinen die jüdischen EmigrantInnen, die über den Kanal von Europa nach Palästina gebracht werden, wie Blutkörperchen, die frisches Leben ins alte Land pumpen. Dabei bedient sich Herzl eines überaus produktiven Metaphernkomplexes: dem des Kreislaufs. Zum einen ist die Zirkulation der Garant für ökonomische Produktivität, zum anderen wirkt sie als lebens- und staatsbildendes Prinzip. In einem Brief, den Oppenheimer seinem Freund im Sommer 1903 zusendet, um sich nach temporären Meinungsverschiedenheiten dann doch wieder klar hinter Herzl zu stellen, bestärkt er ihn mit biologistischer Metaphorik, auf seinem Kurs zu bleiben:

> Es lässt sich ein Volk, eine Nation als bodenständiges Gewächs nicht fabrizieren, es muss aus kleinen Anfängen wachsen, wobei freilich das Wachstum nach dem biogenetischen Grundgesetz so abgekürzt verlaufen kann, dass es praktisch fast auf eine Schöpfung aus dem Nichts hinausläuft. Ich möchte Ihnen eine Zelle, eine „Furchungskugel" schaffen, den Keim, den Sie dann im Treibhaus Ihres Genies entwickeln werden.[39]

Tatsächlich gilt es – und zwar nicht nur auf metaphorischer Ebene –, das Schiff Richtung Palästina zu besteigen und sicher den Hafen zu

38 Ebd., S. 178.
39 Herzl / Oppenheimer: *Briefwechsel*, S. 35.

erreichen. Jener im Bloch'schen Sinn wörtlich zu verstehende „Fahrplan der Utopie“[40] findet anhand pastoraler Lenkungstechnologien im Roman konkrete Ausformungen. Das lebensspendende und zugleich nationenbildende Material „Mensch“, ist dabei die wertvollste Fracht an Bord.[41]

Nachdem Herzl die ermunternden Worte seines Freundes liest, entgegnet er ihm: „Ich möchte Sie in der Herstellung Ihrer Zelle nicht nur nicht hindern, sondern fördern. [...] – und wenn dort eine Kolonisation möglich, werde ich sie nach Ihrem System machen, also die Zelle Ihnen liefern.“[42]

Herzl, der über die Notwendigkeit der Volksführung schreibt, dass „das Volk [...] nach Principien zum Guten gelenkt werden [muss], die es selbst nicht kennt“,[43] folgt einem pastoralen Fahrplan. Ziel des Regulativs ist es, die „Kräfte zu steigern und abzuschöpfen“[44], was sich beim Zionistenführer in der „Umleitung“ der Juden und Jüdinnen von Europa nach Palästina ausdrückt.

Und wenn dann die prosaische Regulierung der „Ressource Mensch“ ohne Kreislaufstörung von Europa nach Altneuland stattgefunden hat, dann heißt es an zentraler Stelle im Roman:

> Noch war es die heilige Landschaft der Menschheit, die der Glaube vieler Zeiten und vieler Völker aufgerichtet hatte, aber ein neues, mächtiges war hinzugekommen: Das Leben! Jerusalem war ein gewaltiger Körper geworden und atmete Leben.[45]

Die Behauptung, dass Utopien schon dadurch *real* sind, dass sie geschrieben wurden, muss schon deswegen paradox erscheinen, insofern sie per

40 Vgl. Ernst Bloch: *Gesellschaft und Kultur. Ausgewählte Schriften*, Bd. 2, hrsg. v. Johann Kreuzer / Ulrich Ruschig. Berlin: Suhrkamp 2010, S. 99.

41 Vgl. Michel Foucault: *Sicherheit, Territorium,Bevölkerung. Geschichte der Gouvernementalität I. Vorlesung am Collège de France 1977–1978*, aus d. Franz. v. Claudia Brede-Konersmann / Jürgen Schröder. Frankfurt am Main: Suhrkamp 2006, S. 184.

42 Herzl / Oppenheimer: *Briefwechsel*, S. 36.

43 Theodor Herzl: II / 9. Juni 1895. In: Ders.: *Briefe und Tagebücher*, Bd. II. Berlin: Propyläen 1984, S. 304.

44 Foucault: Biopolitik: Leben machen und sterben lassen. In: Ders.: *Kritik des Regierens. Schriften zur Politik*, ausgew. u. mit einem Nachw. v. Ulrich Bröckling. Berlin: Suhrkamp 2010, S. 70.

45 Herzl: Altneuland, S. 216.

definitionem ideelle Wunschträume bezeichnen. Dabei ist es – wie schon der fruchtbringende Briefwechsel zwischen Oppenheimer und Herzl zeigt – keineswegs so, dass Theorie und Fiktion von Natur aus dazu veranlagt sind, ganz bei sich zu bleiben. Das performative Potenzial der utopischen Literatur ist gleich zweimal markiert: durch die Existenz des Textes und durch den reformatorischen Imperativ, von dem sie getragen wird. Die Umsetzung ist in den Utopien als Programm inkludiert und darf daher keineswegs nur als Surplus abgetan werden. Die Realisation ist eminenter Bestandteil ihres auf Verwirklichung drängenden Naturells[46]. Utopien sind demnach der Keim, oder, um in einer Diktion von Oppenheimer zu bleiben, die Zelle, die „Furchungskugel", welche die Gegenwart derart befruchtet, dass sie das Mögliche, das ihr bereits innewohnt, auch wirklich austrägt. Herzl und Oppenheimer wollen die gesellschaftlichen Verhältnisse, in denen sie leben, nicht mehr nur konstatieren und analysieren: ihre Texte sollen Geburtshilfe leisten und bereits die medizinischen Mittel für die antizipierten Krankheiten ihres irreal-realen Volkskörpers bereithalten. Reine Ökonomie, nach dem Vorbild Oppenheimers, kann als solche Form der Medikation gelten. Im Gegenzug symbolisiert dann der Zionismus im evolutionär geschulten Denken den naturbedingten „Kulturfortschritt", der, mittels biopolitisch gefärbter Rhetorik, das nächste Entwicklungsstadium des Menschen ist.

46 In der hebräischen Übersetzung, die noch im selben Jahr erschien, trägt der Roman den Titel *Tel Aviv* (dt. Frühlingshügel), wonach die 1909 gegründete Stadt ihren Namen erhalten sollte.

Vom kriegszerstörten Leib zum Maschinenmenschen

Heinrich Hoerles Agitation mit dem produktiven Kunstkörper

Kirsten Fitzke

Realistische Schilderungen treffen im Werk des Kölner Künstlers Heinrich Hoerle auf ökonomische Utopien:[1] Ausgehend vom Motiv des Kriegsinvaliden entwickelt der Maler nach dem Ersten Weltkrieg mit kritischer Ironie einen Maschinenmenschen, der stilprägend für sein Werk sein wird. Hoerle macht sich die staatlich propagierte Wirtschaftsutopie des vollständig wiederherstellbaren und ökonomisch nutzbaren Kriegskrüppels in seinem Schaffensprozess zu eigen und fertigt damit

1 Unter Utopie wird hier und im Folgenden „ein nicht durchführbares Projekt" (Friedemann Richert: *Der endlose Weg der Utopie. Eine kritische Untersuchung zur Geschichte, Konzeption und Zukunftsperspektive utopischen Denkens.* Darmstadt: WBG 2001, S. 20) verstanden, das nur gedanklich entwickelt worden ist. Eine theoretische Konstruktion also, die einen praktisch nicht zu verwirklichenden Zustand von Menschheit, Staat und Gesellschaft umfasst (Gastin Mannes: Utopie und (Neue) Gemeinschaft. Idee und mediale Vermittlung. In: Gertrude Cepl-Kaufmann / Gerd Krumeich / Ulla Sommers (Hrsg.): *Krieg und Utopie. Kunst, Literatur und Politik im Rheinland nach dem Ersten Weltkrieg.* Essen: Klartext 2006, S. 48–64, hier S. 48–49). Dies kann sowohl positive Auswirkungen auf die Gesellschaft haben als auch Schreckensbilder umfassen (vgl. Richert: *Der endlose Weg*, S. 20).

den „Archetyp des unverletzten Menschen".[2] Diese Werke halten der Nachkriegsgesellschaft einen Spiegel vor und entlarven die Krüppelfürsorge der Weimarer Republik als „Fehlschlag"[3] in einem kapitalistischen System: Weil kriegsbedingt Arbeitskräfte fehlten, waren Versehrte zunächst von der Industrie eingestellt worden. Nach 1918 beschäftigen Unternehmen Invaliden jedoch zumeist nur noch, da sie durch Gesetze dazu gezwungen sind.[4]

Eine vollständige Leistungsfähigkeit und Wiedereingliederung amputierter Männer wird in den Industriebetrieben freilich nicht erreicht. Daher fristen die meisten Betroffenen ihr Dasein in Notberufen, arbeiten als Pförtner, Wächter oder Boten – oder sie betteln.[5] Hoerle schafft mit dem technisch ergänzten Körper des Kriegsinvaliden auf der Leinwand und in Graphiken einen scheinbar produktiven Maschinenmenschen, der letztlich aber Krüppel bleibt. Damit adaptiert der Künstler die vorgegebene ökonomische Utopie, karikiert das staatlich vorgegebene Bild und entlarvt es in seiner Unmenschlichkeit.

Die 1920 entstandene und im selben Jahr erschienene Krüppelmappe bildet den Auftakt zu Heinrich Hoerles Beschäftigung mit dem Thema. In zwölf Lithographien zeigt der damals 25-jährige Maler ehemalige Soldaten, deren Einsatz an den Fronten des Ersten Weltkrieges ihre Gliedmaßen forderte. Die Arbeiten sind ein deutlicher Beitrag zu einer gegen den Krieg gerichteten Kunst. Wie bei vielen Zeitgenossen wird auch Hoerle das eigene Kriegserlebnis zur Initialzündung.[6] Nachdem er auf Grund der Folgen einer Tuberkuloseerkrankung zunächst zurückgestellt

2 Uli Bohnen: *Das Gesetz der Welt ist die Änderung der Welt.* Berlin: Kramer 1976, S. 147. Der Begriff ‚Krüppel' wird hier und nachfolgend wertneutral verstanden, da er zur Zeit des Ersten Weltkrieges ebenso benutzt wurde.

3 So beurteilt Bernd Ulrich den Versuch der beruflichen Reintegration der Kriegsopfer. Vgl. ders.: „… als wenn nichts geschehen wäre". Anmerkungen zur Behandlung von Kriegsopfern während des Ersten Weltkrieges. In: Gerhard Hirschfeld / Gerd Krumeich / Irina Renz (Hrsg.): *„Keiner fühlt sich hier mehr als Mensch …". Erlebnis und Wirkung des Ersten Weltkriegs.* Essen: Klartext 1993, S. 115–129, hier S. 121.

4 Vgl. Christian Kleinschmidt: „Unproduktive Lasten": Kriegsinvaliden und Schwerbeschädigte in der Schwerindustrie nach dem Ersten Weltkrieg. In: *Jahrbuch für Wirtschaftsgeschichte* 35,2 (1994), S. 155–165.

5 Vgl. Ulrich: „… als wenn nichts geschehen wäre", S. 123.

6 Vgl. Annegret Jürgens-Kirchhoff: *Schreckensbilder. Krieg und Kunst im 20. Jahrhundert.* Berlin: Reimer 1993, S. 67.

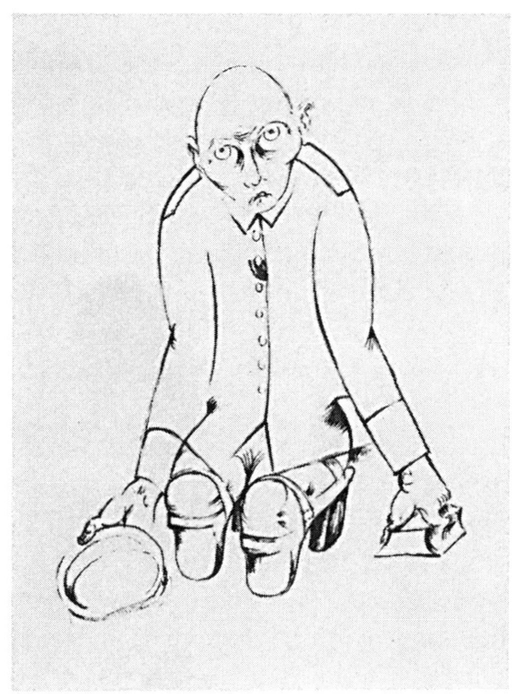

Abb. 1
Heinrich Hoerle: *o. T.*
Eine von zwölf Lithographien
aus *Die Krüppelmappe*, 1920.

worden war, wird er 1917 doch noch einberufen. Er ist Telephonist bei der Feldartillerie, erhält das Eiserne Kreuz II. Klasse und kehrt Ende 1918 nach Köln zurück. Dort lernt er unmittelbar nach dem Krieg den Künstler Franz Wilhelm Seiwert kennen.[7] Beide sind strikte Kriegsgegner, verfolgen eine marxistische Ideologie im ursprünglichstem Sinne: Beseitigung von Ungleichheit und Gewalt, Vereinigung der Menschen aller Klassen und Nationen, Abschaffung des Eigentums.[8] Hoerle arbeitete für Franz Pfemferts Aktion. Über das redaktionelle Umfeld schreibt Seiwert: „unsere kriegsgegnerschaft und der furchtbare druck, der auf allem lag, schloss unseren kreis sehr fest."[9]

7 Zur Biographie von Heinrich Hoerle vgl. Dirk Backes: Heinrich Hoerle – ein Realist zwischen Ironie und Metaphysik. In: Ders. (Hrsg.): *Heinrich Hoerle. Leben und Werk 1895–1936. Text- und Werkkatalog.* Ausstellungskatalog Kölnischer Kunstverein. Köln: Rheinland 1981, S. 8–53, hier S. 11–19.

8 Vgl. Lynette Roth: *1920–33. köln progressiv. seiwert – hoerle – arntz.* Ausstellungskatalog Museum Ludwig. Köln: Walter König 2008, S. 43.

9 Franz Wilhelm Seiwert: hoerle und ich. In: *a bis z* 10,8 (1930), S. 38.

So entwickelt Hoerle gemeinsam mit Gesinnungsgenossen von 1920 an in Köln die Idee einer gesellschaftsbezogenen Kunst weiter.[10] Es entsteht die gruppe progressiver künstler in Köln. Entschieden wendet man sich hier gegen die Neue Sachlichkeit. Die Zielsetzung der Gruppe: Jeder Inhalt brauche seine spezifische Form, in der Form müssten Gesetze und Strukturen des Inhalts deutlich werden.[11]
Bevor diese Forderung nach spezifischen Formen im Werk von Heinrich Hoerle einen deutlichen stilistischen Wandel bewirkt, thematisiert der Künstler in den Blättern seiner Krüppelmappe das Schicksal der versehrten Männer. Er nutzt die begrenzende Linie, um in einem zeichnerischen Stil ihre Wünsche und Bedürfnisse zu schildern und zeigt ihre Träume. Der am Straßenrand bettelnde, von den Knien ab an amputierte Bettler (Abb. 1) ist zu diesem Zeitpunkt das zentrale Motiv kritisch-realistisch arbeitender Künstler in Deutschland.[12] Tatsächlich finden sich überall in den Städten die bettelnden Invaliden, die von der Versorgungsordnung besonders betroffen sind.[13] Ihre Zuwendungen bemessen sich nicht nach der Schwere ihrer Verwundungen, sondern nach dem Rang, den sie im Einsatz bekleidet hatten. Nicht mehr fähig, den einstigen Zivilberuf auszuüben, bleibt vielen somit oft nur das Betteln zur Sicherung der eigenen Existenz.[14] So memorieren die Restkörper von 2,7 Millionen versehrten Männern in Deutschland den verlorenen Krieg.[15]

10 Vgl. Backes: Heinrich Hoerle, S. 20–27; Roth: *1920–33*, S. 42.

11 Vgl. Backes: Heinrich Hoerle, S. 46–47.

12 Vgl. Kirsten Fitzke: Helden sehen doch anders aus … Eine Begegnung zwischen Krüppeln auf der Leinwand und den Invaliden auf der Straße. In: *Otto Dix retrospektiv. Zum 120. Geburtstag.* Ausstellungskatalog Kunstsammlung Gera. Gera: o. V. 2011, S. 89–94; dies.: Und wieder lässt der Tod die Krüppel tanzen… Zur Tradition eines makaberen Motivs und seiner Erneuerung nach dem Ersten Weltkrieg. In: Dies. / Zita Ágota Pataki (Hrsg.): *Kritische Wege zur Moderne.* Stuttgart: Ibidem 2006, S. 11–42.

13 Schon 1915 beklagt der in der *Krüppelfürsorge* maßgebliche Mediziner Konrad Biesalski, dass eine große Zahl der Invaliden als Leierkastenmänner ihre Existenz sichern (vgl. Konrad Biesalski: Praktische Vorschläge für die Inangriffnahme der Krüppelfürsorge. In: *Zeitschrift für Krüppelfürsorge* 7 (1914/15), S. 2–19).

14 Vgl. Ulrich: „… als wenn nichts geschehen wäre", S. 123.

15 Zur Anzahl der Kriegsversehrten vgl. Sabine Kienitz: „Fleischgewordenes Elend". Kriegsinvalidität und Körperbilder als Teil einer Erfahrungsgeschichte des Ersten Weltkrieges. In: Nikolaus Buchmann / Horst Carl (Hrsg.): *Die Erfahrung des Krieges. Erfahrungsgeschichtliche Perspektiven von der Französischen Revolution bis zum Zweiten Weltkrieg.* Paderborn: Schöningh 2001, S. 215–237, hier S. 215.

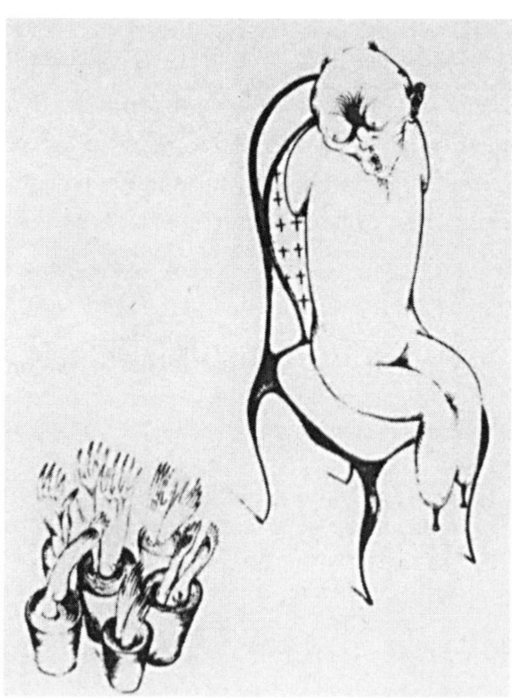

Abb. 2
Heinrich Hoerle: *o. T.*
Eine von zwölf Lithographien
aus *Die Krüppelmappe*, 1920.

Heinrich Hoerle schildert keine individuellen Schicksale. Wie seine Künstlerkollegen zur Zeit der frühen Weimarer Republik schafft er den Typ des Kriegskrüppels. Im Gegensatz zu den prominenten Darstellungen von Otto Dix liefert Hoerle nicht nur eine plakative Sicht auf den bettelnden Versehrten.[16] Er ringt um eine Innensicht der Betroffenen.[17] So zeigt er einen nackten Mann (Abb. 2), den jemand auf einen Stuhl gesetzt hat. Ohne Arme, ohne Beine kann der Krüppel nicht selbst dort Platz genommen haben. Mit aufgerissenen Augen starrt der einstige Soldat auf Blumentöpfe zu seiner rechten. Statt Pflanzen wachsen dort Beine, die in gesunden Füßen münden. Hände von neuen Armen strecken sich dem

16 Zu Dix vgl. Roland März: Otto Dix: Die Skatspieler. Eine Neuerwerbung für die Nationalgalerie. In: *Jahrbuch Preußischer Kulturbesitz* XXXII (1995), S. 351–391; Dietrich Schubert: Krüppeldarstellungen im Werk von Otto Dix nach 1920: Zynismus oder Sarkasmus? In: Gertrude Depl-Kaufmann / Gerd Krumeich / Ulla Sommers (Hrsg.): *Krieg und Utopie. Kunst, Literatur und Politik im Rheinland nach dem Ersten Weltkrieg*. Essen: Klartext 2006, S. 293–308; Fitzke: Helden.

17 Vgl. Backes: Heinrich Hoerle, S. 27.

Invaliden aus den Töpfen entgegen und auch ein männliches Geschlecht gedeiht im Blumentopf. Diesen Wunschtraum – die Vision, die verlorenen Gliedmaßen zurückzubekommen – beschreibt auch Leonhard Frank in seinem 1916/17 entstandenen pazifistischen Buch *Der Mensch ist gut.* Unmittelbar nach der Amputation verlangen Soldaten im Hospital – von Frank als „Metzgerküche" bezeichnet – nach ihren Körperteilen:

> In die Metzgerküche kommt keine Zeitung. [...] Hier interessiert man sich nicht für Siegesnachrichten und nicht für Lügennachrichten. Hier interessiert man sich für das Bein, das abgesägt wurde und vom Sanitäter eben in den Kübel geworfen wird. Man will sein Bein wieder haben. Es noch einmal in die Hände nehmen. Man will es betrachten. Sehr genau betrachten. ‚Mein Bein! Es ist mein Bein. Meines! Mein Bein!' Zuerst schreit er nach seinem Beine, dann bettelt er: ‚Gib her. Komm gib her. Gib mirs.' [...] ‚So ein Unsinn! Verfluchter Unsinn' schimpft der erschöpfte Sanitäter. Und trägt den Bettelnden ein langes Bein hin [...]. Legt es ihm waagrecht auf die gierig ausgestreckten Hände. Der Soldat betrachtet [...], das lange, schwere Bein, das zwanzig Jahre ihm gehört hat, hält es weg von sich [...] weicht mit dem Oberkörper immer weiter zurück. Und schmeißt das Bein, plötzlich von tödlichem Ekel geschüttelt, in den Mittelgang. Brüllt: ‚Das ist nicht mein Bein.' Es war nicht sein Bein. Der erschöpfte Sanitäter hatte ein falsches Bein aus dem Kübel herausgezogen.[18]

Schilderungen von Betroffenen machen zudem deutlich, dass die Verstümmelung im Krieg mit einer Entmännlichung gleichgesetzt wird. Tatsächlich waren die Invaliden oftmals nicht mehr in der Lage, die Rolle des Ernährers in ihren Familien wahrzunehmen. Ferner waren sie bei zahlreichen Alltagssituationen auf die Hilfe ihrer Frauen und Kinder angewiesen. Zudem empfanden Männer ihre zerstörten Körper als dermaßen unattraktiv, dass die Amputation einer Gliedmaße nahezu einem Verlust der Sexualität gleichkam.[19] Die damit einhergehende Unsicherheit

18 Leonhard Frank: *Der Mensch ist gut.* Potsdam: Kiepenheuer 1919, S. 100–101.

19 Vgl. Sabine Kienitz: Körper-Beschädigungen. Kriegsinvalidität und Männlichkeitskonstruktionen in der Weimarer Republik. In: Reinhard Johler / Bernhard Tschofen (Hrsg.): *Empirische Kulturwissenschaft. Eine Tübinger Enzyklopädie. Der Reader des Ludwig-Uhland-Instituts.* Tübingen: TVV 2008, S. 437–454; Das Heiratsproblem der Invaliden. In: *Rheinisch Westfälische Zeitung*, 07.02.1916, zit. bei Deborah Cohen: Kriegsopfer. In: *Der Krieg als Maschinist.* Ausstellungskatalog Museum für Industriekultur Osnabrück. Bramsche: Rasch 1998, S. 217–227, hier S. 223; Maria Tatar: Entstellung im Vollzug. Das Gesicht des Krieges in der Malerei. In: Claudia Schmölders / Sandra Gilman (Hrsg.): *Gesichter der Weimarer Republik. Eine physiognomische Kulturgeschichte.* Köln: Dumont 2000, S. 113–130, hier S. 113.

Abb. 3
Heinrich Hoerle: *o. T.*
Eine von zwölf Lithographien
aus *Die Krüppelmappe*, 1920.

findet sich ebenfalls bei Leonhard Frank, der einen Beinamputierten zu Wort kommen lässt:

> Wenn nur ein Arm fehlen würde [...] Auch mit den Frauen wäre es nicht so arg, lange nicht so arg. Aber wenn ein Bein fehlt. Bei einer Frau sein ... und nur ein Bein. [...] Bei einer Frau liegen mit nur einem Bein.[20]

Dass diese Zweifel gerechtfertigt waren, belegt auch ein Gespräch zwischen zwei Berliner Frauen, das die Künstlerin Käthe Kollwitz in ihrem Tagebuch festhält:

> Bei Zurückfahren im Coupé zwei junge Frauen. Die verheiratete sagt: Es ist ganz egal, wie er zurückkommt, wenn er bloß zurückkommt. Die unverheiratete sagt: Das sage ich jetzt auch, aber ich weiß doch nicht[,] wenn er als Krüppel zurückkommt, wie ich dann fühlen werde.[21]

20 Frank: *Der Mensch*, S. 105.

21 Tagebucheintrag von Käthe Kollwitz, 07.10.1914. In: Jutta Bohnke-Kollwitz (Hrsg.): *Käthe Kollwitz. Die Tagebücher*. Berlin: Siedler 1989, S. 168–169.

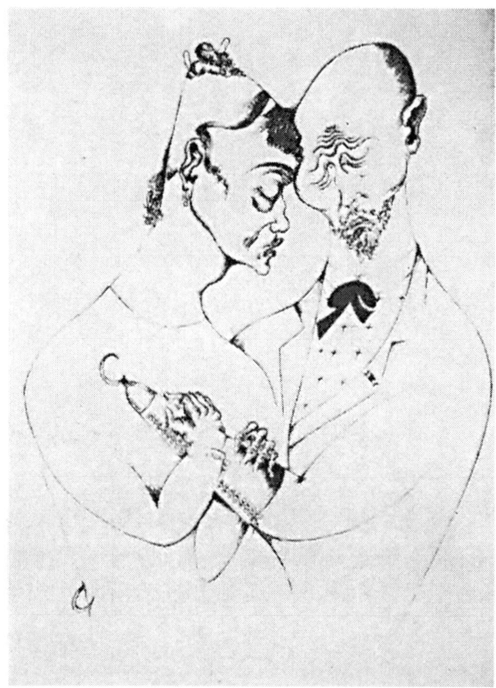

Abb. 4
Heinrich Hoerle: *o. T.*
Eine von zwölf Lithographien aus *Die Krüppelmappe*, 1920.

Heinrich Hoerle greift diese Gedanken auf und zeigt schlummernde Amputierte, deren übergroßes Geschlecht nunmehr ihre Restkörper bestimmt. Sie, die aufgrund von fehlenden Armen und Beinen in der Arbeitswelt nichts mehr zu schaffen vermögen, erzeugen eine neue Pflanzenwelt. Aus dem Geschlecht eines Krüppels (Abb. 3) entspringt ein Baum, dessen Früchte von einer Frau geerntet werden. Die einstigen Soldaten bringen ihrer Behinderung zum Trotz Neues und Schönes hervor. Die Bildfindungen sind zugleich Wunsch- und Alptraum. In einem weiteren Blatt der Krüppelmappe (Abb. 4) wird eine Handprothese zum liebkosten Objekt. Liebevoll umfasst die Frau den Aufsatz mit Metallhaken und bildet gemeinsam mit ihrem Mann ein innig vertrautes Paar. Hier schildert Hoerle erstmals das Objekt, dass für ihn fortan zentral in seiner Beschäftigung mit dem Menschen wird: die Prothese.
Seit Kriegsbeginn 1914 hatte der Staat bei Sanitätsausstellungen und auf Plakaten die Utopie geschürt, der im Krieg zerstörte Leib könne an der Heimatfront problemlos künstlich ergänzt und danach dem

Produktionsprozess der Wirtschaft zugeführt werden.[22] Es gibt Kunstarme, an deren Enden Zangen, Haken, Messer, sogar Bügeleisen befestigt sind.[23] Ferdinand Sauerbruch entwickelt die nach ihm benannte Armprothese, die die verbliebenen Nerven an Stümpfen nutzt, um im Kunstarm Bewegungen auszulösen.[24] Denn er ist überzeugt, „daß für viele Berufe die bisher konstruierten Behelfsglieder nicht dienlich sind."[25] Die Orthopädie hat Konjunktur. „Es gibt keine Krüppel mehr, wenn der eiserne Wille vorhanden ist, die Behinderung der Bewegungsfreiheit zu überwinden."[26] Noch ist das Bild des Krüppels nicht negativ belegt oder gilt gar als Anti-Kriegsmotiv wie es von Ernst Friedrich 1924 in seinem Buch *Krieg dem Kriege*[27] eingesetzt werden wird. In den Zeitungen wird noch das Bild des wiederhergestellten Körpers konstruiert.[28] Der Invalide entwickelt sich zu einem dermaßen etablierten Bild der Zeit, dass er Einzug ins Kinderspiel und in Bilderbücher hält. So zeigt eine Postkarte der Firma Steiff vier Soldatenpuppen. Drei marschieren, während der Kommandierende ruft: „Drücken sie die Knie doch durch dabei! Der Staat bezahlt's, bricht eins entzwei!"[29]

Tatsächlich sind der Sauerbruch-Arm und andere Prothesen aufgrund der hohen Kosten nur wenig verbreitet. Die allermeisten Invaliden sind auf einfache Rollbretter zur Fortbewegung angewiesen, tragen Holzbeine und leben fortan mit leeren Jackenärmeln.[30]

22 Vgl. Sabine Kienitz: *Beschädigte Helden. Kriegsinvalidität und Körperbilder 1914–1923.* Paderborn: Schöningh 2008, S. 233; Ulrich, „... als wenn nichts geschehen wäre", S. 120–121.

23 Martin Friedrich Karpa: Die Geschichte der Armprothese unter besonderer Berücksichtigung der Leistung von Ferdinand Sauerbruch (1875–1951). Diss. Univ. Bochum 2004. http://www-brs.ub.ruhr-uni-bochum.de/netahtml/HSS/Diss/KarpaMartinFriedrich/diss.pdf (Zugriff am 01.03.2014), S. 10.

24 Ferdinand Sauerbruch: *Die willkürlich bewegbare künstliche Hand.* Berlin: Springer 1916.

25 Ebd., S. 7.

26 Konrad Biesalski: Hilfsmittel und Aussichten der Krüppelfürsorge. Vortrag am 08.02.1915. In: *Zeitschrift für Krüppelfürsorge* 8 (1915/16), S. 133–142, hier S. 139.

27 Ernst Friedrich: *Krieg dem Kriege.* Berlin: Freie Jugend 1924.

28 Vgl. Ulrich: „... als wenn nichts geschehen wäre", S. 120.

29 Postkarte bei Fitzke: Helden, S. 91.

30 Vgl. Heather R. Perry: Brave Old World: Recycling der Kriegskrüppel während des Ersten Weltkrieges. In: Barbara Orland (Hrsg.): *Artifizielle Körper – lebendige Technik: technische Modellierungen des Körpers in historischer Perspektive.* Zürich: Chronos 2005, S. 147–148.

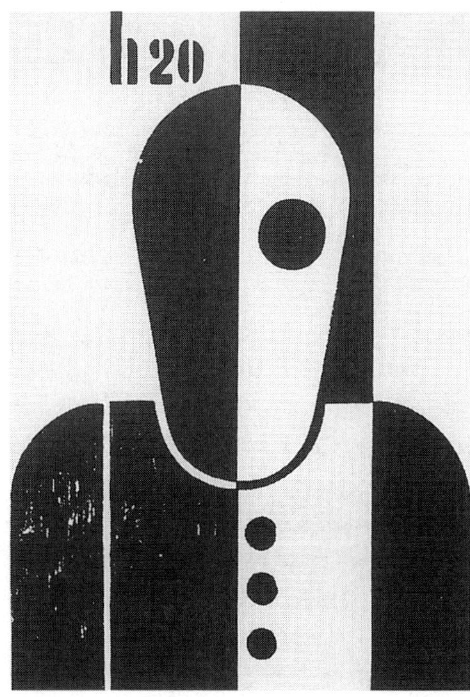

Abb. 5
Heinrich Hoerle:
Bildnis eines Mannes,
Graphitzeichnung, 1920.

Nahezu zeitgleich zur Krüppelmappe tauchen in Heinrich Hoerles Werk menschliche Gebilde auf, die gänzlich aus Prothesen bestehen. Uli Bohnen schreibt über Hoerles Bildnis eines Mannes (Abb. 5) und die Krüppelmappe treffend: „Ein größerer (stilistischer) Gegensatz als der zwischen diesen fast gleichzeitig entstandenen Arbeiten ist kaum vorstellbar."[31] Auf der einen Seite fertigt Hoerle die narrativen Blätter der Mappe über die Tagträume der Kriegsinvaliden, andererseits schafft er den Archetyp des unverletzbaren und leistungsstarken Menschen. Mit Flächen von Hell und Dunkel baut der Künstler nunmehr einen aus Teilen zusammengefügten Leib. Waagerechte und Senkrechte sorgen für Begrenzungen der Flächen. Hoerle eignet sich neue stilistische Mittel an, dass der nun erscheinende Kunstmensch aber forthin im Kontext des realen Kriegskrüppels gedacht ist, belegen weitere Arbeiten mit eindeutigen Titeln.[32]

31 Bohnen: *Das Gesetz der Welt*, S. 54.

32 In umgekehrter hell-dunkel Anordnung begegnet das Gesicht ohne menschliche Züge abermals in der Arbeit *Frau mit Krüppel* von 1922. Der *Krüppel, bettelnd*, Öl auf

Abb. 6
Heinrich Hoerle:
Fabrikarbeiter,
Öl auf Pappe, 1920.

Hoerles künstlerische Auseinandersetzung mit dem Thema mündet im Maschinenmenschen – einem Wesen, dessen fleischlicher Leib gänzlich von Schrauben, Muttern und Blechteilen abgelöst worden ist. Sein Fabrikarbeiter (Abb. 6) von 1922 ist nicht mehr nur ein künstlich zusammengefügter Leib. Der Arbeiter scheint vielmehr Teil der Fertigungsanlage zu sein. Im unteren Bildteil unterbricht Hoerle die technische Anlage und fügt dort den Prothesenmenschen ein. Dieser könnte nunmehr mit monotonen Armbewegungen in die Maschinerie greifen – mit den Arbeitsarmen, die für Kriegsversehrte entwickelt worden waren. Der „zum bloßen Werkzeug degradierte Industriearbeiter“[33] hat eine Uhr als

Pappe, von 1921 besteht aus einem Torso mit einem Prothesenarm, der einen Kunstkopf hält.

33 Hans M. Schmidt: Kriegs- und Krupp-Krüppel. In: Cepl-Kaufmann / Krumeich / Sommers (Hrsg.): *Krieg und Utopie*, S. 283–292.

Kopf, deren Zeiger auf Null steht. Für ihn gibt es keine Sekunden, Minuten oder Stunden mehr. Er wird pausenlos in der Produktion wirken. Künstliche Körper und Automatenmenschen sind seit Jahrhunderten fiktionaler Bestandteil der Kultur. Ihnen allen gemein ist das Ziel, den Körper zu perfektionieren.[34] Der Mensch ist aufgrund seiner geistigen und körperlichen Eigenschaften in der Lage, den Körper bei Bedarf um künstliche Bausteine zu erweitern – von Erfolg gekrönt sind diese Versuche aber bei weitem nicht immer. Die Industrialisierung schließlich sorgt mit ihrer wie Max Horkheimer und Theodor W. Adorno in ihrer *Dialektik der Aufklärung* schreiben „Verwandlung der Welt in Industrie"[35] dafür, dass immer mehr Prothesen – perfektere Hilfsmittel, als der menschliche Körper sie bieten kann – den Menschen umgeben.[36] Sigmund Freud fasst die Situation zusammen:

> Er [der Mensch] hat sich seit langen Zeiten eine Idealvorstellung von Allmacht und Allwissenheit gebildet, die er in seinen Göttern verkörperte. Ihnen schrieb er alles zu, was seinen Wünschen unerreichbar schien oder ihm verboten war. Man darf also sagen, diese Götter waren Kulturideale. Nun hat er sich der Erreichung dieses Ideals sehr angenähert, ist beinahe selbst ein Gott geworden. [...] Nicht vollständig, in einigen Stücken gar nicht, in anderen nur halbwegs. Der Mensch ist sozusagen eine Art Prothesengott geworden, recht großartig, wenn er alle seine Hilfsorgane anlegt, aber sie sind nicht mit ihm verwachsen und machen ihm gelegentlich noch viel zu schaffen.[37]

Der Erste Weltkrieg bringt mit der Entwicklung der menschlichen Ersatzteile eben diese Unvollkommenheit zum Vorschein. Für den

34 Prominentes Beispiel für den Versuch der künstlichen Erweiterung des Körpers und dessen Scheitern ist der Flügelbau des Ikarus. Zur Zeit der Aufklärung schrieb der bretonische Arzt und Philosoph Julien Offray de La Mettrie 1748 sein Werk *Der Mensch eine Maschine* und nährte damit die Vorstellung, dass der Mensch rekonstruierbar ist, verbessert und weiterentwickelt werden kann. Anregung hatte er bei Jaques de Vaucanson gefunden, der 1738 einen hölzernen Flötenspieler geschaffen hatte, der Lippen, Finger und Zunge bewegen und zwölf Melodien spielen konnte. Vgl. Adelheid Voskuhl: Bewegung und Rührung. Musik spielende Androiden und ihre kulturelle Bedeutung im späten 18. Jahrhundert. In: Orland (Hrsg.): *Artifizielle Körper – lebendige Technik*, S. 87–106.

35 Max Horkheimer / Theodor W. Adorno: *Dialektik der Aufklärung. Philosophische Fragmente.* Frankfurt am Main: Fischer 2003, S. 61.

36 Ebd., S. 265.

37 Sigmund Freud: Das Unbehagen in der Kultur. In: Ders.: *Studienausgabe*, Bd. 9: Fragen der Gesellschaft. Ursprung der Religion. Frankfurt am Main: Fischer 1989, S. 191–270, hier S. 222.

deutschen Staat bietet der Themenbereich ein breites Propagandafeld. Schließlich wird mit einer voll einsatzfähigen Prothese der Teiltod des Körpers nicht nur überwunden, die Prothese soll gar leistungsfähiger sein als die ursprünglichen Gliedmaßen. Nach den Auffassungen der Zeit darf die Arbeitskraft der im Krieg Schwerverwundeten nicht verloren gehen. Ein Arbeitsarm wird zudem auch bei monotonen Aufgaben niemals müde werden.[38] „Nun boten die zerstörten Körper der Kriegsopfer, was dem gesunden Arbeiter nicht zugemutet werden konnte: die Ersetzung menschlicher Glieder durch mechanische im Dienste höchstmöglicher Ausnutzung der Arbeitskraft.“[39] Der künstlich ergänzte Krüppel wird als „Angebotspalette einer menschlichen Roboterfabrik“[40] somit augenscheinlich sogar zum Garanten für eine starke Volkswirtschaft und gibt dem Taylorsystem Auftrieb, das die moderne Fließbandproduktion einleitete:

> Die Herstellung der Prothesen und ihrer verschiedenen Formen und Teile, insbesondere der Arbeitsklauen, ist nun in dieser Hinsicht nichts anderes als die Verwirklichung der Taylorschen Forderung: Anpassung des Werkzeuges an die besondere Veranlagung des Arbeiters.[41]

Diese Situation bildet den Hintergrund für Heinrich Hoerles Maschinenmenschen. Er entlarvt jedoch das staatlich vorgegebene Konzept, indem er seinen Menschen jegliche Menschlichkeit raubt. Er reduziert sie auf Gebilde, die ebenso künstlich sind wie die Maschinen, die sie bedienen. Der technisch ergänzte Mensch geht im von ihm selbst geschaffenen Produktionsprozess auf. In dieser Zuspitzung wird zugleich die Unmöglichkeit der vollständigen Technisierung des Lebens offenbar. Bereits Ferdinand Sauerbruch stellt ungeachtet seiner medizinischen Erfolge klar: „Von vornherein muß aber betont werden, daß die Leistungen einer künstlichen Hand auch im günstigsten Falle hinter der normalen weit zurückbleiben müssen.“[42] In der unmenschlichen Erscheinung von Hoerles Prothesenmenschen offenbart sich eine Kunstwelt, in der im

38 Vgl. Karpa: Die Geschichte der Armprothese, S. 10.

39 Ulrich: „... als wenn nichts geschehen wäre“, S. 123.

40 Ebd.

41 Erich Meyer: Kriegsbeschädigtenfürsorge und Taylorsystem. In: *Zeitschrift für Krüppelfürsorge* 10 (1917/18), S. 145–150, hier S. 147.

42 Sauerbruch: *Die willkürlich bewegbare künstliche Hand*, S. 9.

konkreten Fall der Maler mit seinem Schaffensprozess – das Kunstwerk als Objekt – das einzige menschliche Zeugnis bleibt. An die Stelle der psychologischen Innensicht der Betroffenen aus der Krüppelmappe tritt in seiner Kunst nunmehr der vom Menschen ergänzte Krüppel und die letztlich vollständig aus den technischen Errungenschaften des Geistes gebaute Mensch-Maschine.

Im Gegensatz zu vielen Zeitgenossen nutzt Hoerle nicht eine in Künstlerkreisen – insbesondere auch im Rheinland – entwickelte Utopie neuer Lebens- und Schaffensmodelle und setzt diese in seinen Arbeiten ins Bild.[43] Kritisch greift er vielmehr eine staatlich propagierte Utopie auf, übertreibt die technische Ergänzung des kriegszerstörten Leibes bis hin zum vollständig mechanisierten Menschen und schafft damit eine Figur, die die Kritik am Umgang mit den Kriegsfolgen mit der Kritik an der Rolle des Menschen im industriellen Produktionsprozess vereint.[44] Somit zeigen seine Arbeiten keine positiven Visionen, sie sind ein mahnender Spiegel, den der Künstler sarkastisch der Nachkriegsgesellschaft vorhält.

43 Vgl. hierzu die Beträge bei Cepl-Kaufmann / Krumeich / Sommers (Hrsg.): *Krieg und Utopie*.

44 Dieses Vorgehen entspricht der Mentalität und Denkweise des Künstlers: Der Rheinländer Hoerle war für seine Ironie, für seinen skurrilen Humor bekannt. Zeitgenossen berichteten, dass er Reklamesätze, Slogans aus Zeitungen und von Plakaten zu einer vernichtenden Gesellschafts- und Kulturkritik zu drehen verstand (vgl. Backes: Heinrich Hoerle, S. 10).

Ein Beispiel für ökonomische Utopien in der Populärkultur

Der Wirtschaftsstil einer fiktiven Zukunft in *Star Trek* und dessen wirtschaftsanthropologischer Gehalt[1]

Christian E. W. Kremser

Einleitung

> *Der Weltraum, unendliche Weiten. Wir schreiben das Jahr 2200. Dies sind die Abenteuer des Raumschiffs Enterprise, das mit seiner 400 Mann starken Besatzung 5 Jahre lang unterwegs ist, um fremde Galaxien zu erforschen, neues Leben und neue Zivilisationen. Viele Lichtjahre von der Erde entfernt, dringt die Enterprise in Galaxien vor, die nie ein Mensch zuvor gesehen hat.*[2]

Mit diesen Worten beginnt jede Episode der Serie *Raumschiff Enterprise*, die im Jahr 1966 erstmals ausgestrahlt wurde. Diese Serie stellt den Beginn eines von Eugene – ‚Gene' – Wesley Roddenberry geschaffenen Mythos,

1 Für hilfreiche Hinweise danke ich ganz herzlich den Herausgebern.

2 *Star Trek: The Original Series – The Man Trap* (*Raumschiff Enterprise – Das Letzte seiner Art*, USA 1966, R: Marc Daniels).

einer der „großen Erzählungen unserer Zeit“[3], dar, der sich bis heute in der Populärkultur erhalten hat: *Star Trek*. Mittlerweile hat sich aus der ursprünglichen Serie eine ganze Marke gebildet, die mehrere Fernsehserien sowie zahlreiche Kinofilme umfasst und die nun seit fast 50 Jahren besteht. Warum ist es *Star Trek* vergönnt gewesen, ein solch detailliertes und umfangreiches Zukunftsbild zu entwerfen und das über einen derart langen Zeitraum? Was empfinden so viele Menschen – um es mit den Worten von Mr. Spock zu formulieren – als ‚faszinierend‘ an *Star Trek*?

Zum einen lässt sich diese Langlebigkeit durch den Unterhaltungswert der Serien und Kinofilme erklären.[4] Diese handeln allesamt von dem Kapitän und der Brückenbesatzung eines Raumschiffs oder einer Raumstation der Sternenflotte, die sich bei ihrer Mission, den Weltraum friedlich zu erkunden, mit ungeahnten Gefahren konfrontiert sehen und diese bewältigen müssen. Ursprünglich als eine Art Western im Weltraum konzipiert (der Titel löst nicht umsonst Assoziationen an die mythische Eroberung des Wilden Westens durch Planwagen-Trecks und Siedlerkolonnen im 19. Jahrhundert aus)[5], wurden die futuristischen Rahmenbedingungen der Erzählungen von den jeweiligen Drehbuchautoren und Produzenten immer wieder derart arrangiert, dass es möglich wurde, für die Episodenhandlungen neue Facetten zu gewinnen. Die Erkundung der unendlichen Weiten des Weltalls, Paralleluniversen, Reisen durch Risse im Zeit-Raum-Kontinuum oder die virtuelle Realität des Holodecks – um nur ein paar dieser futuristischen Rahmenbedingungen zu nennen – ermöglichten es den Serienverantwortlichen, dramaturgische Strukturen, die typisch für andere Genres sind, zu übernehmen und in die Handlung von *Star Trek* zu integrieren. So präsentierten sich dem Publikum vor den Fernsehern alternierend Folgen, die eher Merkmale eines Abenteuer-, eines Kriminal- oder eines Agentenfilms aufwiesen, und dann wieder solche, die sich mehr durch Elemente eines Historienepos, eines Liebesfilms oder gar eines

3 Knut Hickethier: Die Utopie der Serie. Mythen und Weltsicht im Star Trek-Universum. In: Kai-Uwe Hellmann / Arne Klein (Hrsg.): *„Unendliche Welten…“ – Star Trek zwischen Unterhaltung und Utopie*. Frankfurt: Fischer 1997, S. 120–138, hier S. 120.

4 Vgl. Arne Klein: Faszinierend! Star Trek zwischen Unterhaltung und Utopie? In: Ebd., S. 166–182, hier S. 168.

5 Vgl. Kai-Uwe Hellmann: „Sie müssen lernen, das Unerwartete zu erwarten.“ – Star Trek als Utopie der Menschwerdung? In: Ebd., S. 91–111, hier S. 96.

Politthrillers auszeichneten. Dieses Prinzip des ‚Genre-Crossovers' war Garant dafür, dass *Star Trek* im Laufe der Zeit nicht an Unterhaltungswert einbüßte.[6]

Zum anderen scheint die Beständigkeit des Erfolgs aber auch der Tatsache geschuldet zu sein, dass *Star Trek* ein gewisses Moment der Sinnstiftung enthält, das in dem Portrait – oder gar in der Vision – einer wünschenswerten Zukunft der Menschheit von utopischem Gehalt liegt.[7] *Star Trek* zeigt eine Zukunft, in der es der Menschheit gelungen ist, Armut, Krieg, Rassismus und Krankheit zu überwinden. Das zeugt von einem aufgeklärten Humanismus, bei dem es sich um einen Ausdruck der moralischen Grundhaltung des Serien-Schöpfers Gene Roddenberry handelt, der seine Intention mit der Fernsehserie wie folgt beschrieb: „*Star Trek* sollte zeigen, dass die Menschheit an jenem Tag Reife und Weisheit erlangen wird, an dem sie unterschiedliche Ideen und Lebensformen nicht mehr nur toleriert, sondern besondere Freude darin empfindet."[8] Obgleich in *Star Trek* die wirtschaftlichen Aspekte der Zukunft nicht unbedingt im Fokus der Handlung stehen, werden diese immer wieder berührt, so dass *Star Trek* auch in wirtschaftlichen Belangen ein facettenreiches Bild der Zukunft entwirft. Hierbei variiert die Frequenz, mit der ökonomische Thematiken angesprochen werden, von Serie zu Serie. Für die erste Serie *Raumschiff Enterprise* etwa lässt sich konstatieren, dass abgesehen von ein paar vagen Andeutungen, die bereits den Verdacht aufkommen lassen, es könne sich bei der beschriebenen Sozietät um eine Utopie handeln,[9] noch nicht allzu detailliert über die wirtschaftlichen Aspekte der Zukunft berichtet wird und vieles Gegenstand von Spekulationen bleibt.[10] Dies gilt aber gleichermaßen für andere gesellschaftliche Bereiche, wie etwa die politische Ordnung oder das soziale Miteinander. Schemenhafte Verweise, die sich aber bereits dort finden lassen, werden dann in den späteren Serien und

6 Vgl. Andreas Rauscher: *Das Phänomen Star Trek – Virtuelle Räume und metaphorische Weiten*. Mainz: Ventil 2003, S. 66.

7 Vgl. Klein: Faszinierend!, S. 168.

8 Hendrik Hansemann: *Die Philosophie bei Star Trek. Mit Kirk, Spock und Picard auf der Reise durch unendliche Weiten*. Weinheim: Wiley-VCH 2013, S. 13.

9 Vgl. Karlheinz Steinmüller: Beinahe eine sozialistische Utopie – USS Enterprise: Heimathafen DDR? In: Hellmann / Klein (Hrsg.): *„Unendliche Welten…"*, S. 80–90, hier S. 81.

10 Vgl. Rauscher: *Das Phänomen Star Trek*, S. 28.

Kinofilmen sukzessiv ausgedeutet. Allen Serien und Kinofilmen ist die Idee einer Menschheit gemein, der die Überwindung des wirtschaftlichen Knappheitsproblems gelungen ist, die kapitalistische Strukturen hinter sich gelassen hat, bei der das Wirtschaften in seiner Gesamtheit an Bedeutung verloren hat und die sich der Verwirklichung ideeller Werte verpflichtet fühlt.

Star Trek weist somit Züge eines utopischen Gesellschaftsentwurfs auf. Der Fokus dieser Untersuchung liegt auf den ökonomischen Aspekten dieser Zukunftsgesellschaft sowie auf den wirtschaftsanthropologischen Überlegungen, die sich in ihnen zu manifestieren scheinen. Das methodische Vorgehen ist dabei wie folgt: In einem ersten Schritt gilt es, den utopischen Gehalt von *Star Trek* herauszuarbeiten. Um anschließend in einem zweiten Schritt über die wirtschaftlichen Aspekte dieser Utopie referieren zu können, muss die Wirtschaftsform, wie sie *Star Trek* zeigt, beschrieben werden. Es bietet sich an, auf das Konzept des Wirtschaftsstils nach Arthur Spiethoff zurückzugreifen.[11] Dieser theoretische Zugang zur Wirtschaftsgeschichte offeriert einen Katalog von Kriterien, mit Hilfe derer unterschiedliche Wirtschaftsformen voneinander abgegrenzt werden können, wobei er – und das ist hier von entscheidender Relevanz – eine Versöhnung von historischem Idealismus und Materialismus wagt, indem er als mögliche Abgrenzungsmerkmale nicht nur materielle, sondern auch ideelle Charakteristika wie etwa die Kategorie des Wirtschaftsgeistes aufnimmt. Dieser Wirtschaftsgeist ist, wie sich zeigen wird, für eine adäquate Beschreibung der Wirtschaftsweise in *Star Trek* förderlich, weil er Sachverhalte ideeller Natur zu erfassen vermag, die bei einer rein materiellen Betrachtungsweise verlustig gehen würden. In einem dritten Schritt soll der Herkunft der wirtschaftsanthropologischen Vorstellungen nachgegangen werden, die sich in dem Wirtschaftsgeist dieses Wirtschaftsstils einer fiktiven Zukunft niederschlagen.

11 Vgl. Arthur Spiethoff: Die allgemeine Volkswirtschaftslehre als geschichtliche Theorie. Die Wirtschaftsstile. In: Hans G. Schachtschabel (Hrsg.): *Wirtschaftsstufen und Wirtschaftsordnungen*. Darmstadt: WBG 1971, S. 123–155.

Star Trek als Beispiel für eine ökonomische Utopie aus der Populärkultur

Handelt es sich bei *Star Trek* um eine wirtschaftliche Utopie und wenn ja, in welchem Maße? Klassische Utopien sind Richard Saage zufolge „Fiktionen innerweltlicher Gesellschaften, die, staatfrei oder staatlich verfasst, sich entweder zu einem Wunsch- oder Furchtbild verdichten, das auf Fehlentwicklungen der eigenen Gesellschaft reagiert."[12] Ausgehend von dieser Definition lässt sich eine klassische Utopie zunächst mit Hilfe von zwei Merkmalen kennzeichnen: erstens beinhaltet sie eine Kritik der zeitgenössischen Gesellschaft, zweitens entwickelt sie einen Gegenentwurf zu dieser Gesellschaft.[13] Notwendige Bedingung für Kritik jedweder Art ist selbstverständlich zunächst ein gewisser Aktualitätsbezug. *Star Trek* gelingt es – wie für Science Fiction üblich –, Problematiken der Gegenwart in die Zukunft zu verlegen, um sie dort frei von jeglicher tagespolitischer Atmosphäre diskutieren zu können.[14] So erreicht *Star Trek* ein hohes Maß an Aktualität und vermag, gegenwärtige gesellschaftliche und wirtschaftliche Entwicklungen mit ihren möglichen – positiven wie negativen – zukünftigen Auswirkungen zu konfrontieren. Der Zuschauer der Serien sieht sich regelmäßig mit philosophischen, ethischen und politischen Fragestellungen konfrontiert, die in der jeweiligen Folge kontrovers diskutiert werden.[15]

12 Richard Saage: *Utopieforschung*, Bd. 2: An der Schwelle des 21. Jahrhunderts. Berlin: Lit 2008, S. 10–11.

13 Vgl. Klein: Faszinierend!, S. 166.

14 Vgl. Torsten Dewi: Star Trek – Was ist das? In: Hellmann / Klein (Hrsg.): *„Unendliche Welten…"*, S. 10–15, hier S. 15.

15 Als Parade-Beispiel für einen solchen kontrovers geführten Disput lässt sich die Episode *Star Trek: Das nächste Jahrhundert – Wem gehört Data?* anführen. In dieser Folge wird Lieutenant Commander Data, ein Androide und Besatzungsmitglied der U. S. S. Enterprise unter dem Kommando von Jean-Luc Picard, von einem Wissenschaftler der Sternenflotte dazu genötigt, sich zu Forschungszwecken in seine Bestandteile zerlegen zu lassen. Diese Prozedur soll dem Wissenschaftler bei der Replizierung weiterer Androiden helfen. Als Data dies ablehnt, bricht ein Streit darüber aus, ob Data als Androide die Rechte besitzt, die einem autonomen, selbstständigen Individuum zukommen, oder ob es sich bei ihm nur um einen Sachgegenstand aus dem Inventar der Sternenflotte handelt. Diese Auseinandersetzung führt in der betreffenden Episode zu einer förmlichen Anhörung durch ein Gericht. In dem sich anschließenden Prozess wird die metaphysische Frage aufgeworfen, was den Wert des Menschen ontologisch ausmacht und wie sich dieser zu künstlicher Intelligenz verhält.

Der kritische Charakter von *Star Trek* lässt sich folglich nicht leugnen.[16] Bietet *Star Trek* aber auch einen konkreten gesellschaftlichen Gegenentwurf, der sich in die Tradition klassischer Utopien stellen lässt?
Der gesellschaftliche Gegenentwurf, aus dem eine klassische Utopie besteht, kann sich idealtypisch wiederum durch mehrere Kriterien hinreichend bestimmen lassen: Erstens zielt eine Utopie auf die Darstellung eines erstrebenswerten – idealen – Gemeinwesens ab.[17] Sie zeichnet sich, zweitens, dadurch aus, dass jegliche Art von Religiosität durch eine säkulare Vernunft – einem Rationalitätsprinzip – verdrängt worden ist.[18] Drittens birgt eine klassische Utopie einen stationären Endzustand in sich: Da sie nicht nur eine erstrebenswerte, sondern die bestmögliche, gleichsam perfekte Lebensgemeinschaft darstellt, wird ausgeschlossen, dass es eine noch bessere Gesellschaftsform geben könnte; mit ihr endet sprichwörtlich die Geschichte.[19] Da Intoleranzen gegenüber Andersdenkenden zu Konflikten innerhalb der Gemeinschaft führen können, haben solche Sozietäten, viertens, ein Toleranzgebot entwickelt.[20] Fünftens haben Utopien die Abschaffung des Privateigentums gemeinsam, um jegliche materiellen Unterschiede zwischen den Mitgliedern des Gemeinwesens aufzuheben und damit soziale Unruhen zu vermeiden.[21] Für eine klassische Utopie ist, sechstens, ihr Grad an Detailliertheit maßgeblich: Alle Aspekte des zwischenmenschlichen Lebens sind bis ins kleinste Detail durchdacht, von dem Wirtschaftssystem über die politische Ordnung hin zum Justizapparat sind sämtliche gesellschaftliche Institutionen minutiös bestimmt.[22] Eine Utopie befindet sich, siebtens, um Bestand haben zu können, von

16 Vgl. Steinmüller: Beinahe eine sozialistische Utopie, S. 84. Die kritische Haltung gegenüber dem Zeitgeist lässt sich beispielsweise auch an der Figur der Kommunikationsoffizierin Lieutenant Uhura aus der Originalserie festmachen, die von der Afroamerikanerin Nichelle Nichols verkörpert wurde. Nichelle Nichols war die erste farbige Schauspielerin in der Geschichte des U.S.-Fernsehens, die allen Konventionen zum Trotz eine bedeutende Rolle spielte. Martin Luther King persönlich teilte Nichelle Nichols mit, dass dies von der Bürgerrechtsbewegung der damaligen Zeit als Durchbruch betrachtet wurde.

17 Vgl. Hellmann: Star Trek als Utopie der Menschwerdung?, S. 93.

18 Vgl. ebd., S. 94.

19 Vgl. Klein: Faszinierend!, S. 169.

20 Vgl. ebd.

21 Vgl. ebd.

22 Vgl. Richard Saage: Utopie und Science-fiction – Versuch einer Begriffsbestimmung. In: Hellmann / Klein (Hrsg.): *„Unendliche Welten…“*, S. 45–58, hier S. 53.

der Außenwelt abgeschottet in Isolation.[23] Achtens lassen sich Utopien durch einen gewissen Totalitarismus charakterisieren, der besteht, um alle Neigungen des Menschen, die in irgendeiner Form für die soziale Harmonie gefährlich werden könnten, auszuschalten.[24] Das Zustandekommen einer Utopie wird für gewöhnlich, neuntens, über ein plötzliches Ereignis – quasi ad-hoc – erklärt.[25] Findet dieser Kriterienkatalog Anwendung auf *Star Trek*, so lässt sich zwar festhalten, dass in der von *Star Trek* portraitierten Zukunft die Menschheit ein erstrebenswertes Gemeinwesen bildet – man denke nur: kein Krieg, Hunger, Armut oder Krankheit! –, in dem ein Rationalitätsprinzip herrscht, ein Toleranzgebot gilt und in dem Eigentumsrechte von ihrer Bedeutung her vernachlässigbar sind. Die übrigen Kriterien, der Perfektionismus, der Grad an Detailliertheit, die Isolation des Gemeinwesens, die Totalität und das ad-hoc-Zustandekommen, werden dagegen nicht erfüllt.[26] *Star Trek* zeichnet keine Blaupause einer idealen menschlichen Gesellschaft, was dem Umstand geschuldet sein mag, dass es als populäres Unterhaltungsformat und damit als Ware dem Druck, sich zu verkaufen, unterworfen ist. Darüber hinaus darf nicht vergessen werden: Die zaghaften Andeutungen bezüglich der gesellschaftlichen Organisation sollten zunächst nur als Rahmengerüst für die Handlung fungieren. Dass vor Ausstrahlung der ersten Folge der Originalserie bereits eine genaue Konzeption der Gesellschaft vorlag, davon kann nicht ausgegangen werden.

Obwohl *Star Trek* somit in vielen Punkten nicht mit den Kriterien in Übereinstimmung zu bringen ist, die üblicherweise zur Charakterisierung klassischer utopischer Entwürfe herangezogen werden, lassen sich dennoch bestimmte utopische Züge nicht leugnen, die den Eindruck erwecken, als repräsentiere *Star Trek* einen wünschenswerten Zustand der Menschheit, „eine positive Zukunftsvision“[27]. Präziser: *Star Trek* enthält auch in ökonomischer Hinsicht utopische Züge, denn es wird eine Menschheit skizziert, die das ökonomische Knappheitsproblem lösen konnte. Es lassen sich in der Historie der Utopien zwei unterschiedliche Vorschläge zu der

23 Vgl. Hellmann: Star Trek als Utopie der Menschwerdung?, S. 95.

24 Vgl. ebd.

25 Vgl. ebd.

26 Vgl. ebd., S. 97–100.

27 Saage: Utopie und Science-fiction, S. 55.

Bewältigung des ökonomischen Problems differenzieren: die ‚technische Utopie' und die ‚Sozialutopie'.[28] Bei der technischen Utopie wird dank wissenschaftlichen Fortschritts und damit einhergehender technischer Innovationen die menschliche Disposition über die Natur gesteigert. Das Utopische liegt hierbei weniger im technischen Fortschritt, der als solcher mittlerweile eine Selbstverständlichkeit ist, als vielmehr darin, dass sich die Menschheit diesem gewachsen zeigt. Bei der Sozialutopie hingegen ist das Knappheitsproblem nicht mehr existent, obwohl es zu keiner Produktivitätssteigerung kam, was sich entweder durch eine Reduzierung der menschlichen Ansprüche oder durch eine Umverteilung von bestehenden Besitzverhältnissen erklären lässt. *Star Trek* befindet sich, wie sich zeigen wird, im Spannungsfeld dieser beiden Utopie-Traditionen.[29]

Der Wirtschaftsstil einer fiktiven Zukunft in *Star Trek*

Da in *Star Trek* nicht nur materielle Faktoren, wie etwa der Stand der Technik, sondern auch ideelle Faktoren, wie beispielsweise die Einstellung des Menschen zum Wirtschaften, thematisiert werden, bietet sich das Konzept des Wirtschaftsstils nach Arthur Spiethoff für die Beschreibung der Wirtschaft an, in dem beide Aspekte Berücksichtigung finden. Auf diese Weise können sowohl Elemente der technischen Utopie als auch der Sozialutopie benannt werden.

Dem Konzept des Wirtschaftsstils liegt die Prämisse zugrunde, dass sich Wirtschaftsformen abhängig von sozialen Institutionen entwickeln, die ihrerseits historisch gewachsen sind. Damit trägt der Wirtschaftsstil der Tatsache Rechnung, dass Wirtschaftsformen abhängig von Raum und Zeit divergieren können. Um eben diese unterschiedlichen Wirtschaftsformen vergleichbar zu machen, um Gemeinsamkeiten und Unterschiede benennen und sie entsprechend klassifizieren zu können, werden von Spiethoff mehrere Merkmale zur Abgrenzung angeführt: (1) Gesellschaftsverfassung, (2) natürliche und technische Grundlagen, (3) Wirtschaftsgeist,

28 Vgl. Herfried Münkler: Moral und Maschine – Star Trek im Spannungsfeld von Sozialutopie und technologischem Fortschritt. In: Hellmann / Klein (Hrsg.): *„Unendliche Welten…"*, S. 59–71, hier S. 59.

29 Vgl. ebd., S. 59–65.

(4) Wirtschaftsverfassung und (5) Wirtschaftsverlauf.[30] Mit Hilfe derer kann nun der Wirtschaftsstil der fiktiven Zukunft in *Star Trek* umrissen werden.

(1) Gesellschaftsverfassung: Nachdem die Menschheit Mitte des 21. Jahrhunderts durch den dritten Weltkrieg, bei dem auch Nuklearwaffen zum Einsatz gekommen waren, an den Rand ihrer Existenz geführt worden war, brach der Wissenschaftler und Erfinder Zefram Cochraine am 5. April 2063 zu einem ersten Testflug mit seinem aus einer Atomrakete gebauten Raumschiff, der Phoenix, auf. Bei diesem Testflug gelang es Zefram Cochraine als erstem Menschen, schneller als das Licht zu fliegen. Unvermutet befand sich ein außerirdisches Raumschiff der Vulkanier zu diesem Moment auf einem Routine-Patrouillenflug durch das Sonnensystem der Erde. Die Außerirdischen entschieden sich dazu, den Kurs zu ändern und den ersten Kontakt mit der Menschheit herzustellen.[31] Aus der darauffolgenden Allianz sollte schließlich die Föderation der vereinigten Planeten hervorgehen, die im Jahre 2161 in San Francisco gegründet wurde.[32] Bei der Föderation handelt es sich im 24. Jahrhundert um einen föderalen Bundesstaat, der sich als repräsentative Demokratie erweist. Kapitol ist die Erde. Der Gewaltenteilung entsprechend existiert eine Legislative in Form des Föderationsrates mit Sitz in San Francisco, eine Exekutive, vertreten durch den von Paris aus regierenden Präsidenten der Föderation, und ein oberster Gerichtshof.[33] Die Föderation hat sich der Verwirklichung ideeller Werte verschrieben. Zu diesen gehören: Toleranz gegenüber allen Völkern des Universums sowie deren Anschauung, Nichteinmischung in die Belange eben jener Völker – die sogenannte oberste Direktive –, multikulturelle Strukturen und schließlich die friedliche Erforschung des Weltraums.[34] Die Sternenflotte, der die Protagonisten der Serien und der Kinofilme für gewöhnlich angehören, stellt den militärischen, diplomatischen und wissenschaftlichen Arm der Föderation dar. Zu den gesellschaftlichen Produktionsverhältnissen lässt sich bemerken,

30 Vgl. Spiethoff: Die Wirtschaftsstile, S. 146–148.

31 Vgl. *Star Trek: First Contact* (*Star Trek: Der erste Kontakt*, USA 1996, R: Jonathan Frakes).

32 Vgl. Hansemann: *Die Philosophie bei Star Trek*, S. 39.

33 Vgl. ebd., S. 42.

34 Vgl. Dewi: Star Trek – Was ist das?, S. 13.

dass Arbeitsteilung vorherrscht, wobei das Bedürfnisprinzip gilt: Der Bürger leistet für die Gesellschaft, was er vermag, und erhält von dieser, wessen er bedarf. In diesem Punkt weist *Star Trek* gewisse Parallelen zu utopischen Gesellschaftsentwürfen von sozialistischen Autoren auf.[35]

(2) Natürliche und technische Grundlagen: Die Föderation umfasst mehr als 150 Mitgliedswelten und 1.000 Kolonien und erstreckt sich über eine Entfernung von 31.000 Lichtjahren.[36] Die Versorgung mit Rohstoffen für die Energieerzeugung scheint durch Förderanlagen auf den unzähligen Kolonien gewährleistet zu sein. Die Produktionsgrundlagen zeichnen sich zudem durch einen immensen wissenschaftlichen Fortschritt aus, der eine Vielzahl von technischen Innovationen zur Folge hatte: Hologramme, Warp-Antrieb, Schutzschilde, Phaser, Photonen- und Quantentorpedos, Beamen, Deflektoren, Trägheitsdämpfer und vieles mehr. Aus wirtschaftlicher Perspektive sind in diesem Zusammenhang Replikatoren von besonderer Bedeutung. Replikatoren sind Geräte zur Synthetisierung von Materie und können jeden beliebigen Gegenstand erzeugen. Sie können begreiflich machen, warum in der Föderation kein Geld mehr zirkuliert, denn alles kann dank ihrer „per Knopfdruck herbei gezaubert werden."[37]

(3) Wirtschaftsgeist: Neben den technischen Innovationen ist in der *Star Trek*-Zukunft auch eine Veränderung in der Gesinnung bezüglich wirtschaftlicher Belange eingetreten. In dem Kinofilm *Star Trek: Der erste Kontakt*, in dem sich die Besatzung der Enterprise mit der Situation konfrontiert sieht, in die Vergangenheit reisen zu müssen, um die Zukunft der Menschheit zu retten, finden sich folgende Dialogzeilen zwischen Jean-Luc Picard, dem Kapitän der U.S.S. Enterprise NCC-1701-E, und Lily Sloane, einer Zeitgenossin Zefram Cochraines:

> Picard: Die Wirtschaft der Zukunft funktioniert ein bisschen anders. Sehen Sie, im 24. Jahrhundert gibt es kein Geld.
> Sloane: Es gibt kein Geld? Wollen Sie damit sagen, Sie werden nicht bezahlt?
> Picard: Der Erwerb von Reichtum ist nicht mehr die treibende Kraft in unserem Leben. Wir arbeiten, um uns selbst zu verbessern und den Rest der Menschheit.[38]

35 Vgl. Steinmüller: Beinahe eine sozialistische Utopie, S. 81.

36 Vgl. Hansemann: *Die Philosophie bei Star Trek*, S. 39.

37 Ebd., S. 47.

38 *Star Trek: First Contact.*

Die Szene illustriert, dass es den Ausführenden bei *Star Trek* ein Bedürfnis war, eine Zukunft zu kreieren, in der nicht mehr die Zweckrationalität im Sinne der Maximierung des individuellen Einkommens den Wirtschaftsgeist bildet. Nicht mehr ein asketisches Konsumverhalten und die ständige Bereitschaft, Profite zu reinvestieren, der „kapitalistische Geist“[39] im Sinne Max Webers, prägen die Geisteshaltung, sondern humanistische Beweggründe, das Glück des einzelnen Menschen und der menschlichen Gesellschaft in ihrer Gesamtheit. Neben dem technischen Fortschritt hat also auch ein moralischer Fortschritt stattgefunden,[40] der in der bewussten Einschränkung des Strebens nach immer mehr materiellen Gütern besteht. Die Menschen wirtschaften nur noch, um ihre die materiellen Bedürfnisse überschreitenden Zwecke zu verwirklichen. In den Worten Max Webers ausgedrückt: Sie wirtschaften aus „traditionalistischem Geiste“[41].
(4) Wirtschaftsverfassung: Da es sich bei der in *Star Trek* skizzierten Sozietät um eine Überflussgesellschaft handelt, ist kein Geld – zumindest nicht als staatliches Zahlungsmittel – mehr im Umlauf. Für den Handel mit Völkern außerhalb der Föderation werden allerdings weiterhin Barren von Gold gepresstem Latinum verwendet.[42] Ein Eigentumstitel scheint von seiner Bedeutung für das Wirtschaften her vernachlässigbar zu sein, da es zu keiner Akkumulation von Wohlstand kommt.[43] Da jeder Mensch derjenigen Tätigkeit nachgeht, bei der er sich am ehesten verwirklicht sieht und der Menschheit durch die Verwirklichung seiner Talente am besten hilft, kann nicht mehr von Entfremdung oder gar Kommodifizierung der Arbeit gesprochen werden, die nicht länger als handelbare Ware betrachtet wird. Alle Formen von ökonomischer Ungleichheit, verursacht durch unterschiedliche Zugänge zu den Produktionsmitteln, wurden aufgelöst, es existiert somit keine Klassengesellschaft. Auch dies erinnert an eine sozialistische Utopie.[44]

39 Max Weber: Die protestantische Ethik und der Geist des Kapitalismus. In: Ders. (Hrsg.): *Gesammelte Aufsätze zur Religionssoziologie*, Bd. 1. Berlin: Siebeck 1988, S. 17–206, hier S. 37.

40 Vgl. Hellmann: Star Trek als Utopie der Menschwerdung?, S. 100.

41 Vgl. Weber: Die protestantische Ethik und der Geist des Kapitalismus, S. 50.

42 Vgl. Hansemann: *Die Philosophie bei Star Trek*, S. 49.

43 Vgl. Hellmann: Star Trek als Utopie der Menschwerdung?, S. 98.

44 Vgl. Rauscher: *Das Phänomen Star Trek*, S. 56–57.

(5) Wirtschaftsverlauf: Da sämtliche Waren im Überfluss vorhanden sind, einerseits durch eine gewisse Bedürfnislosigkeit und andererseits durch die Erfindung von Replikatoren, und sich kein Geld mehr finden lässt, existieren auch keine Preise. Da es nicht zur Kapitalakkumulation kommt, kann es nicht zu Überinvestitionen, zu Überproduktionen und damit zum Verfall von Preisen kommen. Es gibt entsprechend auch keinen Konjunkturzyklus.

Der wirtschaftsanthropologische Gehalt von *Star Trek*

Der humanistisch motivierte Wirtschaftsgeist der Vereinigten Föderation der Planeten tritt dann besonders markant in Erscheinung, wenn die Protagonisten der Serien auf eine humanoide Spezies namens Ferengi treffen. Die Ferengi – ursprünglich als Antagonisten konzipiert – verkörpern gewissermaßen eine satirische Kapitalisten-Karikatur. Fundament ihrer gesamten Gesellschaft bildet das Streben nach Profit. Sitte und Moral sind auf diesen einen letzten Sinn ausgerichtet. So leben die Ferengi gewissermaßen nach einem kapitalistischen Katechismus, den sogenannten Goldenen Erwerbsregeln.[45] Zu diesen Regeln einer kapitalistischen Ethik gehören unter anderem:

Nr. 06	Gestatte niemals, dass Verwandte einer günstigen Gelegenheit im Wege stehen.[46]
Nr. 17	Ein Vertrag ist ein Vertrag, aber nur zwischen Ferengis.[47]
Nr. 18	Ein Ferengi ohne Profit ist kein Ferengi.[48]
Nr. 34	Krieg ist gut für das Geschäft.[49]
Nr. 45	Wer nicht expandiert, ist tot.[50]
Nr. 98	Jeder Mann hat seinen Preis.[51]

45 Vgl. Rauscher: *Das Phänomen Star Trek*, S. 314.

46 *Star Trek: Deep Space Nine – The Nagus* (*Star Trek: Deep Space Nine – Die Nachfolge*, USA 1993, R: David Livingston).

47 *Star Trek: Deep Space Nine – Body Parts* (*Star Trek: Deep Space Nine – Quarks Schicksal*, USA 1996, R: Avery Brooks).

48 *Star Trek: Deep Space Nine – Heart of Stone* (*Star Trek: Deep Space Nine – Ein Herz aus Stein*, USA 1995, R: Alexander Singer).

49 *Star Trek: Deep Space Nine – Destiny* (*Star Trek: Deep Space Nine – Trekors Prophezeiung*, USA 1995, R: Les Landau).

50 *Star Trek: Enterprise – Acquisition* (*Star Trek: Enterprise – Raumpiraten*, USA 2002, R: James Whitmore, Jr.).

51 *Star Trek: Deep Space Nine – In the Pale Moonlight* (*Star Trek: Deep Space Nine – In fahlem Mondlicht*, USA 1998, R: Victor Lobl).

Die Geisteshaltung, die aus dem Regelwerk der Ferengi spricht, und insbesondere der Zwang zur Kapitalakkumulation – man denke an die Regel Nr. 45: „Wer nicht expandiert, ist tot" – erinnert an Max Webers „kapitalistischen Geist"[52], einen Wirtschaftsgeist, der sich von anderen dadurch unterscheidet, dass das Profitstreben zum Selbstzweck geworden ist. Der wirtschaftende Mensch pflegt einen asketischen Lebensstil und konsumiert seine Profite nicht, sondern verwendet sie, um zu reinvestieren und auf diese Weise steigende Gewinne zu generieren.[53] Max Weber veranschaulicht diesen kapitalistischen Geist an einem Zitat Benjamin Franklins aus dessen Handbuch für Kaufmänner:

> Bedenke, daß die Zeit Geld ist; wer täglich zehn Schillinge durch seine Arbeit erwerben könnte und den halben Tag spazieren geht, oder auf seinem Zimmer faulenzt, der darf, auch wenn er nur sechs Pence für sein Vergnügen ausgibt, nicht dies allein berechnen, er hat nebendem noch fünf Schillinge ausgegeben oder vielmehr weggeworfen. [...] Bedenke, daß Geld von einer zeugungskräftigen und fruchtbaren Natur ist. Geld kann Geld erzeugen und die Sprößlinge können noch mehr erzeugen und sofort. [...] Wer ein Mutterschwein tötet, vernichtet dessen ganze Nachkommenschaft bis ins tausendste Glied. Wer ein Fünfschillingstück umbringt, mordet (!) alles, was damit hätte produziert werden können: ganze Kolonnen von Pfunden Sterling.[54]

Neben dem Wirtschaften als Selbstzweck, dem „kapitalistischen Geist", lassen sich noch weitere Ingredienzien des Wirtschaftsgeistes der Ferengi im Serienuniversum feststellen: Regeln wie etwa Nr. 6 oder Nr. 17 scheinen die Ferengi als gaunerhafte Delinquenten auszuweisen und transportieren dabei gemeinsam mit ihrem Erscheinungsbild unverkennbar antisemitische Stereotypen.[55] In einem geradezu krassen Widerspruch muss da für den Zuschauer die wirtschaftliche Geisteshaltung erscheinen, die sich die Menschheit der Zukunft in *Star Trek* zu eigen gemacht hat. Das Anhäufen von Wohlstand wurde als Lebensinhalt durch humanistische Handlungsmotive entthront. Resultat davon ist eine relative Bedürfnislosigkeit, denn die bestehenden Gelüste lassen sich vollends mit den zur Verfügung stehenden Gütern befriedigen.

52 Weber: Die protestantische Ethik und der Geist des Kapitalismus, S. 37.

53 Vgl. ebd., S. 35.

54 Ebd., S. 31–32.

55 Vgl. Rauscher: *Das Phänomen Star Trek*, S. 314.

In *Star Trek Das nächste Jahrhundert – Die neutrale Zone* entdeckt die Besatzung um Jean-Luc Picard ein Raumschiff, das seit dem späten 20. Jahrhundert im Weltraum treibt und das drei Menschen an Bord hat, die sich haben einfrieren lassen, weil sie unheilbar krank waren. Nachdem diese Menschen aufgeweckt und erfolgreich behandelt wurden, kommt es im späteren Verlauf der Episode zu einer Auseinandersetzung zwischen Jean-Luc Picard und Ralph Offenhouse, einem Börsenmakler,[56] in der Ersterer Letzteren für seine aus Sicht der Zukunft degenerierte und deformierte Einstellung zu wirtschaftlichen Dingen schilt:

> Picard: Sie haben noch gar nichts begriffen! In den letzten drei Jahrhunderten hat sich unglaublich viel verändert. Es ist für die Menschen nicht länger wichtig, große Reichtümer zu besitzen. Wir haben den Hunger eliminiert, die Not, die Notwendigkeit, reich zu sein. Die Menschheit ist erwachsen geworden. [...]
> Offenhouse: Was wird dann mit uns geschehen? Mein Vermögen gibt es nicht mehr. Ich stehe vor dem Nichts. Was soll ich machen? Wie werde ich leben?
> Picard: Wir sind im 24. Jahrhundert. Materielle Nöte existieren nicht.
> Offenhouse: Was hat man dann noch für ein Ziel?
> Picard: Das werde ich Ihnen sagen, Mister Offenhouse. Sie können sich weiter entwickeln. Ihr Wissen vergrößern. Das ist ein Ziel![57]

Auch unter Ökonomen findet man einen prominenten Humanisten, der prophezeite, die Menschheit werde einen solchen idealistischen Gesinnungswandel erleben. Bei diesem Ökonomen handelt es sich um niemand anderen als John Maynard Keynes. Keynes setzte sich in seinem Essay „Wirtschaftliche Möglichkeiten für unsere Enkelkinder" aus dem Jahre 1930 mit einer Zeit nach dem Kapitalismus auseinander. Für Keynes war der Kapitalismus kein Selbstzweck, sondern ein Mittel, um das Knappheitsproblem zu lösen. Prädestiniert war der Kapitalismus dafür trotz aller moralischer Mängel durch sein ungeheures Maß an Effizienz und die ihm innewohnende Tendenz, Kapital dank der entsprechenden Geisteshaltung zu akkumulieren.[58] Mit seiner Hilfe sollte es möglich sein, in absehbarer Zeit, einem Jahrhundert, das ökonomische Problem zu lösen:

56 Vgl. Hellmann: Star Trek als Utopie der Menschwerdung?, S. 98.

57 *Star Trek: The Next Generation – The Neutral Zone* (*Star Trek: Das nächste Jahrhundert – Die neutrale Zone*, USA 1988, R: James L. Conway).

58 Vgl. Robert Skidelsky / Edward Skidelsky: *Wie viel ist genung? Vom Wachstumswahn zu einer Ökonomie des guten Lebens.* München: Kunstmann 2013, S. 30.

> Was sind die wirtschaftlichen Möglichkeiten für unsere Enkelkinder? [...] Wenn das Kapital um, sagen wir, 2 Prozent pro Jahr wächst, wird sich die Kapitalausstattung der Welt in 20 Jahren um die Hälfte vergrößert haben, und siebeneinhalbmal in 100 Jahren. Stellen Sie sich das einmal in Form stofflicher Dinge vor – Häuser, Transportmittel und ähnliches. [...] Auf lange Sicht bedeutet all dieses, dass die Menschheit dabei ist, ihr wirtschaftliches Problem zu lösen. Ich möchte voraussagen, dass der Lebensstandard in den fortschrittlichen Ländern in hundert Jahren vier- bis achtmal so hoch sein wird wie heute.[59]

Wäre die Menschheit erst soweit, würde sie nicht mehr des Kapitalismus bedürfen. Er hätte sich selbst überlebt. Die Menschheit könnte sich, und hier zeigt sich Keynes' Humanismus, der Verwirklichung höherer Ziele und Ideale widmen:

> Wenn die Akkumulation des Reichtums nicht mehr von hoher gesellschaftlicher Bedeutung ist, werden sich große Veränderungen in den Moralvorstellungen ergeben. [...] Die Liebe zum Geld [...] wird als das erkannt werden, was sie ist, ein ziemlich widerliches, krankhaftes Leiden, eine jener halb-kriminellen, halbpathologischen Neigungen, die man mit Schaudern den Spezialisten für Geisteskrankheiten überlässt. [...] Aber Achtung! Die Zeit für all dies ist noch nicht gekommen. Für wenigstens noch einmal hundert Jahre müssen wir uns selbst und allen anderen vormachen, dass das Anständige widerlich und das Widerliche anständig ist [im englischen Original: fair is foul and foul is fair, C. K.]; denn das Widerliche ist nützlich, das Anständige ist es nicht. Geiz, Wucher und Vorsicht müssen für eine kleine Weile noch unsere Götter bleiben. Denn nur sie können uns aus dem Tunnel der wirtschaftlichen Notwendigkeit ans Tageslicht führen.[60]

Sobald der Kapitalismus seine Aufgabe erfüllt habe und ein bestimmtes Maß an Sättigung eingetreten sei, schaffe er sich selbst ab, weil die Akkumulation von Wohlstand an gesellschaftlicher Bedeutung verlieren und die Kapitalakkumulation zum Erliegen kommen werde.[61] Doch Keynes sollte sich irren. Wir – seine Enkelkinder im übertragenen Sinne – wissen, dass die Menschheit der Lösung des ökonomischen Problems seitdem nicht näher kam, und das, obwohl sich der Wirtschaftsverlauf fast genauso

59 John Maynard Keynes: Wirtschaftliche Möglichkeiten für unsere Enkelkinder. In: Norbert Reuter (Hrsg.): *Wachstumseuphorie und Verteilungsrealität. Wirtschaftspolitische Leitbilder zwischen Gestern und Morgen*. Überarb. Aufl. Marburg: Metropolis 2007, S. 135–147, hier S. 136–140.

60 Keynes: Wirtschaftliche Möglichkeiten für unsere Enkelkinder, S. 143–146.

61 Vgl. Skidelsky / Skidelsky: *Wie viel ist genug?*, S. 17.

entwickelte, wie es Keynes voraussagte.[62] Keynes' Fehler war es, davon auszugehen, dass es einen natürlichen Sättigungspunkt für die menschlichen Begierden gebe. Außerdem unterschätzte er die Eigenart des Kapitalismus immer wieder Bedürfnisse aus dem Nichts zu schaffen, um auf diese Weise unbekannte Absatzquellen zu kreieren.[63] Solange aber der „kapitalistische Geist" als Wirtschaftsgesinnung vorherrscht, gibt es keinen Grund für die Annahme, dass es zu einer Beendigung der Kapitalakkumulation kommen wird, denn auf der Suche nach noch unerschlossenen Profitquellen werden stets neuartige Güter geschaffen und damit Bedürfnisse ausgelöst, die den bislang erworbenen materiellen Wohlstand entwerten.

Fazit

Star Trek weist genügend utopische Attribute auf, um als eine erstrebenswerte „Was-wäre-wenn-Vision"[64] zu gelten, auch wenn sich das Media-Franchise nicht im engeren Sinn zu den klassischen Utopien zählen lässt. Insbesondere der Wirtschaftsgeist, der humanistische Motivationen gegen kapitalistische Effizienz ins Feld führt, verweist auf die sozialutopischen Aspekte in *Star Trek*. Was die Welt, so wie sie *Star Trek* portraitiert, von unserer trennt, sind nicht so sehr die wissenschaftlichen Fortschritte und die unfassbaren technischen Innovationen, als vielmehr die willentliche Entscheidung, die eigenen Begierden bewusst einzuschränken und sich anderen Aufgaben, humanistischen Zielen, zu widmen. Das ist es, was uns, den Zuschauern, *Star Trek* als ökonomische Utopie erscheinen lässt.

62 Vgl. Skidelsky / Skidelsky: *Wie viel ist genug?*, S. 34.
63 Vgl. ebd., S. 41.
64 Hansemann: *Die Philosophie bei Star Trek*, S. 21.

Teil III

Utopische Theorie, ökonomische Praxis

Kybernetischer Sozialismus

Der Computer als Panazee sozialistischer Planwirtschaft

Hannes Gießler

1889 erschien der Roman *Looking Backward* von Edward Bellamy. Darin schläft der Ich-Erzähler im Jahr 1887 eines Abends ein und wacht ungewollt im Jahr 2000 auf – in einer sozialistischen Gesellschaft, die viel zu bieten hat: Fußwege, die sich bei Regen automatisch überdachen, Radios mit Programmauswahl, Dolby-Surround-Lautsprecher-Systeme für den Hausgebrauch sowie ein Produktions- und Distributionssystem, in dem Über- und Unterproduktion durch vernünftige Planung und Regulation verhindert werden. Der Ich-Erzähler, der von Haus aus der Arbeiterbewegung und dem Sozialismus feindlich gesinnt ist, lässt sich angesichts des wirtschaftlichen und technischen Fortschritts, den die Planwirtschaft im Jahre 2000 mit sich gebracht hat, eines Besseren belehren.

Der Roman wurde im ausgehenden 19. Jahrhundert zum Bestseller in der sozialistischen Bewegung. Diese ist Industrie und Technik gegenüber traditionell aufgeschlossen. Mehr noch: Einige Sozialisten setzen große Hoffnungen in den technischen Fortschritt – seit den 60er Jahren des letzten Jahrhunderts besonders in den Computer.

Cybersozialismus

1969 erschien Kenneth S. Keyes' und Jacque Frescos Buch *Looking Forward*, das seinem Titel und Inhalt nach an Bellamys Roman erinnern soll. Es ist erst 2008 bekannt geworden, nachdem Fresco zur Koryphäe einer weltweiten Strömung namens „Zeitgeist" avancierte, die sich im Zuge der Finanzkrise konstituiert hatte, mit *Addendum* einen der meistangeklickten Filme im Internet veröffentlicht hat und eigenen Angaben zufolge heute weltweit eine halbe Millionen Mitglieder zählt. Wie *Looking Backward* huldigt auch *Looking Forward* neben einer Planwirtschaft dem technischen Fortschritt. Mithilfe von Computern und Maschinen, so behaupten die beiden Autoren erwartungsfroh, könne die ganze Welt in einen „Garden of Eden"[1] verwandelt werden. Bilder in dem Buch illustrieren diesen Garten Edens: Unter blauem Himmel auf grünen Wiesen befinden sich sportliche, gutaussehende und zuversichtliche Menschen sowie gigantische, anmutige Maschinen, die Häuser bauen, Wasser in Energie umwandeln, Güter transportieren und bei allem in der Sonne funkeln. Durch Maschinen, so schreiben Fresco und Keyes, ließe sich alle schwere, schnöde Arbeit erledigen; dann hätten alle Menschen endlich genug Zeit, sich als Wissenschaftler, Erfinder, Ingenieure, Mediziner und Künstler zu verwirklichen – wie die alten Griechen, bloß nicht auf Kosten von Sklaven aus Fleisch und Blut, sondern dank Sklaven aus Eisen und Strom. Ihr angestrebtes neues und humanes Griechentum wollen Fresco und Keyes 1969 nicht irgendwann verwirklicht wissen, sondern zügig. Die Fabriken müssten mit den neusten Computern und modernen Robotern ausgerüstet werden, sodann könnten sich die Menschen schrittweise von schwerer und monotoner Arbeit befreien: „Turn the machinery on, step aside, and let it do the work."[2]

In der literarischen Fiktion, die neben einem politischen Manifest die Hälfte des Buchs ausmacht, schildern Keyes und Fresco den Alltag eines Liebespaares im Jahr 2069, einer Zeit, in der alle Forderungen Keyes' und Frescos verwirklicht worden sind. Literatur-Liebhaber dürfen sich nichts von der Fiktion versprechen; die Autoren verzichten auf Dramaturgie

1 Jacque Fresco / Kenneth S. Keyes: *Looking Forward.* South Brunswick: Barnes 1969, S. 46.

2 Ebd., S. 43.

und schildern weder die Liebe der beiden Hauptfiguren noch statten sie diese auch nur ansatzweise mit eigenständigen Charakteren aus. Die Autoren konzentrieren sich auf das Wesentliche, und das ist für sie die technische Welt von morgen. Deren Darstellung dienen Handlungen und Dialoge in der Fiktion, sie lässt sich folgendermaßen zusammenfassen: Die Haushalte organisieren sich selber, kein Mensch braucht mehr einkaufen gehen, staubsaugen oder Fenster putzen. Wenn einer der Bewohner mal einen außerordentlichen Wunsch hat, so sagt er ihn laut vor sich her, sodass der „Cybernator“[3], d.h. der Wohnungscomputer, ihn hört und erfüllt; in der Regel aber kennt der Cybernator die Bedürfnisse und stillt sie, noch bevor sie sich bemerkbar machen können; beispielsweise richtet er die Wohnumgebung individuell und situativ her: Temperatur, Luftfeuchtigkeit, Luftdüfte, Hintergrundmusik, Mahlzeiten und aktuelle Tageszeitungen (via Monitor auf dem Frühstückstisch). Und hat das Pärchen Sex, so sorgt der Cybernator für bestmögliche Rahmenbedingungen, die, im Gegensatz zum Sex, auch beschrieben werden: gedimmtes Licht, mildes Raumklima, entspannte Musik. Gemeinhin kümmert sich der Cybernator auch um die Körper seiner Klientel: Hygiene, Parfümierung, Frisur, Kalorien- und Vitaminhaushalt, Krankheitsschutz, Blutdruck u. dgl. Die Menschen im Jahre 2069 sind so gut behütet, dass sie keine Erkältungen kennen, 150 Jahre alt werden und als 40-Jährige wie 18-Jährige aussehen. Sie haben immerzu weiße Zähne und die Frauen – Cybernator sei Dank! – lebenslang straffe Brüste. Das ist noch nicht alles: Durch Eingriffe in die menschlichen Gene sind unnötige Quellen des Leidens beseitigt worden, etwa der Blinddarm und die weibliche Menstruation. Anderes ist verbessert worden: z.B. die Orgasmus-Frequenz des Mannes. Die jüngeren Menschen tragen seit ihrer Geburt alle schon einen kleinen Chip in ihrem Kopf herum, der ihnen gestattet, komplexe Rechenaufgaben zu lösen, die Vokabeln einer Fremdsprache und Lexika zu speichern, die eigenen Gedanken zu protokollieren, mit anderen Köpfen überall in der Welt zu kommunizieren und mit Corcen1 zu interagieren.

Corcen1 ist das Prunkstück im Jahre 2069, der Zentralcomputer der ganzen Welt, groß wie eine Stadt. Er befindet sich meteoritensicher tief

3 Ebd., S. 51.

unter der Erdoberfläche und kann in einer einzelnen Sekunde mehr leisten als sämtliche Regierungen in Jahren. Weil er nicht nur leistungsstark, sondern zudem nicht korrumpierbar ist, vermag er auch etwas, was nie zuvor geleistet worden ist: Er organisiert die komplette Weltwirtschaft zum Wohle aller. Er leitet die Produktion in weltweit allen Produktionsstätten und sorgt dafür, dass über ein weltweites, unterirdisches Transportsystem alle lokalen Versorgungszentren mit ausreichend Gütern beliefert werden. Von den Cybernatoren, die in allen Wohnungen aufmerksam ihren Dienst tun, weiß Corcen1, was wo gebraucht wird.
Fresco, unterdessen ein steinalter Mann, glaubt auch heute noch an die Möglichkeit einer automatisierten Weltwirtschaft, aber nicht mehr an Corcen1. Anstelle eines zentralen Supercomputers ist in Frescos Vision „AI" getreten: „Artificial Intelligence"[4]. AI wäre überall, wie das Internet. Der Weg zur Verwirklichung eines durch AI gesteuerten und vollautomatischen weltweiten Produktions- und Distributionssystems sei gar nicht so beschwerlich. Mit dem Internet existiere die AI schon ansatzweise; es sei ein Quantensprung in der Evolution der Gesellschaft gewesen, es vereine die Menschen, die Wissenschaften und die Technik weltweit. Jetzt müssten nur noch die Herrschenden dieser Welt vom Thron gestoßen, Geld und Markt abgeschafft werden und interdisziplinäre Teams von Ingenieuren, Computerprogrammierern, Systemanalysten die Welt mit Sensoren und Feedbacksystemen ausstatten, die Bedürfnisse der Menschen registrieren, den Bedarf von Produkten und Dienstleistungen ermitteln, die Produktions- und Lieferketten analysieren und das Produktions- und Distributionssystem Schritt für Schritt automatisieren.

Das sozialistische Vertrauen in die Produktivkräfte

Schon Karl Marx' Hoffnungen ruhten auf dem Fortschritt der Industrie und der Wissenschaft, d. h. der Produktivkräfte der Menschen. In seiner Schrift *Kritik des Gothaer Programms*, in der er den Verein freier Menschen bzw. den Kommunismus skizziert, unterteilt er diesen in eine erste und eine höhere Phase.[5] In der ersten Phase herrsche das Prinzip

4 Jacque Fresco: *The Best that Money Can't Buy. Beyond Politics, Poverty & War*. Venus: Global Cyber-Visions 2002, S. 59.

5 Karl Marx: Kritik des Gothaer Programms. In: *Marx-Engels-Werke* (*MEW*), Bd. 19. Berlin: Dietz 1975, S. 11–32.

der Tauschgerechtigkeit. Die Menschen bekämen von der Gesellschaft in Form von Gütern zurück, was sie ihr in Form von Arbeitsleistung gegeben hätten. Allerdings habe dieses Prinzip der Tauschgerechtigkeit einen entscheidenden Mangel: Es sei ungerecht. Denn unter der Herrschaft dieses Prinzips würden die Menschen, ob jung oder alt, schwach oder stark, kinderreich oder kinderlos, nur unter dem Gesichtspunkt ihrer Arbeitsleistung bewertet. Indes könne dieses einseitige und ungerechte Prinzip der Tauschgerechtigkeit vorerst nicht beseitigt werden. Denn zum Zwecke der Verteilung leidiger, aber gesellschaftlich notwendiger Arbeit gebe es kein gerechteres Prinzip. Sobald jedoch die Menge gesellschaftlich notwendiger Arbeit durch die Entwicklung der Produktivkräfte, also durch Wissenschaft und Industrie, entscheidend verringert worden wäre, brauchten die Menschen nur noch solchen Arbeiten nachgehen, für die sie sich berufen fühlten. Im Wortlaut: Wenn „alle Springquellen des genossenschaftlichen Reichtums voller fließen", könnte eine höhere Phase des Kommunismus beginnen und sich die Gesellschaft endlich „auf ihre Fahne schreiben: Jeder nach seinen Fähigkeiten, jedem nach seinen Bedürfnissen!"[6]

Es lässt sich nicht klären, ob Marx' Worte, wonach die Springquellen des Reichtums voller fließen werden, gewollt oder nur zufällig an jenes Heilige Land erinnern, worin Milch und Honig fließen. Mindestens aber lehnt Marx, wenngleich er sich nicht als Utopist sieht, die Inhalte der Utopien nicht ab. Er will die Inhalte aus den Utopien befreien; sie sollen sich realisieren, etwa Verhältnisse, in denen die Maschinen die Menschen mit Lebensmitteln versorgen. In diesem Sinne zitiert er die Utopie des antiken Dichters Antipatros:

> Schonet der mahlenden Hand, o Müllerin, und schlafet
> Sanft! Es verkündet der Hahn euch den Morgen umsonst!
> Däo hat die Arbeit der Mädchen den Nymphen befohlen,
> Und itzt hüpfen sie leicht über die Räder dahin,
> Daß die erschütternden Achsen mit ihren Speichen sich wälzen,
> Und im Kreise die Last drehen des wälzenden Steins.
> Laßt uns leben das Leben der Väter, und laßt uns der Gaben
> Arbeitslos uns freun, welche die Göttin uns schenkt.[7]

6 Ebd., S. 21.

7 Zit. n. Karl Marx: *Das Kapital. Kritik der politischen Ökonomie. Erster Band. MEW*, Bd. 23. Berlin: Dietz 1975, S. 431, Fn. 156.

Das ist eine der Ideen des Sozialismus: Durch Industrialisierung der Produktion sollen die Menschen entlastet werden und weder hungern noch frieren. In den Worten von Oscar Wilde, aus einem Text, mit dem er für den Sozialismus Partei ergreift:

> Die Maschine muss für uns in den Kohlengruben arbeiten und gewisse hygienische Dienste tun und Schiffsheizer sein und die Strassen reinigen und an Regentagen Botendienste tun und muss alles tun, was unangenehm ist. Jetzt verdrängt die Maschine den Menschen. Unter richtigen Zuständen wird sie ihm dienen.[8]

Günther Anders hingegen warnte vor der Vorstellung, im Sozialismus würde die Industrie plötzlich viel mehr zum Glück der Menschen beitragen als im Kapitalismus.[9] Wiewohl Anders die Industrie und den technischen Fortschritt keineswegs vollständig ablehnt und den Wunsch würdigt, vermittels Maschinen dem Schlaraffenland näher zu kommen,[10] so fordert er doch mehr Skepsis und verweist auf die den Maschinen innewohnende Eigenlogik. Maschinen, so Anders, würden sich nicht willfährig den gesellschaftlichen Verhältnissen anpassen und auch nicht plötzlich nur noch die Ansprüche der Menschen erfüllen; sie haben ihre eigenen Bewegungsgesetze und haben selber Ansprüche, etwa nach Energie und Wartung.[11] Zudem und ebenso unabhängig von den gesellschaftlichen Verhältnissen liefen die Menschen Gefahr, durch die Perfektionierung ihrer Umgebung mittels Maschinen eine dermaßen perfekte Umgebung zu konstruierten, dass sie am Ende selber in die Verlegenheit kämen oder gar gezwungen würden, sich ihrerseits der Umgebung entsprechend zu perfektionieren – beispielsweise durch „Human Engineering“[12].

8 Oscar Wilde: Der Sozialismus und die Seele des Menschen (1891). In: Ders.: *Drei Essays*. Berlin: o. V. 1904, S. 7–98, hier S. 45.

9 Vgl. Günther Anders: *Die Antiquiertheit des Menschen*, Bd. 2: Über die Zerstörung des Lebens im Zeitalter der dritten industriellen Revolution. München: Beck 2002, S. 108, 126.

10 Vgl. ebd., S. 127, 288, 336–337, 344.

11 Vgl. ebd., S. 115–127.

12 Günther Anders: *Die Antiquiertheit des Menschen*, Bd. 1: Über die Seele im Zeitalter der zweiten industriellen Revolution. München: Beck 2002, S. 37, 89.

Sowjetunion: Automatisierung der Produktion

Die Planung und Leitung der Volkswirtschaft stellte sich im Realsozialismus als schwieriges Unterfangen heraus. Denn wie das industrielle Niveau und die Komplexität der volkswirtschaftlichen Produktion wuchs, wuchs das Dilemma zwischen den zwei Alternativen in der Wirtschaftspolitik: entweder Stärkung der Befehlswirtschaft und damit der Aus- und Aufbau eines noch kolossaleren Planapparats oder Konzessionen an den Markt und somit Rehabilitierung der Marktwirtschaft.

Eine Rechnung des Kybernetikers Viktor Gluschkow in den 70er Jahren verdeutlicht das Problem: Um dem Ziel einer komplett geplanten sowjetischen Volkswirtschaft gerecht zu werden, müssten jährlich zehn hoch sechszehn Planoperationen bewältigt werden. Diese Aufgabe, so errechnet Gluschkow, würde den Einsatz von zehn Milliarden gut ausgebildeten Mitarbeitern erfordern – sofern diese über keine technischen Hilfsmittel verfügten. Viel besser sähe die Sache mit den modernsten technischen Hilfsmitteln aus:

> Nehmen wir einen solchen Rechner wie „Minsk 32" […]. Er ist in der Lage, bis zu 30.000 arithmetische Operationen in der Sekunde auszuführen. Da ein Jahr ungefähr 30 Millionen Sekunden hat, kann man leicht berechnen, daß […] unter Berücksichtigung möglicher Zeitverluste […] für die Durchführung der oben genannten zehn hoch sechzehn Operationen im Jahr 25.000 bis 30.000 derartige Maschinen erforderlich wären.[13]

Gluschkow hatte eine Vision und nannte sie OGAS (transkribiert: Obschya-Gosudarstvennaya Automatizirovonaya Sistema) – ein automatisiertes System der Informationserfassung und -verarbeitung zum Zwecke der Leitung der Volkswirtschaft. OGAS sollte eine Planwirtschaft in Echtzeit ermöglichen. Akute Information, sei es ein plötzlicher Produktionsausfall, eine neue Erfindung oder eine signifikante Änderung in den Bedürfnissen der Bevölkerung, würden von den Elektronischen Datenverarbeitungsautomaten (EDVA) sofort in Hinblick auf sämtliche Produktions- und Lieferketten bis ins letzte Glied berechnet. Später übrigens, sobald alle Betriebe durch Computer an das Netz angeschlossen wären, sollten auch die Privathaushalte mit Computern ausgerüstet und

13 Gennadi Wassiljewitsch Maximowitsch: *Kybernetik. Computer. Gesellschaft. Ein Gespräch mit V.M. Gluschkow*. Berlin: VEB Verlag Technik 1979, S. 68.

ans Netz angeschlossen werden, damit OGAS noch spontaner auf die Bedürfnisse reagieren könnte.
Gluschkow stellte seine Vision 1962 im Kreml vor. Es wurde eine Kommission gebildet. Diese musste bald konstatieren, dass der wissenschaftliche Aufwand gigantisch werden würde: Sämtliche Informationen in der Volkswirtschaft müssten formalisiert werden, damit sie durch die EDVA verarbeitet werden könnten. Allein die Realisierung aller Voraussetzungen, errechnete die Kommission, würde anderthalb Jahrzehnte beanspruchen und den sowjetischen Haushalt jährlich in einer Höhe belasten wie das Atomwaffen- und Raumfahrtprogramm zusammen. Die Stimmen der Bedenkenträger wurden lauter. Nikolai Fedorenko, Direktor des Moskauer Instituts für Wirtschaftsmathematik, zufolge gebe es keinerlei Garantie, dass sich die gesamte Volkswirtschaft überhaupt formalisieren ließe.[14] Gluschkow kämpfte weiter. Immerhin wurde auf dem XXVI. Parteitag der KPdSU 1981 das gesamtstaatliche automatisierte Leitungssystems kurz als Langzeitprojekt erwähnt.
Im Grunde wollte Gluschkow nur das Beste: Die Menschen sollten durch die kybernetische Automatisierung „von eintöniger und langweiliger geistiger Tätigkeit befreit“ werden.[15] Jedoch lässt sich schon in der Konzipierung von OGAS jener „dialektische Punkt“[16] ausmachen, wo der Zweck der Industrie ins Gegenteil umschlägt und die Industrie nicht mehr den Menschen dient, sondern sie zu beherrschen beginnt und sie dazu zwingt, sich perfekt in ihr Gefüge einzupassen. So schwärmt ein sowjetischer Wissenschaftler von OGAS: Dieses System würde das „umfangsreichste und das komplizierteste Mensch-Maschine-System der Welt darstellen“[17] und erfordere

> insbesondere den Einsatz von Psychologen und Spezialisten für die Ergonomik (Mensch-Maschine-System), um die Gewähr zu geben, daß die Arbeiten der menschlichen und der maschinellen Blöcke aufeinander abgestimmt sind, daß ihre

14 Vgl. Slava Gerovitch: *From Newspeak to Cyperspeak. A History of Soviet Cybernetics.* Boston: MIT Press 2002, S. 273–274.

15 Maximowitsch: *Kybernetik. Computer. Gesellschaft*, S. 241.

16 Anders: *Die Antiquiertheit des Menschen*, Bd. 2, S. 127.

17 Efrem Zalmanovich Maiminas: Das Problem des Aufbaus automatisierter Leitungssysteme in der Wirtschaft. In: Wassili Sergejewitsch Nemtschinow (Hrsg.): *Informationsströme in der Wirtschaft.* Berlin: Verlag Dokumentation 1971, S. 151–165, hier S. 164.

> Kommunikation und Wechselwirkung reibungslos verlaufen und die Störanfälligkeit des gesamten Systems (darunter auch gegenüber subjektiven Faktoren) sehr gering gehalten wird.[18]

Und einer der wichtigsten Philosophen der DDR frohlockt:

> Die kybernetische Maschinenwelt wird die produzierende Menschheit zu einem Kollektiv exakt denkender Naturwissenschaftler und Mathematiker zusammenschmieden.[19]

Eine solche Menschheit, wie sie der Wissenschaftler und der Philosoph hier erhoffen, sähe dem Volk der Borg aus dem *Star-Trek*-Universum nicht ganz unähnlich.

Anfangs hatte die Kybernetik auch im Westblock zu solch alptraumhaften Blütenträumen verführt. So schwärmt etwa der Dominikanermönch Pater Durbale in seinem Text „Une nouvelle science: la cybernetique", welcher im Dezember 1948 in der großen französischen Tageszeitung *Le Monde* erschienen war, von den „faszinierenden Perspektiven einer rationalen Steuerung menschlicher Vorgänge" und

> einer Zeit, in der an die Stelle der heute so offensichtlichen Unvollkommenheit der Köpfe und herkömmlichen politischen Instrumente eine Regierungsmaschine tritt.[20]

Fast eine solche Regierungsmaschine wollte der englische Kybernetiker Stafford Beer im sozialistischen Chile schaffen.

Chile: Computergesteuerte Volkswirtschaft

Die Initiative, Beer, den Begründer der Management-Kybernetik, zu kontaktieren, war im Sommer 1971 von Fernando Flores, einem jungen chilenischen Regierungsbeamten, ausgegangen. Flores schrieb Beer einen Brief und bat um Tipps zur Organisation der staatlichen Wirtschaft. Beer wollte mehr und landete wenige Monate später in Santiago,

18 Ebd., S. 162.

19 Georg Klaus: *Kybernetik und Gesellschaft*. Berlin: Deutscher Verlag der Wissenschaften 1964, S. 119.

20 Zit. n. Philippe Rivière: Der Staat als Maschine. Das Kybernetik-Experiment in Allendes Chile. In: *Le Monde diplomatique*, 12.10.2010, S. 12.

in seinem Gepäck das fertige Manuskript eines Buches, das 1972 erscheinen sollte: *Brain of the Firm* (dt. *Kybernetische Führungslehre*).
Gleich nach einem Gespräch mit dem Präsidenten Salvador Allende begann das Projekt unter dem Namen „Cybersyn". Das Team um Beer hatte große Pläne, in der Praxis wurde notgedrungen klein angefangen. Mit 400 Fernschreibern und einem zentralen Rechner (IBM 360/50), dem besten, der damals in Chile aufzutreiben war, wurde ein Informationsnetz aufgebaut. Darin waren dreißig der hundert staatlichen Industriebetriebe im August 1972 vernetzt. *The British Observer* titelte am 7. Januar 1973 auf der ersten Seite: „Chile run by Computer". Die Fernschreiber gaben täglich ihre Daten über Tagesproduktion, Arbeitskraft und Energieverbrauch durch, sodass die Zentrale immer über die wirtschaftlichen Entwicklungen im Land informiert war und auf wirtschaftliche Disproportionalitäten oder andere Anzeichen von Krisen reagieren konnte. Sobald ein Betrieb die Planvorgaben nicht einhielt, sandte ihm der Zentralcomputer automatisch ein sogenanntes algedonisches Signal zu, d. h. ein Signal, das einen kritischen Zustand anzeigte, ganz so, wie der Schmerz (altgr. Algos) im Nervensystem einen kritischen Zustand signalisiert. Dem Betrieb blieb dann etwas Zeit, das Problem zu lösen. Blieb das Problem aber bestehen, wurde das Warnsignal an eine höhere Instanz durchgegeben. Konnte das Problem auch von dieser nicht gelöst werden, benachrichtigte der Computer eine noch höhere Instanz, usf.[21]
Erfolg und Misserfolg von Cybersyn lassen sich schwer einschätzen. Zu viele schwerwiegende Faktoren, insbesondere Inflation, Embargos, Streiks, Bürgerkrieg und die Abwanderung von Fachkräften, bedrückten die chilenische Volkswirtschaft.
Hätte Cybersyn mehr als drei Jahre Zeit gehabt, wer weiß, was daraus geworden wäre. Beer schwebte eine technisch hochgerüstete Operationszentrale vor. Diese im Präsidentenpalast bauen zu lassen, hatte Allende versprochen. Es kam nicht mehr dazu, ein Putsch beendete Allendes Regentschaft. Näheres zur Operationszentrale findet sich u. a. in jenem Buch, dessen Manuskript Beer nach Chile mitgenommen hatte. Darin empfiehlt er Unternehmen, aber auch Regierungen, die Errichtung

21 Vgl. Stafford Beer: Fanfare for Effective Freedom. Cybernetic Praxis in Government. http://www. http://williambowles.info/sa/FanfareforEffectiveFreedom.pdf (Zugriff am 25.04.2012), S. 5.

solcher Zentralen. Sie würden es erlauben, „in Echtzeit"[22] zu managen. „Echtzeit" war auch Beers angestrebtes Ziel in Chile. In den bisherigen Planwirtschaften, so Beer, seien die Pläne unflexibel gewesen[23]. Dieser Nachteil der Planwirtschaft ließe sich durch das kybernetische Informationsnetz und die Operationszentrale beheben. Das Netz würde die Informationen aufnehmen, die Computer in der Zentrale würden sie verarbeiten und filtern, die Planer müssten dann nur noch auf Grundlage der wichtigsten Informationen die Produktionspläne erstellen, und zwar im Gleichtakt mit den Wirtschaftsprozessen im Land.

Hingebungsvoll malt Beer die Operationszentrale en détail aus: Darin würden sieben kreative Denker (denn sieben Denker seien kybernetischen Erkenntnissen zufolge die perfekte Anzahl für ein kreatives Team) mit den Computern, welche „als zusätzliche Gehirnlappen"[24] dienten, eine Symbiose bilden – ohne umständliche Tastaturen und störende Sekretärin, diesem „girl between themselves and the machinery"[25]. Durch Rädchen, welche in den digitalen Anzeigen eingebaut wären, könnten die sieben Denker probehalber bestimmte Dispositionen verändern, z.B. die Anzahl von Arbeitern in einem bestimmten Produktionsbereich. Die Computer berechneten dann umgehend die Folgen und Voraussetzungen. Schließlich, nach der Simulation verschiedener Varianten, könne sich das siebenköpfige Operationsteam für die beste entscheiden.

Eine Attrappe des Operationsraumes war mit Einwilligung Allendes schon 1972 in Echtgröße in Santiago gebaut worden. Auf Fotos[26] sind auf dunklem Fußboden sieben weiß-rote Drehsessel zu sehen, die ausschauen wie der Chefsessel von Captain Kirk auf dem Raumschiff Enterprise und sich, Beschreibungen Beers zufolge,[27] im 270-Grad-Winkel drehen lassen. An ihren großen Armlehnen sind Ensembles von großen dreieckigen, quadratischen und runden Knöpfen montiert. Die sieben

22 Stafford Beer: *Kybernetische Führungslehre*. Frankfurt am Main: Herder & Herder 1973, S. 204.

23 Vgl. Beer: Fanfare, S. 8.

24 Beer: *Kybernetische Führungslehre*, S. 204.

25 Beer: Fanfare, S. 22.

26 Vgl. Eden Medina: Designing Freedom, Regulating a Nation. Socialist Cybernetics in Allende's Chile. In: *Journal of Latin American Studies* 38 (2006), S. 571–606, hier S. 590.

27 Vgl. Beer: Fanfare, S. 21.

Stühle sind in einem Kreis angeordnet, der Kreis befindet sich innerhalb eines sechseckigen, fensterlosen Raumes. An den Wänden hängen quadratische Monitore und andere technische Apparate. Auf einem Monitor ist ein kybernetisches Schema zu sehen: Ein Rechteck, welches Dreiecke und Kreise miteinander verbindet. Vielleicht handelt es sich um das Schema der chilenischen Volkswirtschaft.

Beer habe das menschliche Zusammenleben fälschlicherweise als System interpretiert, behauptet der berühmte chilenische Biologe Humberto Maturana.[28] Maturana hatte schon Anfang der siebziger Jahre großes Ansehen unter Wissenschaftlern genossen, gerade unter Kybernetikern, die seiner Theorie den Begriff der Autopoiesis entlehnt hatten, und Beer hatte gehofft, diese Berühmtheit für Cybersyn gewinnen zu können. Maturana aber hatte abgelehnt und legt, 40 Jahre später im Interview, die Gründe dar: Den Ansatz, biologische Systeme und menschliche Gesellschaften zu vergleichen, halte er für sehr begrenzt. Ein Organismus sei eine Ganzheit, deren Komponenten, z. B. Zellen, einen Funktionszusammenhang bildeten und diesem subordiniert seien. Die Gesellschaft aber sei kein Funktionszusammenhang von willenlos ineinandergreifenden Komponenten. Der Mensch verfüge über ein Vermögen, das Zellen und Organen fehle: das zur Reflexion und zur Vernunft. Ein Mensch könne hinterfragen, was er mache, und es bleiben lassen und zudem über seine Nachbarn, Vorgesetzten und die Gesellschaft räsonieren. Eine Zelle könne all das nicht und sei daher als Komponente innerhalb eines Organismus gut zu gebrauchen. Der Mensch, so Maturana, könnte nur dann zu einer willfährigen Komponente eines Funktionszusammenhangs werden, wenn seine Robotisierung gelänge. Zum Glück sei das unwahrscheinlich. Also wäre Cybersyn, so spekuliert Maturana, früher oder später gescheitert. Der Mensch wolle nicht, dass irgendwo in einer Operationszentrale entschieden würde, was er zu tun habe. Was eine Regierung leisten könne und müsse, so fährt Maturana fort, sei nicht, die Gesellschaft als System zu steuern, sondern einen Raum zu schaffen, in dem alle Menschen nach ihrem Gusto leben könnten.

28 Humberto Maturana: Interview zum Projekt Cybersyn. http://ru-cybersyn.livejournal.com/49042.html (Zugriff am 25.03.2015).

Schmunzelnd berichtet Maturana auch noch eine Anekdote, die von Beer überliefert ist.[29] Nachdem Beer Allende das kybernetische Modell der chilenischen Volkswirtschaft erstmals vorgestellt hatte, habe er speziell auf die Operationszentrale hingewiesen und zu Allende gesagt: „Und hier, Genosse Präsident, sitzen Sie!“ Der Präsident aber habe geantwortet: „Nein, dort wird das Volk sein!“ Diese Replik ist natürlich sympathisch, aber sie impliziert ein Problem, das im engeren Sinne nicht zu lösen ist: Das ganze Volk passt nicht in eine Operationszentrale. „Müsste es gar nicht“, würde Jacque Fresco wahrscheinlich entgegnen. Die Operationszentrale könnte doch vollautomatisch arbeiten.

29 Beer: Fanfare, S. 20.

The Colonial Order of Things its AlterNatives[1]

Katja Rieck

In trying to understand the emergence of new conceptions of reality and the dynamics of socio-political change (or stasis), utopia can serve as a useful heuristic concept. For sociologists it has come to denote social practices, often, although not necessarily, discursive, through which actors in a specific social situation express their desire for a better way of being.[2] Generally, this involves imagining a state of being in which some collective problem is solved.[3] As expressions of the experience of this collective problem, they draw attention to the sense of lack and frustration around which coalesces shared definitions of needs and values that are not being met under the status quo. This moment of critical reflection on the current state of reality is central to a social group's emergent sense of self-awareness and its potential constitution as a community of interest and action.[4] In this regard, utopias are windows on the

1 The term AlterNative was first introduced by Dilip Gaonkar in his collected volume on alternative modernities, see Dilip Parameshwar Gaonkar (ed.): *AlterNative Modernities*. Durham / London: Duke UP 2001.

2 Ruth Levitas: *The Concept of Utopia* [1990]. Oxford: Lang 2011, p. 221.

3 Ibid., p. 222.

4 Although Michel Foucault was not explicitly concerned with utopias (and in fact preferred to concern himself with what he called heterotopias), his elucidations of the concept of problematization in the context of the 1968 student movements suggest

dynamics of sociogenesis or transformation that are immanent to a society.[5] Moreover, by conceptualising a better way of being, actors question the legitimacy of the status quo (however implicitly or explicitly), which may further raise questions regarding the rightness of the predominant view of society, along with the very truth regimes that define this.[6] Utopias thus also play into processes by which regimes of power/knowledge (by which definitions of reality are circumscribed) shift, or become transformed, enabling the conceptualisation of new possibilities and the shifting of the horizon of the real. At the same time, since utopias are the outcomes of social practices, their emancipatory potential is always conditioned by how well actors use pre-existing rules of the game to their own advantage. Consequently, they are subject to the limitations of the social positions of the utopianists themselves.[7]

In the particular case chosen here,[8] I will briefly outline the centrality of science, classical economics in particular, to the naturalisation of a colonial order of things in which England was accorded the role of first manufacturing country and India the role of producer of raw materials. This will provide the context for a discussion of how Indian intellectuals of the late 19th and early 20th centuries critical of the Anglo-Indian colonial government contested the policies of an administration that prided itself on good government ostensibly based on sound science and a full

that utopian imaginings are key to initiating and working through problematizations. See Michel Foucault: Polemics, Politics, and Problematizations, trans. from the French by Lydia Davis. In: Paul Rabinow (ed.): *The Essential Works of Foucault 1954–1984*, vol. 1: Ethics: Subjectivity and Truth [1984]. New York: Penguin 1994, pp. 111–120. Unfortunately this suggestive line of inquiry is beyond the scope of the present paper.

5 Cf. Karl Mannheim: *Ideology and Utopia: An Introduction to the Sociology of Knowledge* [1936]. San Diego: HBJ Books 1985, here pp. 210–211.

6 Cf. ibid., pp. 7–52; also Foucault: Polemics, Politics, and Problematizations, pp. 114–115.

7 Cf. Mannheim: Ideology and Utopia, pp. 206–208.

8 The research on which this contribution draws, part of a three-year dissertation project supervised by Prof. Dr. Karl-Heinz Kohl, was funded by the Deutsche Forschungsgemeinschaft and conducted under the aegis of the Cluster of Excellence "The Formation of Normative Orders" at the Johann Wolfgang Goethe University Frankfurt am Main. Warm thanks go to Gunnar Stange who commented on earlier versions of the text and especially Silja Thomas and Johannes Glaeser for their astute engagement with the ideas in this paper and their constructive comments.

grasp of the facts. Against this, they began to formulate their own perspectives on Indian reality, also grounding these in scientific arguments. Based on this assertedly different conception of 'the facts' circumscribing the condition of the subcontinent, Indian intellectuals began to articulate Indian alternatives to the British conception of good government. These conceptions of a "better way of being" were ultimately key in the transformation of the Indian critique of British policy into an explicitly nationalist, and positive, sense of Indian identity. At the same time, such Indian utopias also functioned as interventions in scientific discourse, both drawing on and feeding back into the growing amount of scholarship in England, Ireland and elsewhere that was critical of classical (Ricardian) economics. Ultimately, science not only made colonial rule possible, it also made possible its undoing. The paper thus considers the role of utopias in contesting and destabilising existing truth regimes (and the political edifices in which they are imbricated) to make possible new perspectives on the world and new ways of being in it. In the discussion of the case material the contribution will draw on the analytics of Michel Foucault, which proved helpful in teasing out the complex ways in which political power, economic theory and utopian imaginings are mutually implicated.

Free Trade, Political Economy and the Colonial Order of Things

Between the 16th and 18th centuries, the growing importance of trade and commerce to England's political and financial interests, as well as its definition of the kingdom's cultural identity, brought forth the idea of the moral and civilisational value of trade and commerce.[9] An important attribute of commercial society was that trade could effect the political integration of a kingdom divided by religious and cultural differences,

9 John Brewer: *The Sinews of Power: War, Money and the English State, 1688–1783*. London: Unwin Hyman 1989; Asa Briggs: Middle-Class Consciousness in English Politics, 1780–1846. In: *Past and Present* 9 (1956), pp. 65–74; Stefan Collini / Donald Winch / John Burrow: *That Noble Science of Politics: A Study in Nineteenth-Century Intellectual History*. Cambridge: Cambridge UP 1983; William Letwin: *The Origins of Scientific Economics: English Economic Thought 1660–1776*. London: Methuen 1963; James Steuart: *An Inquiry into the Principles of Political Oeconomy: Being an Essay on the Science of Domestic Policy in Free Nations*. 3 vols [1770]. London / Tokyo: Routledge / Thoemmes 1992, here vol. 1, p. 84.

while at the same time furthering the common good.[10] This idea had already been instrumental to the integration of Ireland into Great Britain,[11] and it also became important to the legitimacy of British activities in India. Proponents of the expansion of British undertakings there argued that trade and commerce would allow the subcontinent's peaceful incorporation into the British Commonwealth, while resolving the internal contradictions between Britain's economic, political and military interests, the (British) public's scepticism regarding the economic viability of the colonial enterprise, and the ideological reservations regarding the moral and ethical ramifications of colonial rule in light of 'liberal and enlightened' values.[12]

Scientific justification for India's peaceful integration into the British Empire through trade was provided by the work of David Ricardo. In his *On the Principles of Political Economy and Taxation* he wrote:

> Under a system of perfectly free commerce, each country naturally devotes its capital and labour to such employments as are most beneficial to each. This pursuit of individual advantage is admirably connected with the universal good of the whole. By stimulating industry, by rewarding ingenuity, and by using most efficaciously the peculiar powers bestowed by nature, it distributes labour most effectively and most economically: while, by increasing the general mass of productions, it diffuses the

10 Peter N. Miller: *Defining the Common Good: Empire, Religion and Philosophy in Eighteenth-Century Britain.* Cambridge: Cambridge UP 1994, esp. ch. 3, also pp. 161–164, 204–213, 400–412.

11 Thomas A Boylan / Timothy P. Foley: *Political Economy and Colonial Ireland: The Propagation and Ideological Function of Economic Discourse in the Nineteenth Century.* London: Routledge 1992.

12 William J. Barber: *British Economic Thought and India, 1600–1858: A Study in the History of Development Economics.* Oxford: Clarendon 1975; Bernard Semmel: The Philosophic Radicals and Colonialism. In: *The Journal of Economic History* 21,4 (1961), pp. 513–525; id.: *The Rise of Free Trade Imperialism: Classical Political Economy and the Empire of Free Trade and Imperialism, 1750–1850.* Cambridge: Cambridge UP 1970; Brian Stanley: Commerce and Christianity: Providence Theory, the Missionary Movement, and the Imperialism of Free Trade, 1842–1860. In: *The Historical Journal* 26,1 (1983), pp. 71–94; Eileen P. Sullivan: Liberalism and Imperialism: J. S. Mill's Defense of the British Empire. In: *Journal of the History of Ideas* 44,4 (1983), pp. 599–617; Donald O. Wagner: British Economists and the Empire I. In: *Political Science Quarterly* 46,2 (1931), pp. 248–276; id.: British Economists and the Empire II. In: *Political Science Quarterly* 47,1 (1932), pp. 57–74; D. N. Winch: Classical Economists and the Case for Colonization. In: *Economica* 39,120 (1963), pp. 387–399.

> general benefit, and binds together by one common tie of interest and intercourse, the universal society of nations throughout the civilized world.[13]

Ricardo's theory of comparative advantage, which postulated the benefits of economic specialisation and the promotion of international trade, provided the scientific justification for the proposed colonial order in which England would take on the role of "workshop of the world", while India would serve as the "first producing nation" that provided England with the raw materials necessary for its manufacturing activities.[14] Such economic specialisation manifested the common good underlying the reason of empire by ensuring the most efficient allocation of labour and resources, bringing economic uplift to both countries and promoting the general welfare. By presenting these respective economic roles as manifestations of the natural order of things, necessity was fused with morality and foreclosed discussion on the (unequal) power relations that both made such a relationship possible and sustained it.[15] That Indian industry had in the course of the 17th century been more or less decimated by measures such as bans on the importation of calico cloth that served to discourage the importation of Indian textiles in order to protect the British textile industry was a historical detail never mentioned.[16] And so, the fact that Britain's status of "workshop of the world" was not the result of some happy natural circumstance, nor an act of divine grace, but rather the outcome of concerted political (and military) efforts, was (conveniently) forgotten.

13 David Ricardo: *On the Principles of Political Economy and Taxation* [1817]. New York: Olms 1977, p. 156. He devotes all of chapter 6 to foreign trade, and chapter 23 to the virtues of free trade in the colonial context. On Ricardo's influence in British politics, see S. G. Checkland: The Propagation of Ricardian Economics in England. In: *Economica* 16 (1949), pp. 40–52.

14 Eric Stokes: *The English Utilitarians and India.* Oxford: Clarendon 1963, pp. 46–47.

15 Cf. Miller: *Defining the Common Good*, p. 413.

16 Cf. Woodruff D. Smith: *Consumption and the Making of Respectability, 1600–1800.* New York / London: Routledge 2002, pp. 53–60. However, as Smith also points out, the politics of the Calico Acts banning the importation of calico cloth were complex, bringing together numerous interest groups that not only had a stake in the British textile industry but also sought to limit the power and influence of joint-stock companies, like the British East India Company. See also, Peter Harnetty: The Indian Cotton Duties Controversy, 1894–1896. In: *The English Historical Review* 77,305 (1962), pp. 684–702; id.: The Imperialism of Free Trade: Lancashire and the Indian Cotton Duties, 1859–1862. In: *The Economic History Review* 18,2 (1965), pp. 333–349.

Free Trade: From Science to "Sham"

That science might be imbricated in political interests did not escape Indian intellectuals. Thus, in 1891, Lala Murlidhar, a delegate from Punjab, cynically remarked during a plenary session of the Indian National Congress:

> I know that it was pure philanthropy which flooded India with English made goods, and surely, if slowly, killed out [sic] every indigenous industry – pure philanthropy which, to facilitate this, repealed the import duties and flung away three crores of revenue which the rich paid, and to balance this wicked sacrifice raised the Salt tax, which the poor pay [...] the phantasm of free trade drains us. [...] Free Trade, fair play between nations, how I hate the sham! What fair play in trade can there be between impoverished India and the bloated capitalist England? [...] No doubt it is all in accordance with high economic science, but, my friends, remember this – this, too, is starving your brethren.[17]

For this reason, a good number of Indian intellectuals who were engaged with the situation of India under British rule began to question the economic principles upon which the British had based their colonial policy. Was it indeed, as Murlidhar had suggested, that the British were simply using science to justify plundering the subcontinent for their own benefit? Or, were Ricardo's principles not wholly mistaken, only inconsistently or improperly applied?[18]

By the late 19th century, Ricardo's work had been subject to growing controversy among European intellectuals, particularly with regard to his deductive approach, which had become the methodological standard in the discipline of political economy. However, the political economists affiliated with the East India Company had been especially sceptical of Ricardo's work as early as the first half of the 19th century, given the empirical material that the Anglo-Indian administration provided did not fit with many of Ricardo's basic theoretical premises.[19] Instead, this

17 Lala Murlidhar in his 1891 address to the Indian National Congress, as quoted in Manu Goswami: *Producing India: From Colonial Economy to National Space*. Chicago: University of Chicago Press 2004, p. 214.

18 For a summary of some of the debates see, for example, Bipan Chandra: *Economic Nationalism in India: Economic Policies of Indian National Leadership, 1880–1905*. New Delhi: People's Publishing House 1966; Vijay Chandra Prasad Chaudhary: *Imperial Policy of British in India (1876–1880): Birth of Indian Nationalism*. Calcutta: Punthi Pustak 1968; Ajit K. Dasgupta: *A History of Indian Economic Thought*. London: Routledge 1993.

19 Salim Rashid: Richard Jones and Baconian Historicsim at Cambridge. In: *Journal*

material showed that human behaviour was not universally rational in the sense Ricardo had postulated, but historically and culturally specific, shaped by local worldviews, institutions and customary practices. In consequence, economists like Richard Jones argued for a return to an empirically grounded, inductive methodology, recalling the empiricist tradition of Francis Bacon. Then, in the course of the catastrophic famine in Ireland (1845–1852), the Indian uprisings of 1857, as well as the series of famines that plagued India during the second half of the 19th century, Ricardian economics, which had played such an influential role in justifying government policy, was increasingly called into question. For it was precisely in those places where it was hoped that scientifically grounded policy guided by its principles would bring to Britain's imperial subjects peace and prosperity that government had patently failed, at intolerable human cost.[20]

of Economic Issues 13,1 (1979), pp. 159–173. The genealogy of the emergence of a historical school of economics in the British context is complex. As Rashid notes, Jones himself seems to not have had much of an impact after the mid 19th century. The interest in an inductive methodology and historical/comparative approach seems to have developed further under two significant influences: 1) that of Sir Henry Maine, who in turn profoundly influenced an entire generation of young scholars, including the Irish economist T. E. Cliffe-Leslie and 2) that of Auguste Comte and Henri de Saint-Simon who influenced influential thinkers such as John Stuart Mill. On mid-19th-century developments under Maine's influence, see Collini / Winch / Burrow: *That Noble Science of Politics*, esp. chs. 6 and 7. On Cliffe-Leslie specifically, see Gerard M. Koot: T. E. Cliffe Leslie, Irish Social Reform, and the Origins of the English Historical School of Economics. In: *History of Political Economy* 7,3 (1975), pp. 312–336. On the influence of Comte, see Robert B. Ekelund, Jr. / Emilie S. Olsen: Comte, Mill, and Cairnes: The Positivist-Empiricist Interlude in Late Classical Economics. In: *Journal of Economic Issues* 7,3 (1973), pp. 383–416. Cf. also Alfred W. Coats: The Historicist Reaction in English Political Economy 1870–1890. In: *Economica* 21 (1954), pp. 143–153; Robert B. Ekelund, Jr.: A British Rejection of Economic Orthodoxy. In: *Southwestern Social Science Quarterly* 47 (1966), pp. 172–180; Ronald Meek: The Decline of Ricardian Economics in England. In: *Economica* 17 (1950), pp. 43–62.

20 S. Ambirajan: Malthusian Population Theory and Indian Famine Policy in the Nineteenth Century. In: *Population Studies* 30,1 (1976), pp. 5–14; Howard Brasted: Indian Nationalist Development and the Influence of Irish Home Rule 1870–1886. In: *Modern Asian Studies* 14,1 (1980), pp. 37–63; Chaudhary: *Imperial Policy of British India*; R. D. Collison Black: The Classical Economists and the Irish Problem. In: *Oxford Economic Papers* 5,1 (1953), pp. 26–40; id.: Economic Policy in Ireland and India in the Time of J. S. Mill. In: *The Economic History Review* 21,2 (1968), pp. 321–336; Koot: T. E. Cliffe Leslie, Irish Social Reform.

Against the backdrop of this *methodenstreit*, as well as the failures of colonial policy to improve the socio-economic situation of its imperial subjects, Indian intellectuals, too, began to critically engage with the discipline. Although these engagements initially focussed on showing how the failures in British policy resulted from improper application of political economy to the formulation of colonial policy,[21] in 1916 the Indian sociologist and economist Radhakamal Mukerjee (1889–1968) took a more radical approach by questioning the validity of classical political economy itself.

Village India as Economic Utopia

In Mukerjee's view, India's continued backwardness and poverty were due to the fact that classical political economy had been derived in the West, and hence embodied its own cultural and historical particularities. This made it ill-suited to the historical and cultural conditions on the Indian subcontinent so that its application to Indian policy could not but fail. Bringing together the demands of the Historical School of Economics to induce economic principles from empirical facts with the critique that classical political economy had failed to yield positive results in India, Mukerjee presents an economic model that he asserted to be more appropriate to India's "socio-economic traditions […], and to its geographical and historical conditions".[22] The *Foundations of Indian Economics* was thus written to enjoin readers to learn from "the economic

21 This is the case that the prominent 19th-century Indian intellectual and politician Dadabhai Naoroji makes in his classic *Poverty and Un-British Rule in India*, first published in 1876. The economic historian Romesh Chunder Dutt argued in his two-volume *Economic History of India* (1902) that colonial policy had wilfully destroyed India's manufacturing sector to promote its own prosperity. The case is echoed by the Indian economist Mahadev Govind Ranade, who in a series of essays and lectures in the 1890s discussed the negative consequences of British economic policy in India.

22 Radhakamal Mukerjee: *The Foundations of Indian Economics*. London: Longmans, Green & Co 1916, p. 446. In 1892 the Indian economist Mahadev Govind Ranade had already argued for the necessity to rethink the foundations of political economy in light of the particularities of Indian culture and society, see Mahadev Govind Ranade: Indian Political Economy [1892]. In: Verinder Grover (ed.): *Political Thinkers of Modern India*, vol. 3: Mahadev Govind Ranade. New Delhi: Deep & Deep 1990, pp. 280–303. Many of the themes touched on by Ranade are taken up in Mukerjee's *Foundations of Indian Economics*.

message of India breathed forth by her immemorial institutions" as they had been preserved in her innumerable villages.[23]

Central to Mukerjee's Indian economic system is Hinduism, which in his view undergirded a worldview with a "conception of all life as sacrament". This religious ethos infused Indian society with an idealism that was conducive to aesthetic rather than mechanical modes of production for a mass market.[24] Hence, according to Mukerjee, "art and craft production predominate," making "India [...] essentially [a] land of cottage industries [...] out of touch with the commercial world".[25] Moreover, Mukerjee asserts that India's religious orientation shaped the foundational rationality of Indian society. Not grounded in instrumental reason, as is the case in Western societies, it is asserted instead to be aesthetically and religiously expressive. In such a religiously grounded socio-economic order, it is a certain way of being, a value-rational ethos, rather than an instrumental rationale that defines human existence. This purportedly allows the individual a greater degree of freedom for the play of his imagination and the realisation of his civilisational and individual potential. Attention to the divine, rather than to the pursuit of material ends, provides inspiration to each individual's pursuit of a higher good, encouraging the realisation of beauty and "the ideal", which thus makes work meaningful. Labour is therefore not so much about reproducing some external form to satisfy a need or want (a product), or to simply secure the means of survival, but about the realisation of "inward inspiration"[26] and the "interpretation of the Absolute or Love".[27] Without religion to maintain man's connection with the Absolute and his higher ideals, the craftsman's labour would be reduced to the meaningless reproduction of conventional forms, as it had been in the West.[28]

Village India is thus portrayed to be wholly 'Other' to the Western socio-economic order.

23 Mukerjee: *Foundations of Indian Economics*, p. xxi.

24 Ibid., p. 47.

25 Ibid., p. 61.

26 Ibid., p. 47.

27 Ibid., p. 49.

28 Ibid., p. 51.

However, Mukerjee wrote his *Foundations of Indian Economics* not only to provide a new model for Indian policy and to improve the socio-economic situation of the subcontinent. At the end of his treatise he argues for its wider validity and relevance:

> The over-crowded, filthy cities, the depopulation of rural districts, the enormous disparity of wealth and the consequent conflicts of labour and capital, and chronic social unrest, which are the inevitable evils of the factory system, have in fact threatened the very foundations of Western society.[29]

He then discusses extensively the shortcomings of Western industrial capitalism, as well as the socialist response to it, which were both based on "a bare materialistic conception of life" that, despite its purported focus on the benefit of the individual, ignored the "nobility and grandeur of individual development, the respect for human personality".[30] In India, the focus on the higher virtues and the divine had ostensibly a

> sense of the mysterious and stupendous life which transcends Nature. The searching gaze of man is, therefore, directed less to the system of Nature than to the Life which is at once immanent and transcendent in it, the Self of all that lives and moves, which is beyond the bounds of Space and Time, Matter and Energy.[31]

This orientation towards the transcendent had instilled in Indian society a "profound respect for Personality, for the Spirit, for the Life eternal".[32]

In stark contrast, within the framework of classical political economy, progress was defined as the continuous improvement of the material circumstances of ever greater proportions of the population to be achieved by the cornerstones of urban industrialism: technical development, advancements in the division of labour and concomitant growing financial prosperity. The betterment of people's material circumstances was regarded as going hand-in-hand with their moral uplift, greater relative wealth bringing about refinement in behaviour.[33] However, Mukerjee's model of the Indian village economy posits a socio-economic order

29 Mukerjee: *Foundations of Indian Economics*, p. 355.

30 Ibid., p. 454.

31 Ibid., p. 459.

32 Ibid.

33 Cf. Miller: *Defining the Common Good*, p. 158.

that negates that of urban industrialism, a system which in the predominant discourse at the time constituted the privileged marker of progress. Instead, the village, cottage industries, crafts and co-operative production, not the city with its competitive individualism and the factories that subordinated the needs of men to those of machines, are asserted to constitute the vehicles to real progress. The purported foundational principles of Indian society embodied in the traditional village order – not the principles of classical (Western) political economy – represented the key to a better future. As Mukerjee asserts, it is human fulfilment in its expressive, affective and aesthetic dimensions, rather than the attainment of wealth for instrumental ends, that constitutes the true marker of progress. Religion is accorded a central role in the realisation of this expressive order: Devotion to the absolute shifts the focus of human endeavours to loftier aims. The emphasis is thus on the realisation of beauty and virtue, whether this be in the production of goods for daily life, or in the maintenance of social relations, or in the cultivation of the self. In the vision proposed by Mukerjee, all these aspects of human life are integrated into a single system, contrasting markedly with the fragmentation of human experience in urban industrial society that was widely criticised by both Indian and Western intellectuals. The symbols and myths that embody religious truth, expressing its beauty and virtue, inspire man to transcend the facticity of his present state to realise a more beautiful and virtuous existence. Thus man's devotion to the transcendental is presented as the fountainhead of his self-actualising, emancipatory potential.[34]

The Politics of Utopia: Tactical Interventions and the Postcolonising of Governmentality

Despite Mukerjee's culturalist claims to the antiquity of the religious and cultural forms and institutions that he presents as alternatives to the principles of classical political economy, it would be naive to take their purported radical alterity as an unmediated expression of subaltern authenticity. As we shall see, discursive analysis of the text shows it to be a multilayered tactical intervention against colonial governmentality that

34 Ibid., p. 455.

operates within its logic while partly subverting it. This section explores the text's various levels of meaning in order to illuminate how utopias are at once embedded in and emerge through dominant regimes of knowledge/power, as well as to the extent they can also work to undermine them. Ultimately, the study of utopias, such as Mukerjee's, provides a way of exploring the extent to which actors are products of the institutions and systems that comprise the socio-cultural structure in which they are embedded or to which they have the capacity to transform those structures of meaning and institutions. Moreover, utopias help us understand the politics of transformative processes and the degree to which they are emancipatory, or not. Further, I will draw on Foucauldian analytics in order to tease out the relationship between economic utopias and economic theory, as well as the impact this had on power relations between coloniser and colonised.

To those familiar with 19th-century writings on India it quickly becomes clear that Mukerjee's utopia draws heavily on the trope of the self-sufficient 'Indian village republic' that had since the early 19th century been firmly rooted in colonial ethnography, and since the mid 19th century an object of scholarly interest among legal and economic historians.[35] And in fact, such scholarship had justified the colonial administration's vision of India as the commonwealth's "first producing nation". Mukerjee's *Foundations of Indian Economics* bolsters, rather than challenges, this colonial

35 Clive Dewey: Images of the Village Community: A Study in Anglo-Indian Ideology. In: *Modern Asian Studies* 6,3 (1972), pp. 291–328; Louis Dumont: The 'Village Community' From Munro to Maine. In: *Contributions to Indian Sociology* 6 (1966), pp. 67–89; Robert Inden: *Imagining India.* London: Hurst 2000; Michael Katten: Manufacturing Village Identity and Its Village: The View from Nineteenth-Century Andhra. In: *Modern Asian Studies* 33,1 (1999), pp. 87–120; Sudipta Kaviraj: *The Imaginary Institution of India: Politics and Ideas.* New York: Columbia UP 2010, pp. 181–182. David Ludden: Orientalist Empiricism: Transformations of Colonial Knowledge. In: Carol A. Breckenridge / Peter van der Veer (eds): *Orientalism and the Postcolonial Predicament: Perspectives on South Asia.* Philadelphia: University of Pennsylvania Press 1993, pp. 250–278, here esp. p. 263. Among the sources Mukerjee draws on are classic works of Indian colonial ethnography, such as Sir Herbert Hope Risley's (1851–1911) *Tribes and Castes of Bengal* and the immensely popular *Tribes and Castes of the United Provinces* by the ethnographer and folklorist William Crooke (1848–1943). For example, Mukerjee: *Foundations of Indian Economics*, pp. 42–43. Cf. Susan Bayly: *The New Cambridge History of India*, vol. 3: Caste, Society and Politics in India from the Eighteenth Century to the Modern Age. Cambridge: Cambridge UP 1999, pp. 126–127.

view of India as a tradition-infused, rural, village society and thus ascribes to a view of Indian alterity that was by this time well canonised. Like many utopias that are conceived as charters for social transformation, his vision balances two aspects: the mainstream and the counter-hegemonic (more on the latter below).[36] The utopia's mainstream dimension consists in the references to well-established colonial tropes of what constitutes Indian-ness, but also in the underlying understandings, rooted in established colonial epistemic regimes, of what counts as legitimate knowledge about the world ('facts') and how such knowledge can be asserted to validate a reformist (political) project. In this regard, Mukerjee positions his text, and his vision for a better India, well within the games of truth established by colonial governmentality.[37] In a sense, one could argue that Mukerjee camouflages the utopian impulse of his vision. His corroboration of colonial doxa on the 'realities' of the Indian village and the empirical positivism of his ethnographic portrayal of them may be said to ground his utopian vision in a degree of realism and scholarly

36 Davina Cooper: *Everyday Utopias: The Conceptual Life of Promising Spaces*. Durham / London: Duke UP 2014, p. 7.

37 "Games of truth" is the term Foucault uses by which to refer to the principles and rules of procedure by which statements about the world regarded as being true are produced. The term illuminates the institutional conditions under which such statements about the world are imparted with epistemological validity. Like other socially instituted practices, such games of truth are always shot through by power relations. The inextricable entanglement of the production of truth in relations of power is the reason that Foucault often refers to knowledge as knowledge/power (Michel Foucault: The Ethics of the Concern for Self as a Practice of Freedom. In: Id.: *The Essential Works of Michel Foucault*, vol. 1: Ethics: Subjectivity and Truth, ed. by Paul Rabinow. London: Penguin 1994, pp. 295–297). Governmentality was defined by Foucault as the ensemble of institutions and practices that allow the exercise of "a complex form of power, which has as its target population, as its principal form of knowledge political economy, and its essential technical means apparatuses of security" (Michel Foucault: Governmentality [1978], trans. from the French by Rosi Braidotti. In: Graham Burchell / Colin Gordon / Peter Miller (eds): *The Foucault Effect: Studies in Governmentality*. Chicago: University of Chicago Press 1991, pp. 87–104, here esp. pp. 101–103). It has since come to be used to refer more widely to regimes of practices by which a plurality of agencies and authorities endeavour to "deliberate on and direct human conduct" (Mitchell Dean: *Governmentality: Power and Rule in Modern Society*. London: Sage 2010, p. 18). In colonial contexts the term governmentality helps tease out the underlying logic(s) of the various practices and institutions by which colonising societies set about managing their colonies along with their inhabitants (see, for example, Gyan Prakash: *Another Reason: Science and the Imagination of Modern India*. Princeton: Princeton UP 1999, esp. chs. 5 and 6).

sobriety appealing to a readership, both Indian and Western, that valued 'the facts' and had little interest in flights of fancy.[38]

At the same time, Mukerjee's empirically rich, but also very idealistic portrayal of Indian village life may be read as a defence of 'native' Indian practices and institutions, which had long been subject to criticism by those British and 'west-struck' Indian colonial sympathisers who felt the subcontinent was backward and needed 'civilising'.[39] His Indian village utopia thus aims to debunk racist assumptions of Indian backwardness and barbarianism, countering the cultural inferiority complex the British civilising mission had instilled in many Indians with an unabashedly positive portrayal of India's civilisational achievements and its indigenous capacities to create a better future. Indian readers are thus confronted with a portrayal of an ideal-typical Indian society that evokes an empowering, positive sense of 'we-ness', rather than the negative sense of we-ness that had been instilled as part of the colonial civilising mission. To bolster this positive sense of we-ness, Mukerjee infuses his portrayal of village life with appeals to shared values and interests, a common ethos and cultural core, that together are said to embody a specifically Indian sense of the common good that is asserted to run counter to the common good underlying the colonial order of things.[40]

38 On the power of science and scientific discourse in colonial governmentality, see Arjun Appadurai: Number in the Colonial Imagination. In: Carol A. Breckenridge / Peter van der Veer (eds): *Orientalism and the Postcolonial Predicament: Perspectives on South Asia.* Philadelphia: University of Pennsylvania Press 1993, pp. 314–340; C. A. Bayly: Knowing the Country: Empire and Information in India. Special Issue: How Social, Political and Cultural Information Is Collected, Defined and Analysed. In: *Modern Asian Studies* 27,1 (1993), pp. 3–43; Bernard S. Cohn: The Census, Social Structure and Objectification in South Asia. In: Id.: *An Anthropologist among the Historians and Other Essays.* Delhi: Oxford UP 1987, pp. 224–254; id.: *Colonialism and Its Forms of Knowledge: The British in India.* Princeton: Princeton UP 1996; Goswami: *Producing India*, ch. 2; Ludden: Orientalist Empiricism, pp. 256–268; Abigail McGowan: *Crafting the Nation in Colonial India.* New York: Palgrave MacMillan 2009. On the significance of science and scientific discourse among India's elites in the 19th and early 20th centuries, see Prakash: *Another Reason.*

39 See, for example, Prakash: *Another Reason*, pp. 130–158. Also David Ludden: India's Development Regime. In: Nicholas B. Dirks (ed.): *Colonialism and Culture.* Ann Arbor: University of Michigan Press 1992, pp. 247–288, here pp. 254–257.

40 On the significance of "the common good" as reason of state in modern Britain, see Miller: *Defining the Common Good.* On the common good postulated as the reason of state underlying the British imperial order, see above. On the links between

Further, Indian socio-economic practices and institutions are presented as solutions to the specific shortcomings of colonial policy. In this regard, Mukerjee's utopia constitutes an important moment in the shift away from simply negative critiques of colonial policy towards positive visions of socio-political alternatives to the colonial order; and herein lies its explicitly counter-hegemonic thrust. While the earlier writings expressing frustration with the failure of colonial policy to deliver on its promise of moral and material improvement had been central to constituting Indians as a community of interest and sentiment, Mukerjee's practice-oriented, positive vision for a better way of being, although still a considerable step from actual political mobilisation, does represent an important move towards the constitution of India as a separate community of action joined by (ostensibly) shared understandings of the world and cultural practices that are not only distinct from the imperial socio-political order, but also asserted to be superior to it. In a sense, what Mukerjee's vision allows us to witness is two phenomena in nuce: 1) the imaginary constitution of a society and 2) its institutionalisation through the grounding of its central features in the ostensibly rational necessity of essentialist truth claims (corroborated by colonial ethnography) about the nature of Indianness.[41] The utopia thus makes a significant contribution to a positive sense of civilisational identity and social vision that would inspire such nationalist projects as Mohandas K. Gandhi's *Hind Swaraj* (Indian self-rule).[42] It therefore represents an important moment in the constitution of post-colonial Indian identity that would inform Indian constructions of nationhood.[43] This highlights how

problematization, the destabilisation of existing truth regimes and the sense of "weness" and the constitution of a community of interest and action, see Foucault: Polemics, Politics, and Problematizations, esp. pp. 114–116.

41 Cornelius Castoriadis: *The Imaginary Institution of Society* [1975]. Cambridge / Malden: Polity 2005, esp. pp. 115–220; Kaviraj: The Reversal of Orientalism, pp. 260–272; id.: *The Imaginary Institution of India*, pp. 196–205.

42 Manuel Gottlieb: Mukerjee: Economics Become Social Science. In: *Journal of Economic Issues* 5,4 (1971), pp. 33–53, here esp. pp. 49–50.

43 Cf. Goswami: *Producing India*; Surinder S. Jodhka: Nation and Village: Images of Rural India in Gandhi, Nehru and Ambedkar. In: *Economic and Political Weekly* 37,32 (2002), pp. 3343–3353; P. C. Joshi: Founders of the Lucknow School and Their Legacy: Radhakamal Mukerjee and D. P. Mukerji: Some Reflections. In: *Economic and Political Weekly* 21,33 (1986), pp. 155–1469.

utopias play into identity politics by undergirding attempts for emergent socio-political groups to attain recognition and respect from dominant social groups, not in spite of, but because of their difference.[44] Because recognition of the relevant subject position is a prerequisite for full entry into the political arena and the assertion of claims within that arena, the identity-political function of utopias is just as important as their role in providing a charter, or vision, to denaturalise the status quo and guide processes of socio-political transformation.

Yet, the text's countless references to socialism, the Cooperative, Arts and Crafts and other anti-capitalist movements also locate Mukerjee's text within the much broader discursive context of an established, long-standing critique of capitalism and industrial society. And, it is also for this reason that *Foundations of Indian Economics* drew wider public attention.[45] For also in Britain, and much of Europe, the village had in the course of industrialisation and urbanisation become the mirror image of places like Manchester or London, and thus represented everything these paragons of industrial urbanism were not. The 'traditional' village or 'village-inspired' principles of socio-economic organisation had thus already featured prominently in utopian imaginings of desirable alternatives to industrial capitalism, as the writings and activities of such influential figures as Thomas Carlyle (1775–1881), Robert Owen (1771–1858), John Ruskin (1819–1900), William Morris (1834–1896), Peter Kropotkin (1834–1896), C. R. Ashbee (1863–1942) attested.[46] Mukerjee's Indian

44 Cressida Heyes: Identity Politics. In: Edward N. Zalta (ed.): *The Stanford Encyclopedia of Philosophy*. Spring 2012 Edition. http://plato.stanford.edu/archives/spr2012/entries/identity-politics/ (accessed 07.09.2014).

45 Mukerjee's major monographs were reviewed in major English-language international journals at the time, covering numerous disciplines. A JSTOR search uncovered reviews in journals such as the *American Journal of Sociology*, *Annals of the American Academy of Political and Social Science*, *The American Economic Review*, *Economica*, *The Journal of Political Economy*, *Bulletin of the School of Oriental and African Studies*, etc. That Mukerjee's work did draw attention outside of India is also corroborated by a reference in a classic article by Raymond Firth on economic anthropology. Raymond Firth: Methodological Issues in Economic Anthropology. In: *Man* (N. S.) 7,3 (1972), pp. 467–475., here esp. p. 468.

46 Patrick A. Brantlinger: A Postindustrial Prelude to Postcolonialism: John Ruskin, William Morris and Gandhism. In: *Critical Enquiry* 22,3 (1996), pp. 466–485; Philip Connell: *Romanticism, Economics and the Question of 'Culture'*. Oxford: Oxford UP 2005;

village utopia would not have been thinkable without these prominent predecessors, and it drew on this established discourse, promising not only to solve India's economic and social problems, but also showing how to reconcile the conflicts and contradictions confronting industrialised society in the West, which neither capitalism nor socialism adequately dealt with.[47] His village utopia thus sets out a middle path, combining the virtues of both systems: capitalism's emphasis on freedom and self-actualisation with socialism's attention to non-alienated labour, mutual cooperation and public welfare. Indian civilisation had thus, according to Mukerjee, bequeathed to the world the solution to the early 20th century's most pressing problems. It thus bears not only lessons for rectifying India's situation, but also speaks to the wider critiques of capitalism. This imparts a universalistic dimension to Mukerjee's utopia that bolsters the legitimacy of that vision as an alternative not only to the colonial order in India, but to what appeared to be ailing contemporary societies in the West. This highlights the fact that utopias, although they represent a space of the alternative that seeks to be radically different from society's immediate status quo, never stand alone, but are always made possible by and sustained by links to other, wider socio-political contexts. In this regard, Mukerjee's utopia is both an elsewhere that exists in stark contrast to the immediate situation serving to estrange readers from the status quo, but is also very much a part of the here and now, in so far as it is made to speak directly to the problems of the present situation, in India and elsewhere.[48]

Although Mukerjee's utopia draws on existing anti-capitalist and anti-industrialist discourses, while at the same time positioning itself within established regimes of colonial knowledge, it actually also functions to subvert colonial governmentality from within. Presented as a scholarly critique of classical political economy and the colonial socio-economic order it served to engender und justify, it recasts what is ultimately a political debate on the legitimacy of colonial rule as an a-political, scientific one that questions the government of India on scientific grounds,

Raymond Williams: *Culture and Society: 1780–1950* [1958]. New York: Columbia UP 1983; id.: *The Country and The City*. New York: Oxford UP 1973.

47 Cf. McGowan: *Crafting the Nation*, esp. ch. 1.

48 Cf. Cooper: *Everyday Utopias*, p. 7.

rather than moral and political ones. Legitimacy is thus contested in terms of the "game of truth",[49] rather than by appeals to justice. In doing so, Mukerjee allows the apparently empirically grounded facts of Indian life, which colonial ethnography itself had produced and used to serve its own civilising mission, to cast doubt on the scientific validity of the governmentality underlying British colonial policies.[50] This move dovetailed with an already-ongoing crisis of authority in classical political economy in the wake of several catastrophic policy failures and the growing popularity of heterodox approaches, like that of the Historical School. There was thus already awareness that economic institutions and behaviour are socially, politically and culturally embedded and that industrial capitalism was only one socio-economic form among many possibilities open to human society.

This would, three years later, manifest itself in the first programmatic statement on institutional economics as a field committed to the study of the "customs, conventions, habits of thinking and modes of doing" that formed the social and political foundations of the contemporary Western economic order.[51] In emergent neighbouring disciplines, like anthropology and history, this awareness awakened interest both in the specific conditions that had led to the genesis of modern capitalism[52] as well as in 'primitive', 'AlterNative' economic systems emerging from historical and cultural conditions different from modern industrial

49 Foucault: The Ethics of the Concern for Self, esp. p. 297.

50 Cf. Kaviraj: The Reversal of Orientalism; Kaviraj: *The Imaginary Institution of India*, esp. pp. 196–198; Ludden: India's Development Regime, esp. pp. 259–263.

51 Walton H. Hamilton: The Institutional Approach to Economic Theory. In: *American Economic Review* 9 (Supplement) (1919), pp. 309–318, here esp. p. 311. Mukerjee himself went on to actively contribute to the emerging field of institutional economics, publishing his *Institutional Theory of Economics* in 1942. See also Joshi: Founders of the Lucknow School, p. 1460; Dipendra Sinha: Institutional Economics of Radhakamal Mukerjee. In: *Journal of Economic Issues* 26,2 (1992), pp. 485–492.

52 The works of Karl Marx, Max Weber, Werner Sombart, Georg Simmel, Arnold Toynbee, R. H. Tawney, Thorstein Veblen, Joseph Schumpeter and Karl Polanyi's *Great Transformation* (1944) fall into this category. Cf. also Abram L. Harris: Types of Institutionalism. In: *Journal of Political Economy* 40,6 (1932), pp. 721–749; Richard Swedberg: Major Traditions of Economic Sociology. In: *Annual Review of Sociology* 17 (1991), pp. 251–276. Less often considered, but part of the same current, are, for example, the works of Georges Bataille that drew on economic sociology and anthropology to formulate new accounts of the workings of Western capitalism.

capitalism.[53] Hence, the asserted radical otherness of Mukerjee's Indian village utopia that was presented as an alternative to classical political economy was part of a larger epistemological shift in which the ostensibly universally valid premises of political economy were denaturalised. As a result, its normative validity claims were eroded and an appreciation grew of the diversity of institutional forms that shaped economies and societies beyond Europe. The comparative and culturally relativist perspective that emerged showed industrial capitalism to be only one socio-economic reality among many, raising questions as to whether other systems did not, too, have their virtues, and whether they did not bear lessons for urban, industrialised societies.[54] The apparent failure of existing normative models of the good life (liberalism, capitalism and socialism) to deliver on their promises of human betterment and the increased interest in alternative ways of being thus began to erode normative conceptions that had until that point defined what constituted progress and the good life. Mukerjee's Indian economics is a creative and radical response to this crisis, in so far as he not only asserts that a fully functional, specifically Indian economic system ought to exist alongside industrial capitalism, but also insists that the Indian civilisational model is superior to that in the West.

By showing how the Indian order would avoid the dysfunctionalities of Western urban industrialism, Mukerjee both rejects colonial normative claims as to who dictates the direction of progress and what constitutes the apex of civilisation. Instead, he accords India the privileged position of universal normative model. In doing so, Mukerjee not only redefines what constitutes the appropriate canon of knowledge to best govern India but also how to guide humanity to a better way of being. This redefinition shifted the terms of power/knowledge that had undergirded the relationship between Indian subjects and the Anglo-colonial

53 A few classics include Bronislaw Malonowski's *Argonauts of the Western Pacific* (1922), Marcel Mauss's *Essai sur le don* (1925), Karl Polanyi's *Trade and Markets in the Early Empires* (1954), Raymond Firth's *Primitive Polynesian Economy* (1939), Melville Herskovitz's *The Economic Life of Primitive Peoples* (1940), David Martin Goodfellow's *Principles of Economic Sociology* (1939). Cf. Firth: Methodological Issues.

54 Questions raised in such early works as Bronislaw Malinowski's *Argonauts of the Western Pacific* (1922) and Marcel Mauss's *The Gift* (1925).

government. Mukerjee's text not only asserts the superiority of an Indian social order, thereby calling into question the normative claims of a socio-political order based on urban industrial capitalism, it also effectively shifts the canon of scientific expertise relevant to governing India away from classical political economy to the specific principles of Indian socio-economic life, over which the British, as foreigners to the culture, could not claim privileged authority. On the contrary, if the key to good government in India (and possibly elsewhere as well) rested on a specifically Indian way of being, then Indians themselves would certainly be the most qualified experts. This apparently privileged access to the knowledge that forms the basis of an entirely different governmentality thus goes hand in hand with claims to both scientific and political authority and the concomitant contestation and renegotiation of the relations of power between Britons and Indians. In this respect Mukerjee's utopia subverts the colonial civilising mission by turning it on its head.[55]

The specific relationship that had come to exist between knowledge and power in post-Enlightenment societies, by which knowledge can be used to generate political authority as well as the capacity to reshape the social order (power), to which both Mukerjee and the colonial administration subscribe, is the axis that makes Mukerjee's inversion of the civilising mission possible. The recalibration of the relations of power between coloniser and colonised is achieved not by simply negating the envisioned colonial order of things and asserting a post-colonial utopia as an alternative way of being, but by also using that utopia to leverage the foundations of knowledge/power to lend that inversion scientific validity and therefore political clout. This move is possible only because of what Michel Foucault referred to as "the obligation of truth" that he argued was central to the post-Enlightenment episteme in the West and that exists in a tense, indeterminate relationship to the prevailing political regime, sometimes bolstering it, but potentially also undermining it.[56] As

55 Cf. Prakash: *Another Reason,* pp. 215–226. Also Kaviraj: The Reversal of Orientalism, for a similar enterprise undertaken by the Bengali writer and thinker Bhudev Mukhopadhyay (1827–1894). Mukhopadhyay's approach, however, focused more on Indian social and religious institutions and undertook no explicit engagement with political economy.

56 Cf. Foucault: The Ethics of the Concern for Self, pp. 295–297.

we saw in the discussion on free trade, political economy and the colonial order of things above, it was through the asserted obligation of truth that colonialism had been justified in the first place, and appeals to the Ricardian theory of international trade were central to that. Mukerjee's utopian intervention posits against this truth a competing one (grounded in the authority of colonial ethnography) that highlighted the relativity of the principles guiding socio-economic life, a truth that was gaining international recognition thanks to the epistemic crisis in the field of classical political economy. Mukerjee thus makes strategic use of the epistemic fissures in political economy to "escape from a domination of truth not by playing a game that was totally different from the game of truth but by playing the same game differently, or playing another game, another hand, with other trump cards".[57] What is more, in this particular game of truth, Mukerjee asserts that it is Indians who have privileged access to those trump cards.

However, the seemingly radical thrust of Mukerjee's vision notwithstanding, a critical approach to the text shows his portrayal of the Indian village to be an exceedingly conservative idealisation, rather than an ethnographic portrayal of the actual life worlds of Indian villages at the turn of the century, which were far more heterogeneous, and less idyllic, than Mukerjee admitted. The village utopia in *Foundations of Indian Economics* is profoundly conservative, insofar as it insists on the rightness, even perfection, of 'traditional' Indian society, ignoring heated debates on such issues as the injustices of the caste system, the rights of women, or the precarious status of ethnic and religious minorities that had been going on in India since the early 19th century.[58] The ease with which he glosses over these pressing issues of social injustice makes this a utopia only from the perspective of relatively wealthy, upper-caste (Brahmin),

57 Ibid., p. 295. The original quote referred to the ecological movement. However, Foucault's observations fit the case presented here perfectly.

58 On the conservativism of Indian nationalism, see C. A. Bayly: Maine and Change in Nineteenth-Century India. In: Alan Diamond (ed.): *The Victorian Achievement of Sir Henry Maine: A Centennial Reappraisal.* Cambridge: Cambridge UP 1991, pp. 389–397, here esp. pp. 392–395; Sumit Sarkar: *Modern India 1885–1947.* Delhi: MacMillan India 1983, esp. pp. 72–76. On the role of religious, class and caste prejudice in nationalist discourses, see Romila Thapar: The Theory of Aryan Race and India: History and Politics. In: *Social Scientist* 24,1 (1996), pp. 3–29, here esp. pp. 8–11.

Hindu men and their British sympathisers, and it was a vision that would not remain uncontested.[59] Mukerjee's vision for a better India, the way in which he idealises 'the village order' is therefore conditioned, first by what for him is the primary line of political antagonism between India ('the East') and Britain ('the West'), and second by his social position as a male, Hindu and a Brahmin from a materially prosperous family background who by virtue of his social situation had occasionally witnessed, but never experienced the injustices and inequalities that had come to inhere in categories of caste, gender, ethnic ascription and religion.[60] His perspective on India's socio-economic condition is limited by his lack of direct experience of the daily life of the marginalised, underprivileged or subaltern groups. For him, it was all too easy to brush evident injustices aside as relatively recent symptoms of corruption and decay due to foreign influence of an originally perfect 'native' order, and he was not able to concede that the very institutions he discusses – the extended family, caste and village council – might be the sites of intra-Indian states of domination and injustice.[61] Hence, for many women, Muslims, untouchables and members of tribal groups Mukerjee's vision was anything but a utopia.[62] The emancipatory impetus is thus limited by the author's social situation and his horizon of experience that colour his perspective on Indian institutions and social practices, making him more or less sensitive to the experiences of those differently positioned in society. This results in his making the corresponding value judgements on which his vision of a 'better' way of being is based.[63] And, in any case, Mukerjee's

59 As the biographical sketch provided in Gottlieb: Mukerjee: Economics Become Social Science shows, Mukerjee came from a wealthy family of Bengali Brahman literati.

60 See, for example, Bayly: Caste, Society and Politics in India, pp. 187–232.

61 Mukerjee, for example, even praises the house-bound role of women in Indian society, arguing that this is more in line with their biologically constituted femininity than the more active and public role aspired to by Western women. In an excursus he argues how awarding women the right to vote will ultimately lead to the disintegration of the family in the West and thus to civilizational decay (Mukerjee: *Foundations of Indian Economics*, pp. 19–20). On states of domination as blocked or frozen power relations, see Foucault: The Ethics of the Concern for Self, esp. p. 283.

62 On the emergence of caste and untouchability as issues in colonial/nationalist politics, see Bayly: Caste Society and Politics in India, esp. ch. 6.

63 On the way in which utopia is shaped by the social situation of its authors, see Mannheim: *Ideology and Utopia*, pp. 44-46, 207–208.

primary aim of portraying a representation of Indian civilisation as a model for social development that was ostensibly universally valid would not be easily reconciled with a candid, self-critical portrayal of village life on the subcontinent. This would only disturb the neat antagonisms between East and West upon which his utopia is grounded. Ultimately, what becomes clear is that the critical and emancipatory potential of utopias is conditioned first, by the primary lines of political antagonism being addressed, and, second, by existing states of domination internal to the group whose political consciousness the utopia expresses. Depending on how the political lines of inclusion and exclusion are drawn the perspectives of marginalised or subaltern groups will either be silenced or subsumed under the claims of the dominant social actors. Thus, the emancipatory thrust of utopias, despite their claims to be otherwise, is always only relative and partial.

Concluding Remarks

Having approached Radhakamal Mukerjee's *Foundations of Indian Economics* heuristically as a utopia, we have examined how the negative critiques of colonial policy and the sense of frustration with the lack of moral and material improvement on the subcontinent came to be transformed into a positive vision of social reform and political action to achieve a better way of being for India. By contextualising Mukerjee's Indian village utopia in colonial discourse, in widely circulating critiques of capitalism and in an on-going *methodenstreit* within political economy, we have seen how wider discursive conditions shape utopias, thus circumscribing the horizons of possibility for alternative socio-political orders. Moreover, by drawing on the analytics of Michel Foucault, we have been able to tease out how envisioning a better way of being entails not only the denaturalisation of the status quo and the assertion of an alternative, but may also raise more fundamental questions regarding whether what we know about our reality is correct and what alternative knowledge may better inform the constitution of society. Such interventions, operating via what Foucault called "the game of truth", may raise doubts regarding who has access to the appropriate knowledge, or even what sorts of practices ought to constitute knowledge at all. Although such fissures in knowledge regimes can potentially be patched up by ideological veneer, the status quo conception of reality restored and the existing state of domination stabilised; it is just as likely that such attempts will not be convincing to everyone, creating a space of dissent where new conceptions of reality give rise to new standards of normativity and new forms of practice and communities of action emerge to strive towards these new standards. Particularly in post-Enlightenment societies, debates that bring about shifts in knowledge regimes can have profound repercussions in the political order. This we saw to be the case above, where privileged access to the appropriate type of knowledge could be translated into claims to political power as well as into claims of moral authority to set the standards circumscribing the norms of the socio-political order. Ultimately, the redefinition of the canon of knowledge appropriate to governing India helped to destabilise the colonial administration's claim to rule and strengthened Indians' demands for self-government on their own terms. Thus, the example of Mukerjee's Indian village shows how utopias are more than aesthetic (re)visions of the status quo. They also function as epistemic interventions, made possible by fissures in existing regimes of knowledge/power (in this case, the on-going *methodenstreit* in political economy), that belabour these fissures to leverage a renegotiation of power relations.

Yet, the emancipatory potential of utopia has its limits.[64] As we have seen, the social situation of the author(s) and the addressees vis-à-vis what they see as the primary lines of socio-political antagonism will shape the perspective from which a utopia is conceived, passing over other states of domination in silence. In turn, this impacts the definition of the problem to be addressed as well as the proposed solutions. Hence, the promise of a better way of being is always only relative and partial, not absolute, despite the hopes, and in some cases adamant assertions, that it will be otherwise. The perspectives of those outside the purview of the community of addressees are not part of the picture, and they thus risk being subject anew to violence and oppression in the event that the utopia becomes a charter for political action and reform. So although utopias may play a role in denaturalising and destabilising specific regimes of

64 Cf. Mannheim: *Ideology and Utopia*.

power/knowledge and contribute to a renegotiation of a specific constellation of power relations, they inevitably will engender new regimes of power/knowledge and leave other power relations unaddressed. Hence, the potential for emancipation from one hegemonic order comes at the price of being subjected to another, which inevitably will draw its own lines of inclusion and exclusion, define its own regimes of truth and set the limits of its own normative horizons.

New Harmony

Ein utopisches Unternehmen?

Franziska Bechtel

Am 3. Januar 1825 kaufte der schottische Textilfabrikant Robert Owen die im Bundesstaat Indiana, USA, gelegene Siedlung New Harmony. An diesem Ort wollte Owen das erste seiner „Villages of Unity and Mutual Cooperation“ errichten. Diese Dörfer, die durch Güterteilung und eine kooperative Organisationsform basierend auf Agrarwirtschaft und Handwerk den Status einer autarken Gemeinschaft erlangen und langfristig ihren Bewohnern ein Leben in sozialer Gerechtigkeit und Harmonie sichern sollten, waren für Owen Mittel zum Zweck für die Herbeiführung seiner „New Moral World“. Von New Harmony aus sollte der von Owen vorbereitete gesellschaftliche Wandel über weitere Satellitensiedlungen in die ganze Welt hinausgetragen werden. Bereits nach zwei Jahren verließ Owen New Harmony jedoch wieder in Richtung Großbritannien.

Owens Vision einer „New Moral World“ wurde von zahlreichen Forschern als Utopie bezeichnet und sein Gesellschaftsexperiment in New Harmony als der Versuch, diese zu realisieren. Owen selbst betonte jedoch stets, dass sein Gesellschaftsentwurf mit denen der Utopisten von Plato bis Charles Fourier nicht zu vergleichen sei, weil deren Utopien nicht über die Voraussetzungen verfügten, verwirklicht zu werden;

sein Plan hingegen sehr wohl.[1] Karl Marx und Friedrich Engels indessen rechneten Robert Owen, zusammen mit Fourier und Claude-Henri de Saint-Simon, zu den „utopischen Sozialisten", deren Werke sie zwar anerkannten, aber von dem ihren, dem „wissenschaftlichen Sozialismus", abgegrenzt wissen wollten. Ihnen zufolge konnten die „utopischen Sozialisten", bedingt durch die Zeit ihres Wirkens, die geschichtsträchtige Bedeutung der Industrialisierung und die politische Rolle der Arbeiterklasse noch nicht erkennen. Die „utopischen Sozialisten" wollten vielmehr selbst mit einem gesamtgesellschaftlichen Ansatz den ersehnten Wandel herbeiführen.[2] Diese Deklarierung hielt sich in der marxistischen Geschichtsforschung bis Anfang der zweiten Hälfte des 20. Jahrhunderts. Erst Gregory Claeys sorgte mit seinen in den vergangenen 25 Jahren erschienenen Forschungsbeiträgen für einen Wahrnehmungswandel. Er verstand Owen sowohl als ernstzunehmenden Theoretiker und Kritiker der damaligen politischen Ökonomie als auch als Vordenker der marxistischen Lehre.[3] Seit den 1960er Jahren sind zudem Arbeiten erschienen, die Robert Owen und die aus seinen Lehren hervorgegangene Bewegung, den Owenism, nicht mehr allein vor dem Hintergrund der Geschichte der britischen Arbeiterbewegung interpretieren. Historiker wie John F. Harrison und Edward Royle stellten Owens kommunitarische Siedlungsprojekte in den Fokus ihrer Studien, um deren zentrale Rolle in Owens Reformplan zu verdeutlichen. Sie stärkten das Bild des

1 Vgl. Robert Owen: The Book of the New Moral World, Explanatory of the Elements of the Science of Society or the Social State of Man, Part II. In: Gregory Claeys (Hrsg.): *Selected Works of Robert Owen*, Bd. 3: The Book of the New Moral World. London: Pickering 1993, S. 81–123, hier S. 121–122. Owen schreibt: „Various Utopias, from the Time of Plato, to the present, have been imagined and strongly desired for practice; but hitherto they have been but Utopias, because the principles upon which alone society can be found to be made permanently united, and all made excellent and happy, were unknown to any of the projectors of them" (ebd., S. 121).

2 Vgl. Karl Marx / Friedrich Engels: *Manifest der Kommunistischen Partei*. Frankfurt am Main: Fischer 2005; Friedrich Engels: *Die Entwicklung des Sozialismus von der Utopie zur Wissenschaft*. Frankfurt am Main: VGZA 2001.

3 Vgl. Gregory Claeys: *Machinery, Money and the Millennium. From Moral Economy to Socialism 1815–1860*. Princeton: Princeton UP 1987; Gregory Claeys (Hrsg.): *Selected Works of Robert Owen*, 4 Bde. London: Pickering 1993; Gregory Claeys: Robert Owen and Some Later Socialists. In: Noel Thompson / Chris Williams (Hrsg.): *Robert Owen and His Legacy*. Cardiff: University of Wales Press 2011, S. 33–53.

Geschäftsmannes und Sozialreformers, der die in seiner Baumwollfabrik in New Lanark erzielten Erfolge als Garant für die Praktikabilität seiner Siedlungsvorhaben verstand.[4]
In den USA wurden Owens Gesellschaftsvision und sein Experiment in New Harmony nur wenige Jahrzehnte nach Owens Tod zum Gegenstand von Geschichtswerken über den „American socialism". Heute würde man diese Arbeiten den Communal Studies zuordnen, deren Interesse der Erforschung sogenannter „intentionaler Gemeinschaften" gilt.[5] 1950 erschien mit Arthur E. Bestors *Backwoods Utopias* ein umfassendes Grundlagenwerk, in dessen Mittelpunkt Owens soziales System stand. Bestor kritisiert darin, dass die Forschung mit der Verwendung der Begriffe „utopian" und „communistic" das Phänomen der experimentellen und kooperativen Gesellschaften der USA bislang nicht erfasst habe.[6] Als zutreffender erachtet er die Bezeichnung „communitarian socialism".

4 Vgl. John F. C. Harrison: *Robert Owen and the Owenites in Britain and America. The Quest for the New Moral World.* Aldershot: Gregg Revivals 1994; Edward Royle: *Robert Owen and the Commencement of the Millennium. A Study of the Harmony Community.* Manchester / New York: Manchester UP 1998.

5 Es handelt sich hierbei um Arbeits- und Lebensgemeinschaften, deren zwanglose Vereinigung auf der Realisierung einer gemeinsamen Aufgabe basiert, vgl. hierzu Gregory Claeys: *Ideale Welten. Die Geschichte der Utopie*, aus d. Engl. v. Raymond Heinrichs / Andreas Model. Darmstadt: WBG 2011, S. 129. Eine kommunitarische Lebensweise, oft aber auch eine religiöse Ideologie wie der Millenarismus oder eine säkulare, häufig sozialistische Lehre charakterisieren die intentionalen Gemeinschaften des 19. Jahrhunderts. Zwei umfassende Studien des 19. Jahrhunderts zu diesem Thema sind John Humphrey Noyes: *History of American Socialisms. Documents and Eye-Witness Accounts of Owen's New Harmony, Channing's Brook Farm, the Oneida Community – Nearly 100 Religious and Secular Social Communities. An Indispensible Sourcebook of American Social and Economic History, reprinted from the Scarce 1870 Edition.* Philadelphia: J. P. Lippincott 1870, und Charles Nordhoff: *The Communistic Societies of the United States. From Personal Visit and Observation Including Detailed Accounts on the Economists, Zoarites, Shakers, the Amana, Oneida, Bethel, Aurora, Icarian, and other Existing Societies, Their Religious Creeds, Social Practices, Numbers, Industries, and Present Condition.* Nachdruck der Ausgabe von 1875. New York: Schocken 1965.

6 Bestor erklärt, dem Begriff „utopian" hafte immer noch das von der marxistischen Geschichtsschreibung geprägte Verständnis eines minderwertigen Sozialismus an und mit „communistic" bezeichnete man zum einen ein auf Gemeinbesitz basierendes System und zum anderen Reformversuche kleiner Gemeinschaften. Ersteres treffe aber nicht auf alle von ihm untersuchten Gemeinschaften zu, vgl. Arthur E. Bestor: *Backwoods Utopias. The Sectarian Origins and the Owenite Phase of Communitarian Socialism in America, 1663–1829.* Erw. Aufl. Philadelphia: University of Pennsylvania Press 1970, S. vii.

Zudem führte er Karl Mannheims Utopiekonzept in den Forschungsdiskurs ein. Mannheim, so gibt Bestor dessen Position wieder, erachte sozialistische Systeme insofern als utopisch, als dass sie Ideale nicht aus dem formen, was ist, sondern aus dem, was sein könnte. Diese Ideale würden dann genutzt, um kollektive Aktivitäten zu unternehmen, die den Wandel der Realität zum Ziel hätten. In diesem Sinn wollte Bestor seine *Backwoods Utopias* verstanden wissen.[7] Auch jüngere Forschungsarbeiten zu New Harmonys Owen-Ära bedienen sich der Termini „utopian" oder „utopia". Allerdings erhält der Leser in nur wenigen Fällen eine Definition oder Erklärung für deren Gebrauch.[8]

Einen sehr präzisen Utopiebegriff verwendet indessen Richard Saage, ein Vertreter der deutschen Utopie-Forschung und Verfechter des klassischen Utopiekonzepts, in seiner Untersuchung von Owens Schrift *The Book of the New Moral World.* Saage vergleicht darin Owens Gesellschaftsentwurf mit Thomas Morus' *Utopia* – Saages Meinung nach die Quelle der klassischen Utopietradition – und arbeitet viele Gemeinsamkeiten heraus. Anders als Morus, der nur eine Gegenwelt zur bestehenden Gesellschaft zeichnete, wolle sich Owens Plan jedoch das menschliche und materielle Potential der jungen Industriegesellschaft zu Nutze machen, um einen gesellschaftlichen Wandel herbeizuführen.[9] In einer späteren Studie

7 Vgl. Bestor: *Backwoods Utopias*, S. vii–viii.

8 Siehe exemplarisch Donald F. Carmony / Josephine M. Elliott: Robert Owen's Seedbed of Utopia. In: *Indiana Magazine of History* 76,3 (1980), S. 161–261, hier S. 161, 166, 168; Donald E. Pitzer: The New Moral World of Robert Owen and New Harmony. In: Ders. (Hrsg.): *America's Communal Utopias.* Chapel Hill: University of North Carolina Press 1998, S. 88–134, hier S. 92, 97. Es gibt jedoch auch Arbeiten, die eine Definition geben. So beispielsweise Donald E. Pitzer in seinem Aufsatz „Education in Utopia". Er ist der Auffassung, die Bildungsinitiativen der Harmony Society und von Owens Gemeinschaft seien besser zu begreifen, wenn man Utopie anstatt als Nicht-Ort als „the good place" und anstatt als „nowhere" als „now here" begreift. Auch erwähnt er die Bedeutung von Bildung in Morus' *Utopia* und Campanellas *City of the Sun*, vgl. Donald E. Pitzer: Education in Utopia. The New Harmony Experience. In: Ders. / Timothy L. Smith (Hrsg.): *Indiana Historical Society Lectures, 1976–1977. The History of Education in the Middle West.* Indianapolis: Indiana Historical Society 1978, S. 75–101, hier S. 76.

9 Vgl. Richard Saage: *Utopische Profile*, Bd. 3: Industrielle Revolution und technischer Staat im 19. Jahrhundert. Berlin: Lit 2002, S. 35–60. Richard Saage ist der Begründer des sogenannten „klassischen Utopiebegriffs", dessen Kriterien für eine Utopie sich stark an denen von Thomas Morus' *Utopia* orientieren. Dass dieses Utopieverständnis umstritten ist, zeigt eine in der Zeitschrift *EWE* veröffentlichte Diskussion über

bestätigt Saage, dass er Owen als Autor eines utopischen Entwurfs versteht. Owens Experiment in New Harmony, das von Beginn an nicht alle Voraussetzungen des utopischen Konzepts erfüllt habe, will er nicht als Beweis für dessen Scheitern betrachten. Doch auch Saage, der Owen als Utopisten bezeichnet, spricht von diesem im Rahmen seiner Tätigkeit in New Lanark als Unternehmer und Sozialreformer. Als solcher und später als Utopist habe Owen versucht, sein Ziel, die Verbreitung sozialer Gerechtigkeit, zu realisieren.[10]

Wie der skizzierte Forschungsstand verdeutlicht, haben Forscher mit unterschiedlichen Utopiemodellen versucht, Owens Gesellschaftsvision und seine Aktivitäten in New Harmony zu erfassen. Weder die marxistische Erklärung noch der Ansatz, Owens Experiment ohne nähere Erläuterung als utopisch zu begreifen, tragen in zufriedenstellender Weise zur Erforschung des Untersuchungsgegenstands bei. Auch Mannheims Definition trifft nicht ganz auf Owens Vorhaben zu. Denn Owen wollte, wie Saage erklärt, nicht nur mit utopischen Idealen auf die Veränderung seiner Gesellschaft hinwirken. Die bestehende Gesellschaft und ihre technischen Errungenschaften sollten vielmehr die Grundlage für sein neues soziales System bilden. Saage gelingt es, die Parallelen zwischen Robert Owens *New Moral World* und Thomas Morus' *Utopia* überzeugend darzustellen, und er trägt auf diese Weise zur Analyse von Owens schriftlichem Werk bei. Ohne Owens Œuvre wäre das Geschehen in New Harmony in den Jahren zwischen 1825 und 1827 nicht zu verstehen. Allerdings kann Owens Gesellschaftsexperiment nur teilweise mittels seiner theoretischen Schriften erklärt werden, denn für viele Entwicklungen und Geschehnisse bot sein vermeintlich utopischer Plan keine Erklärung bzw. Lösung.

den Utopiebegriff, vgl. Fünfte Diskussionseinheit. In: *Erwägen Wissen Ethik* 16,3 (2005), S. 289–355.

10 Vgl. Richard Saage: *Utopische Horizonte. Zwischen historischer Entwicklung und aktuellem Geltungsanspruch*. Berlin: Lit 2010, S. 101–106, hier S. 104, 105. Zur Vertiefung des Themas und für weitere Lektürehinweise siehe den Beitrag zu Robert Owen in Heyers bibliographischem Handbuch zu Sozialutopien der Neuzeit, das den Versuch unternommen hat, die internationale Vernetzung des utopischen Diskurses und dessen Erforschung zu erfassen. Andreas Heyer: *Sozialutopien der Neuzeit. Bibliographisches Handbuch*, Bd. 2: Bibliographie der Quellen des utopischen Diskurses von der Antike bis zur Gegenwart. Berlin: Lit 2009, S. 607–612.

Anne Taylor und Ian Donnachie betonen in ihren Studien Owens professionellen Hintergrund als Unternehmer und Fabrikmanager und demonstrieren, dass unternehmerisches Handeln und Denken grundlegend für Robert Owens Plan zur Reformierung der Gesellschaft und dessen Realisierung waren.[11] Dieser Aufsatz möchte ihre Position aufgreifen, um am Beispiel von New Harmony zu zeigen, dass Owen durchaus versucht hat, wirtschaftliche Innovationen umzusetzen, die man im Sinn von Thomas Morus' *Utopia* als utopisch bezeichnen könnte. Er bediente sich aber auch unternehmerischer und rechtlicher Mittel seiner Zeit, die den Leitbildern seines Gesellschaftsentwurfs nicht entsprachen. Im Folgenden soll anhand einiger Beispiele – des Kaufs der Siedlung, ihrer wirtschaftlichen Organisation, der Abwicklung von Landgeschäften und Owens *labor notes*[12] – die Koexistenz von ökonomischer Utopie und Wirklichkeit in New Harmony veranschaulicht werden. Zunächst ist jedoch kurz in Owens Gesellschaftslehre einzuführen.

Robert Owens Vision einer „New Moral World"

Robert Owen[13] ist beruflich in der Textilindustrie Großbritanniens groß geworden. Schon in jungen Jahren verließ er seine Familie in Wales, um bei Textil- und Kurzwarenhändlern in Stamford, London und Manchester in die Lehre zu gehen und erste Erfahrungen als Fabrikmanager

11 Vgl. Anne Taylor: *Visions of Harmony. A Study in Nineteenth-Century Millenarianism.* Oxford: Clarendon 1987; Ian L. Donnachie: *Robert Owen. Social Visionary*. Edinburgh: John Donald 2005.

12 Owen beschreibt die *labor notes* als „[a] paper representative of the value of labour, manufactured on the principle of the new notes of the Bank of England, will serve for every purpose of their domestic commerce or exchange, and will be issued only for intrinsic value received and in store" (Robert Owen: Report to the County of Lanark (1820). In: Gregory Claeys (Hrsg.): *Selected Works of Robert Owen*, Bd. 1: Early Writings. London: Pickering 1993, S. 287–332, hier S. 326.)

13 Über Robert Owen wurde eine Reihe biografischer Abhandlungen verfasst. Siehe exemplarisch Frank Podmore: *Robert Owen. A Biography*. London: Hutchinson 1906; George D. H. Cole: *The Life of Robert Owen*. London: Cass 1965; Margaret Cole: *Robert Owen of New Lanark, 1771–1858*. New York: Kelley 1969; John Butt (Hrsg.): *Robert Owen, Prince of Cotton Spinners*. Newton Abbott: David & Charles 1971; Sidney Pollard / Salt John (Hrsg.): *Robert Owen. Prophet of the Poor. Essays in Honour of the Two-Hundreth Anniversary of His Birth*. London: Macmillan 1971; Donnachie: *Robert Owen. Social Visionary*; Robert A. Davis / Frank O'Hagan: *Robert Owen*. London / New York: Bloomsbury 2010.

zu sammeln. 1794 gründete er zusammen mit Geschäftsmännern aus Manchester und London die Chorlton Twist Company. Die Geschäfte der Firma führten Owen nach Schottland, wo er 1798 zum ersten Mal die Baumwollspinnerei des schottischen Unternehmers David Dale in New Lanark besichtigte. Nur ein Jahr später kaufte Owen zusammen mit seinen Partnern die New Lanark Mills und heiratete David Dales Tochter Caroline. In den nächsten 25 Jahren bis zu seiner Abreise nach New Harmony widmete sich Owen der Entwicklung und Verwirklichung seiner Gesellschaftsvision.

Owen beobachtete, dass das Leid der armen und arbeitenden Bevölkerung sich verschlimmerte, obwohl der Reichtum seines Landes dank des technischen Fortschritts stetig wuchs. In seinem Werk *A New View of Society* analysierte Owen die sozialen Probleme seiner Zeit sowie deren Ursachen und hielt diesen seinen Gesellschaftsentwurf entgegen.[14] Ihm liegt die wesentliche Annahme zugrunde, dass das Individuum durch seine Umwelt geprägt wird und seine Denkweise und sein Handeln nicht selbst bestimmen kann. Weiter ging Owen davon aus, dass es das innere Bestreben eines jeden Menschen sei, seine Mitmenschen glücklich zu machen, denn nur so finde das Individuum sein ganz persönliches Glück. Kurzum, Owen war der Auffassung, dass die richtige Umgebung und Erziehung glückliche Menschen und eine gerechtere Gesellschaft hervorbringen werde.

Die New Lanark Mills dienten Owen als Experimentierstube. Er reformierte Arbeits- und Produktionsverfahren, ließ das Arbeiterdorf instand setzen, richtete einen Kindergarten und eine Schule ein, eröffnete einen Dorfladen, in dem mit der unternehmenseigenen Währung, dem „ticket

14 *A New View of Society; or, Essays on the Principle of the Formation of the Human Character and the Application of the Principle of Practice* besteht aus vier einzelnen Essays. Sie waren bereits in den Jahren zwischen 1812 und 1814 geschrieben und einer begrenzten Leserschaft zugänglich gemacht worden. Im Juli 1816 erschienen sie zusammen unter dem Titel *A New View of Society; or, Essays on the Formation of the Human Character, Preparatory to the Development of a Plan for Gradually Ameliorating the Condition of Man* auf dem freien Markt. Bereits 1817 folgte eine dritte Auflage und 1818 eine vierte. Die im Folgenden zitierte Version des Werks befindet sich in Claeys (Hrsg.): *Selected Works of Robert Owen*, Bd. 1: Early Writings, S. 33–100.

of wages“[15], bezahlt werden konnte, beschränkte die Kinderarbeit und führte neue Hygienerichtlinien wie auch eine Kranken- und Pensionskasse ein. Mit der Eröffnung eines Bildungsinstituts für seine Arbeiterschaft, dem Institut zur Formierung des Charakters, in New Lanark 1816 krönte Robert Owen die Neugestaltung der New Lanark Mills. Ein bildendes und aktives Freizeitprogramm war ebenso Teil von Owens Konzept wie die Einhaltung einer strengen Arbeitsordnung und disziplinierten Lebensweise, die von Aufsehern kontrolliert wurde. Owen zeigte, dass seine Reformen nicht nur die Lebens- und Arbeitsbedingungen der Arbeiter verbesserten, sondern auch eine Steigerung der Unternehmensgewinne mit sich brachten.[16]

Nachdem Owen die New Lanark Mills in einen für seine Zeit sozialverträglichen Vorzeigebetrieb umgewandelt hatte, begann er, sich auf politischer Ebene für Sozialreformen einzusetzen. In dieser Phase entwickelte Owen seinen Siedlungsplan, den er vor politischen Gremien, aber auch vor öffentlichem Publikum präsentierte und diskutierte.[17] Owens Zukunftsstadt war eine Vierflügelanlage mit einem begrünten

15 Robert Owen führte die Bezahlung mit „ticket[s] of wages“ in New Lanark ein. Die Arbeiter konnten damit entweder Waren im Dorfladen erstehen oder aber die Währung im Kontor in Bargeld umtauschen, vgl. hierzu Takeshi Maruyama: The Local Currencies and Robert Owen's Labour Notes. In: Chushichi Tsuzuki / Naobumi Hikikata / Akira Kurimoto (Hrsg.): *The Emergence of Global Citizenship. Utopian Ideas, Co-operative Movements and the Third Sector.* Tokyo / Neu-Delhi: Diamond Offset 2005, S. 111–127, hier S. 112–113.

16 Zu Robert Owens Reformbemühungen in New Lanark vgl. Donnachie: *Robert Owen. Social Visionary*, Kap. 5, 6 u. 7. Informative Primärquellen diesbezüglich sind Robert Owen: *Life of Robert Owen. Written by Himself. With Selections From His Writings and Correspondence.* Philadelphia: Ashmead & Evans 1866; Robert Owen: A Statement Regarding the New Lanark Establishment. 1812. In: Claeys (Hrsg.): *Selected Works of Robert Owen*, Bd. 1: Early Writings, S. 13–21; Robert Dale Owen: *An Outline of the System of Education at New Lanark and Education from the Supplement to the Encyclopedia Britannica.* Nachdruck der Ausgabe von 1824. London: Routledge 1993.

17 Bezüglich Robert Owens Siedlungsplan siehe und vergleiche im Folgenden: Robert Owen: Report to the Committee of the Association for the Relief of the Manufacturing Poor, referred to the Committee of the House of Commons on the Poor Laws. March 1817. In: Claeys (Hrsg.): *Selected Works of Robert Owen*, Bd. 1: Early Writings, S. 143–155; ders.: Development of the Plan for the Relief of the Poor, 1817. In: Ebd., S. 213–232; ders.: Report to the County of Lanark (1820).

Innenareal.[18] Bis zu 1.000 Menschen sollten in einer solchen Siedlung beheimatet werden. Waren Owens Kommunen anfangs nur zur Unterbringung der sozial schwachen Mitglieder der Gesellschaft gedacht, schloss er alsbald die Teilnahme anderer Schichten nicht mehr aus.

Owen hatte ausgerechnet, dass für den Erwerb von Land und die Errichtung einer Siedlung £96,000 aufzubringen seien. Finanziers, die in ein solches Vorhaben investierten, die aber nicht selbst Mitglied der dort lebenden Gemeinschaft werden wollten, versprach er, dass sie, wenn sie es wünschten, ihr Geld zurückerhalten würden. Seinen Kalkulationen zufolge werde eine Siedlung schon bald nach ihrer Gründung über ihren Eigenbedarf hinaus produzieren. Der Erlös der überschüssigen Ware könne dann der Schuldentilgung dienen. Um die Wirtschaft einer Siedlung möglichst schnell zu beleben und reibungslose Arbeits- und Produktionsabläufe zu garantieren, gelte es, nach der Kapitalsicherung geeignetes Führungspersonal zu finden und einzustellen. Grundsätzlich hielt Owen es für wünschenswert, dass sich gerade in der Pionierphase unterschiedliche Akteure – Privatpersonen, Gemeinden, Landbezirke etc. – an der Realisierung seines Plans beteiligten. Für eine langfristige und landesweite Umsetzung sah er jedoch den Staat in der Verantwortung. Owen versicherte, dass für die Errichtung seiner Dörfer weder etwas Neues erfunden noch Unbekanntes ausprobiert werden müsse.

Owen war sich darüber im Klaren, dass die von ihm angestrebten Siedlungen mit ihrem Prinzip der Güterteilung und ihrer kooperativen Organisationsform nicht von heute auf morgen etabliert werden konnten und die positiven gesellschaftlichen Auswirkungen wahrscheinlich erst in der nächsten Generation wahrzunehmen sein würden. Er räumte sogar ein, dass die Anfangszeit schwierig und von Fehlern geprägt sein werde, da die Prinzipien und Praktiken der neuen Lebens- und Arbeitsweise erst verstanden und eingeübt werden müssten.

Robert Owen versuchte jahrelang, die britische Regierung für die Umsetzung seines Plans zu gewinnen – jedoch ohne Erfolg.

18 Robert Owen ließ von dem Architekten Stedman Whitwell ein Modell von seiner Idealstadt anfertigen. Whitwell verfasste eine schriftliche Ausführung des Vorhabens. Siehe hierzu Stedman Whitwell: *Description of an Architectural Model From a Design by Stedman Whitwell, Esq. for a Community upon a Principle of United Interests, as Advocated by Robert Owen, Esq.* London: Hurst Chance 1830.

New Harmony – weder Prototyp der Villages of Unity of Mutual Cooperation noch Ableger der New Lanark Mills

Die genauen Beweggründe für Owens Entschluss, in die USA zu reisen und dort die zum Verkauf stehende Siedlung New Harmony zu besichtigen, sind aufgrund fehlenden Quellenmaterials nicht bekannt. Jedoch war Owens Sohn Robert Dale anwesend, als der Agent der Harmony Society, der damaligen Eigentümerin New Harmonys, seinem Vater das Kaufangebot in New Lanark im August 1824 unterbreitete. Er schreibt in seiner Autobiografie, dass das Angebot, eine fertige Stadt kaufen zu können, seinen Vater gelockt habe.[19]

Eine von der Harmony Society in amerikanischen und englischen Zeitungen geschaltete Verkaufsanzeige verrät Details über das ungewöhnliche Kaufobjekt. Dieser ist zu entnehmen, dass eine Stadt für circa 1.000 Einwohner mit einer Fläche von 20.000 Morgen Land zum Verkauf stand. Ferner erfährt man, dass die Siedlung damals über 20 Backsteingebäude, Wohnunterkünfte mit Gärten, Ställe, etliche Produktions- und Lagerstätten, einen Dorfladen und zwei Kirchen verfügte. Hervorgehoben wird die gute Handels- und Verkehrsanbindung des Orts. Die Annonce endet mit den Worten:

> [T]his concern is well worthy the attention of Capitalists, who wish to invest a large Property; is highly advantageous for carrying on the Manufactures of Broad Cloth, Cassinets, and other Goods, plain and coloured; or for an excellent Mercantile Depot for the supply of Western America.[20]

Owen reiste zusammen mit seinem Sohn William und seinem Bekannten Captain Donald Macdonald in die USA. Knapp zwei Wochen lang inspizierten die Briten New Harmony und seine Umgebung, bevor Owen den Kaufvertrag für die Siedlung am 3. Januar 1825

19 Bezüglich des Besuches Richard Flowers in New Lanark und eventueller Beweggründe für Owens Entschluss, in die Vereinigten Staaten zu reisen und New Harmony zu besichtigen, siehe Donnachie: *Robert Owen. Social Visionary*, S. 205–206, und Taylor: *Visions of Harmony*, S. 59–60. Hinsichtlich Robert Dales Aussage vgl. Robert Dale Owen: *Threading My Way. Twenty-Seven Years of Autobiography*. New York: G. W. Charleton 1874, S. 240–241.

20 Eine Kopie der Anzeige findet sich in *Particulars of the Settlement and Town of Harmony, State of Indiana, North America*, Arndt Collection, Briefe, Box 7, Ordner 50. University Archives and Special Collections. David. L. Rice Library. University of Southern Indiana, Evansville.

unterschrieb.[21] Für $125,000 erstand Owen die Stadt und circa 20.000 Morgen Land.[22] Da es nie Owens Absicht war, das Siedlungsprojekt allein zu finanzieren, hatte er sich bereits vor dem Kauf auf die Suche nach möglichen Pächtern gemacht. Und auch nachdem er New Harmony erstanden hatte, versuchte er, die US-Regierung für sein Vorhaben zu gewinnen.[23] Da Owen jedoch keine Investoren fand, musste er selbst dem ersten der „Villages of Unity and Mutual Cooperation" den Weg in die New Moral World ebnen. Dabei griff er auf seine in New Lanark gemachten Erfahrungen zurück.

Owen strebte zwar eine Gesellschaft basierend auf Kooperation, Gemeinbesitz und Gleichheit an, die die vermeintlichen Schwächen der alten Gesellschaft wie Eigennutz und individuelle Bereicherung hinter sich lassen sollte, er verließ sich jedoch bei deren Realisierung nicht ausschließlich auf den guten Willen der Mitglieder. Sowohl die Gründung der Preliminary Society als auch die der Community of Equality besiegelte er mit einem Verfassungsdokument.[24] Alle Mitgliedsanwärter

21 William Owens und Donald Macdonalds Tagebücher sind bislang die einzig bekannten Quellen, die umfassend Einblick in das Leben der Siedlung in der Zeit zwischen der Ankunft der Briten und dem endgültigen Wegzug der Harmony Society im Mai 1825 gewähren, vgl. hierzu Joel W. Hiatt (Hrsg.): *Diary of William Owen. 10. Nov. 1824–20. April 1825.* Indianapolis: Bobbs-Merrill 1906; Caroline Dale Snedeker (Bearb.): *The Diaries of Donald Macdonald 1824–1826.* Indianapolis: Indiana Historical Society 1942.

22 Für mehr Details zum Kaufvertrag siehe Frederick Rapp: Harmonie, Indiana, U. S. January 3, 1825. Memorandum – terms of offer „to sell to Robert Owen of New Lanark the Estate & Settlement of Harmonie", Ordner 12, Series: Papers Concerned with Sale of Harmonie to Robert Owen, 1825. Roger D. Branigin-Kenneth Dale Owen Collection, 1825–1896 (bulk 1825–1859), Working Men's Institute, New Harmony, Indiana.

23 Im Dezember 1824 hielt Owen einen Vortrag in Albion, Illinois, bei dem er seinem Publikum den Vorschlag unterbreitete, dass Interessierte New Harmony von ihm pachten könnten. Er würde sie so lange unterweisen, bis sie die Prinzipien seiner Lehre verinnerlicht hätten. Im Februar und März 1825 stellte Owen sein Projekt dann im US-Kongress vor, vgl. hierzu Snedeker (Bearb.): *Diaries of Donald Macdonald*, S. 215, 260, 288; Robert Owen: *Two Discourses on a New System of Society; as Delivered in the Hall of Representatives of the U. States, in Presence of the President of the United States, the Ex. President, Heads of Department, Members of Congress, &C. on the 25th of February and 7th of March 1825.* London: Whiting & Branston 1825.

24 Die Preliminary Society wurde nach dem Wegzug der Harmony Society am 1. Mai 1825 gegründet. Sie sollte solange existieren, bis ihre Mitglieder für ein Leben in der eigentlich von Owen angestrebten Community of Equality vorbereitet waren. Drei

mussten zuerst die Verfassung unterzeichnen, d.h. den von Owen in der Verfassung festgelegten Rechten und Pflichten zustimmen, bevor ihre Aufnahme offiziell erfolgte.[25] Auch bei der Tätigung von Land- und Immobiliengeschäften setzte Owen auf ein rechtlich anerkanntes Verfahren. Anhaltende finanzielle Verluste und die Einsicht, dass sein neues soziales System leichter mittels kleinerer Gruppen anstatt einer großen Gemeinschaft zu realisieren sei, veranlassten Owen seit dem Frühjahr 1826, seinen Besitz in und um New Harmony schrittweise zu verpachten und teils auch zu verkaufen. Der Abschluss eines Geschäfts wurde von mehreren Zeugen bestätigt und im Gericht des zuständigen Regierungssitzes in Mount Vernon, Indiana, beglaubigt und registriert.[26]
Wie in New Lanark etablierte Owen in New Harmony einen Siedlungsladen und ein Verwaltungsbüro.[27] Die Leitung der Gesellschaft und des operativen Tagesgeschäfts unterstand zunächst einem von Owen ernannten Führungskomitee. Aus den Briefen des Mitglieds William Pelham geht hervor, dass er im Sommer 1825 für einige Monate im Siedlungsladen arbeitete. Man erfährt, dass dort nicht mit Geld bezahlt wurde, sondern der Zahlungsverkehr mittels sogenannter „passbooks“ erfolgte.

Jahre hatte Owen ursprünglich für die von ihm geleiteten Vorbereitungen vorgesehen. Er verwarf diesen Plan aber bereits im Januar 1826, was umgehend zur Gründung der Community of Equality führte. Die Verfassungen beider Gesellschaften wurden in der Lokalzeitung, der *New-Harmony Gazette*, veröffentlicht: The Constitution of the Preliminary Society of New-Harmony, May 1, 1825. In: *New-Harmony Gazette*, 01.10.1825, S.1–3, und Constitution of the New-Harmony Community of Equality. In: *New-Harmony Gazette*, 15.02.1826, S.161–163.

25 Vgl. The Constitution of the Preliminary Society of New-Harmony, May 1, 1825, S.3, und Constitution of the New-Harmony Community of Equality, S.162.

26 Noch heute sind die Urkunden dort einsehbar. Siehe hierzu die unter Robert Owens Namen abgelegten Verkaufsurkunden in den Deed Records im Posey County Recorder's Office, Mount Vernon, Indiana. Als konkrete Beispiele seien hier die Verträge zwischen Robert Owen und William G. Taylor & Partnern vom 13. Januar 1827 und 14. Februar 1827 genannt. Sie sind zu finden in: Deed Records E August 1827–March 1832. Posey County Recorder's Office, Mount Vernon, S.35–39.

27 Dank erhaltener gebliebener Geschäftsbücher und der Überlieferung von Aufzeichnungen einiger Mitglieder des Owen Experiments wie Thomas und Sarah Pears, William Pelham und Paul Brown sind Einblicke in die gesellschaftliche und wirtschaftliche Organisation des Gesellschaftsexperiments möglich. Allerdings ist es schwer nachzuvollziehen, in welcher Form und über welchen Zeitraum hinweg Institutionen und betriebswirtschaftliche Vorgänge Bestand hatten.

Auf der Sollseite des Buches waren die Waren des Ladens vermerkt und auf der Habenseite der Kredit, der einem jeden Mitglied entsprechend dem Kapital, das es beim Eintritt in die Gesellschaft eingebracht hatte, und der von ihm für das Gemeinwesen geleisteten Arbeit berechnet und vom Führungsgremium zugesprochen worden war.[28] Ein anderes Mitglied, Paul Brown, erklärte nur ein Jahr später:

> The task of managing all the affairs of the society no doubt was too complicated and burdensome for one mind, [...], and what must have made it tenfold more wearing, was the monstrous undertaking of keeping books accounts.[29]

Dem anhaltenden Mitgliederzuwachs wie auch den damit verbundenen Anpassungen im Leistungsangebot und der Kreditvergabe war das von Owen eingeführte Buchhaltungssystem anscheinend nicht gewachsen. Hinzu kamen Beschwerden über die Regelung der Preis- und Kreditvergabe und Arbeitsweise des Führungskomitees.[30]

Als Owen im Februar 1826 beschloss, dass seine Gemeinschaft ausreichend vorbereitet sei, um in das finale Stadium einer Community of Equality einzutreten, kam es auch zu einer wirtschaftlichen Umstrukturierung der Siedlung. Spielte in der Frühphase des Gesellschaftsexperiments die Überwachung der Arbeitsleistung und der Produktionsvorgänge noch keine große Rolle, so sollte sich das nun ändern. Die neue Verfassung erklärte die Gründung unterschiedlicher Wirtschaftsabteilungen. Jedem Department und den untergeordneten Berufsfeldern sollten Aufseher vorstehen. Diese mussten dem Führungskomitee und der Vollversammlung nicht nur Auskunft über Produktionszahlen geben, sondern diesen auch Bericht über das Verhalten und die Leistung der ihnen unterstellten Arbeiter erstatten.[31] Es handelte sich hierbei um ein Kontrollverfahren,

28 Vgl. William Pelham: Letters of William Pelham, 1825–26. In: Harlow Lindley (Hrsg.): *Indiana as Seen by Early Travelers*. Indianapolis: Indiana Historical Commission 1916, S. 360–417, hier S. 371.

29 Paul Brown: *Twelve Months in New-Harmony. Presenting a Faithful Account of the Principal Occurrences which Have Taken Place There within that Period; Interspersed with Remarks*. Neuauflage des Originals von 1827. Philadelphia: Porcupine 1972, S. 16–17.

30 Vgl. Thomas Clinton Pears jr. (Hrsg): *New Harmony. An Adventure in Happiness. Papers of Thomas and Sarah Pears*. Indianapolis: Indiana Historical Society 1933, S. 24–25, 37–38, 39–40.

31 Die Bedeutung der Beschäftigung von Aufsehern und Vorarbeitern für die erfolgreiche Entwicklung seiner Siedlungen stellte Owen bereits in seinen Schriften dar.

das bereits in New Lanark zum Einsatz gekommen war.[32] Das System hielt sich aber nur einige Monate, bevor Owen entschied, die Community of Equality in nach Berufen gegliederte Gemeinschaften aufzuteilen. Doch bereits kurz nach ihrer Konstituierung setzte schon der Zerfall der Community of Equality ein. Wie zuvor angedeutet, erfüllte das Leben in New Harmony nicht die in Owens Schriften und Verfassungen festgehaltenen Versprechen. Nach nur wenigen Wochen wurde Owen von Mitgliedern der Community of Equality gebeten, die Führung der Gesellschaft noch für ein weiteres Jahr zu übernehmen. Diejenigen, die nicht weiter unter Owens Führung leben wollten, formierten sich zu neuen, von Owen unterstützten Gemeinschaften. In New Harmonys Nachbarschaft gründeten sich die Gesellschaften Macluria und Feiba Peveli. Im Mai 1826 kam es dann zur finalen Auflösung der Community of Equality.[33] Owen und sein Partner William Maclure, der Anfang 1826 nach New Harmony gekommen war, um den Bildungsauftrag von Owens Gesellschaftsexperiment zu übernehmen, entzweiten sich über die Frage der richtigen Organisation der örtlichen Schulen und die Art und Weise, wie Owen die Gemeinschaft betriebswirtschaftlich führte. Maclure wollte sein Bildungsvorhaben fortan alleine weiterverfolgen und gründete die Education Society. Er kaufte Owen einen Teil der Siedlung für seine Schulen ab und versammelte dort die einst von ihm nach New

William Owens und Captain Macdonalds Tagebücher vermitteln den Eindruck, dass das Führungskomitee der Preliminary Society (Mai 1825 – Februar 1826) zunächst vor allem mit der Aufnahme und Unterbringung von Mitgliedern beschäftigt gewesen ist und der Organisation des Wirtschaftslebens kaum Aufmerksamkeit widmen konnte. Man hat zudem das Gefühl, dass Owen sein Führungspersonal mit nur unzureichenden Instruktionen in New Harmony zurückgelassen hatte, während er auf Reisen ging, um sein Vorhaben zu bewerben. Seine Helfer wünschten Owens Rückkehr herbei, damit dieser endlich notwendige Entscheidungen treffen und Arbeitsvorgänge initiieren würde.

32 Die Verfassung der Community of Equality beschreibt sehr genau die Strukturen und Aufgaben der einzelnen Wirtschaftsbereiche und ihrer Vorsteher. Das Mitglied Sarah Pears beklagte die äußerst strenge Umsetzung der Regularien durch die Bereichsleiter. Sie kämen jeden Abend zur Besprechung und Bewertung der Arbeiter zusammen. Nur durch eine ärztliche Bescheinigung werde man von der Arbeit befreit, vgl. hierzu Pears jr. (Hrsg.): *New Harmony. An Adventure in Happiness*, S. 73.

33 Es kam zur Formierung der Education Society, Agricultural Society, der Pastoral Society und der Mechanic and Manufacturing Society. Nur erstere hatte über einen längeren Zeitraum Bestand.

Harmony gebrachten Reformpädagogen und Naturwissenschaftler.[34] Weitere Landgeschäfte mit Gesellschaftsmitgliedern folgten im Spätsommer 1826. Zu Beginn des Jahres 1827 verpachtete Owen dann sogar einen Teil der Stadt an einen Geschäftsmann aus Ohio. In den Geschäftsverträgen wurde festgehalten, dass das Land nur für die Gründung von kooperativen Gemeinschaften genutzt und nie aufgeteilt werden dürfe.[35] Owen verließ New Harmony im Sommer 1827 in der Hoffnung, dass sich sein neues soziales System mit Hilfe der vielen kleinen kooperativen Gemeinschaften ausbreiten werde. Ein Jahr später musste er jedoch erkennen, dass sich seine Erwartungen nicht erfüllt hatten. Viele seiner Pächter hatten sich nicht an die Vertragsvereinbarungen gehalten, und so nahm Owen ihnen das Land wieder ab. Er übergab seinen Besitz in New Harmony daraufhin an seine Söhne Robert Dale und William und kehrte nach Europa zurück.[36]

34 An dieser Stelle sei als weiterführende Lektüre Leonard Warrens Maclure-Biographie: *Maclure of New Harmony. Scientist, Progressive Educator, Radical Philanthropist*. Bloomington: Indiana UP 2009, und Donald Pitzers Aufsatz: The Original Boatload of Knowledge Down the Ohio River. William Maclure's and Robert Owen's Transfer of Science and Education to the Midwest, 1825–1826. In: *Ohio Journal of Science* 89 (1989), S. 124–142, genannt.

35 Vgl. Proposed Agreement with New Harmony Communities 1826 (with Plat). New Harmony Series IV, Legal Documents, Ordner 9. Working Men's Institute, New Harmony, Indiana (Maclures Landankauf für die Education Society); die oben bereits genannten Verträge mit William Taylor und Robert Owens Schreiben „The conditions on which I have made the contracts for the land with the Communities …", 26.07.1827. Series 1: Owen Family Papers, 1821–1884, Box 1, Ordner 4. New Harmony, Indiana Collection 1814–1884, 1920, 1964. Indiana Historical Society, Indianapolis, und die zugehörige Dokumentbeschreibung des Archivs.

36 In einer Rede vor seinem Reiseantritt sprach sich Owen noch enthusiastisch über die positive Entwicklung der in und um New Harmony entstandenen Gemeinschaften aus, vgl. hierzu *New-Harmony Gazette*, 30.05.1827, S. 278–279. Im Frühsommer 1828 kehrte Robert Owen noch einmal kurz nach New Harmony zurück. In dieser Zeit übertrug er dann jedoch seine Ländereien und die dazu gehörenden Gebäude an seine Söhne. Sechs Besitzurkunden, ausgestellt auf den 6. Juni 1828, sind erhalten. Diese befinden sich in den Owen Family Business and Legal Papers, 1828–1833. Roger D. Branigin-Kenneth Dale Owen Collection, 1825–1896, Ordner 7. Working Men's Institute, New Harmony, Indiana. Sie sind digitalisiert einsehbar bei Archives Online at Indiana University: http://webapp1.dlib.indiana.edu/findingaids/view?brand=general&docId=VAA9110&chunk.id=VAA9110-081&startDoc=1 (Zugriff am 17.01.2014).

Owens wirtschaftliche Reformen im New Harmony der 1820er Jahre hinterließen kaum Spuren.[37] Eine seiner Erfindungen, die *labor notes*, sollte in New Harmonys postexperimenteller Zeit jedoch noch zur Anwendung kommen. Josiah Warren, einstiges Mitglied der Owen-Gemeinschaft, griff Owens Idee auf und eröffnete 1842 den New Harmony Time Store. Die diesem Vorhaben zugrundliegende Theorie ist, dass sich der Wert einer Ware durch die für ihre Produktion notwendige Arbeit ergibt. Der Preis der Produkte in Warrens Time Store entsprach demnach dem Arbeitsaufwand, dessen es bedurfte, um die Ware zu produzieren und auf den Markt zu bringen. Hinzu kam ein Preisaufschlag, wenn man Warrens Dienste als Verkäufer in Anspruch nahm. Gezahlt wurde mit *labor notes*. Diese waren die Versicherung des Kunden, Arbeit im Wert des getätigten Geschäfts zu leisten. Quellen bezeugen, dass Warrens Time Store zwei Jahre lang Bestand hatte.[38]

Diese Ausführungen zeigen, dass Owen beim Entwurf und dem Versuch der Verwirklichung seiner „New Moral World“ in New Harmony auf die Anwendung rechtlicher und unternehmerischer Mittel setzte. Jedoch war nicht alles unternehmerische Denken und Handeln Teil von Owens Gesellschaftsvision, sondern ergab sich aus der Situation heraus. Demnach lohnt es sich zwar, Owens theoretischen Entwurf als Utopie im klassischen Sinn aufzufassen, da auf diese Weise Owens Versuch, eine kooperative Produktionsgenossenschaft und ein bargeldloses Wirtschaftssystem in New Harmony einzuführen, verständlicher wird. Untersucht man New Harmonys Owen-Ära jedoch ausschließlich hinsichtlich der Realisierung vermeintlich utopischer Leitbilder, vernachlässigt man einen wesentlichen Teil der Geschichte New Harmonys. So bliebe

37 Zumindest überlebten in Form von Geschäftsbüchern und -urkunden schriftliche Zeugnisse dieser Zeit, welche heute Forschern Einblick in das damalige Siedlungsleben ermöglichen.

38 Vgl. William Bailie: *Josiah Warren. The First American Anarchist.* Boston: Small, Maynard & Co. 1906, S. 42–49; Noyes: *History of American Socialisms*, S. 95–97. Noyes Studie basiert auf Material, das A. J. Macdonald über intentionale Gemeinschaften seiner Zeit gesammelt, aber nicht selbst publiziert hatte. Dieser war 1842 nach New Harmony gereist und hatte dort Warrens Time Store aufgesucht. In einem Beitrag im *Indiana Statesman*, einer in den frühen 1840er Jahren in New Harmony erschienenen Zeitung, erklärt Warren anhand von Weizen die Preispolitik seines Ladens, vgl. hierzu *Indiana Statesman*, 08.02.1845.

beispielsweise die Frage, warum Owen die Rückzahlung von Investitionen und die Absicherung seiner Geschäfte in herkömmlicher geschäftlicher Manier wichtig waren, unbeantwortet. Owen mag den Wandel seiner Herkunftsgesellschaft angestrebt haben, aber nicht um jeden Preis und vor allem nicht auf seine Kosten. Er wollte nie der allein verantwortliche Finanzier des Siedlungsprojektes sein. Als er es dann aber wurde, bediente er sich ganz selbstverständlich klassischer Geschäftsinstrumente, wie beispielsweise des Kauf- und Gesellschaftsvertrags, um die von ihm getätigten Investitionen zu sichern. Und auch als er erkannte, dass der Verlauf des Experiments die Rückzahlung seines Geldes unwahrscheinlich werden ließ, wurde der Lösung dieses Problems ungeachtet der geschlossenen Gesellschaftsverträge Priorität eingeräumt.
Demnach hilft der Utopiebegriff zwar, Owens Gesellschaftsexperiment in New Harmony und andere Aspekte seines Œuvres und Wirkens verständlicher zu machen. Jedoch zeigt die Geschichte New Harmonys auch, dass eine einseitige Interpretation Owens als Utopist die Gefahr birgt, historische Tatsachen zu vernachlässigen, die gleichermaßen wichtig sind, um die damalige Realität deuten und begreifen zu können.

Teil IV

Utopische Kritik, Kritik an der Utopie

Der Tod des Utopisten

Gescheiterte Neuentwürfe eines ‚gerechten' Wirtschaftssystems in der europäischen Literatur vor 1929

Jonas Nesselhauf

Die (gesellschaftliche wie literarische) Beschäftigung mit dem wirtschaftlichen System ist immer dann am stärksten, wenn eine ökonomische Krise längst alle Lebensbereiche und Gesellschaftsschichten erreicht hat. Bereits vor der verheerenden Weltwirtschaftskrise von 1929 erlebte der Kapitalismus immer wieder (und meist systemintern herbeigeführte) Spekulations- und Finanzkrisen, sodass sich bereits in literarischen Texten des späten 19. Jahrhunderts explizite Darstellungen von idealistischen Antikapitalisten finden lassen, die engagiert ökonomische Gegenentwürfe ausarbeiten. Doch, so scheint es zumindest in den hier ausgewählten werkimmanenten Utopien, die vor der Weltwirtschaftskrise 1929 spielen: Je mehr sich das wirtschaftliche System durchsetzen und festigen konnte, desto hoffnungsloser ist der intellektuelle Widerstand dagegen, bis nur noch Gewalt und schließlich Resignation bleiben.

Das neue Wirtschaftssystem und die ersten Krisen

Dabei erschien die neue Wirtschaftsordnung im 19. Jahrhundert selbst als segensreiche Neuerung und regelrechte ‚Demokratisierung' der Wirtschaft, wurden damit doch veraltete Prinzipien wie die Privilegienwirtschaft des Adels im *Ancien Régime* oder die Leibeigenschaft im Feudalismus abgeschafft. Zweifelsfrei ist die ‚Erfindung' des Kapitalismus eines der einschneidendsten und folgenreichsten Ereignisse in der Geschichte der Menschheit, ein ideologischer und struktureller Umbruch mit tiefschürfenden Konsequenzen für Alltagsleben und Weltsicht.

Doch die zweite Hälfte des 19. und der Beginn des 20. Jahrhunderts gingen nicht nur als ebenjene Epoche in die Geschichtsbücher ein, in der sich das kapitalistische System endgültig durchsetzte, sondern auch als eine Zeit, die immer wieder von Wirtschaftskrisen heimgesucht wurde – innerhalb von weniger als 80 Jahren kam es zu acht schwerwiegenden, dazwischen immer wieder auch zu kleineren Krisen.[1]

So ereignete sich die erste tatsächliche *Welt*wirtschaftskrise bereits im August 1857 in New York City, als die Ohio Life Insurance and Trust Company nach Fehlspekulationen Konkurs anmelden musste. In den darauf folgenden Tagen riss sie über ein Dutzend Eisenbahngesellschaften und allein zwischen dem 25. und dem 29. September des Jahres fast 200 Banken mit in die Pleite. Zwei Monate später erreichte die Krise auch Europa, vor allem England, und zum Jahresende 1857 dann den Handelsplatz Hamburg.

Im Frankreich des Zweiten Kaiserreichs kam es gleich zu mehreren Börsenkrisen: So verspekulierte sich etwa die 1852 von den Brüdern Isaac

1 Einführend in die Geschichte der Wirtschaftskrise empfehlen sich (auch den folgenden Bemerkungen zugrunde gelegt): Robert Aliber / Charles Kindleberger: *Manias, Panics and Crashes. A History of Financial Crises.* Basingstoke: Palgrave Macmillan 2011; Karl Erich Born: Wirtschaftskrisen. In: Willi Albers et al. (Hrsg.): *Handwörterbuch der Wirtschaftswissenschaft [Neunter Band.].* Stuttgart: Fischer 1992, S. 130–141; Werner Plumpe: *Wirtschaftskrisen. Geschichte und Gegenwart.* München: Beck 2012. Zur Darstellung von Finanzkrisen in der Literatur, vgl. etwa Heinz-Dieter Assmann / Karl-Josef Kuschel: *Börsen, Banken, Spekulanten. Spiegelungen in der Literatur – Konsequenzen für Ethos, Wirtschaft und Recht.* Gütersloh: Gütersloher Verlagshaus 2011; Annika Jung / Karl-Josef Koch: Wahrnehmung und Folgen ökonomischer Krisen. In: Uta Fenske / Walburga Hülk / Gregor Schuhen (Hrsg.): *Die Krise als Erzählung. Transdisziplinäre Perspektiven auf ein Narrativ der Moderne.* Bielefeld: Transcript 2013, S. 333–344; und allgemein Jochen Hörisch: *Kopf oder Zahl. Die Poesie des Geldes.* Frankfurt: Suhrkamp 1998.

und Emile Pereire gegründete Depositenbank Société Générale du Crédit Mobilier mit österreichischen Staatsanleihen, die nach der militärischen Niederlage bei Königgrätz (1866) rasant an Wert verloren. Kurz darauf brach die erst 1878 von Paul Eugene Bontoux gegründete Bank Union Générale durch riskante Überspekulationen und gefährliche Kursmanipulationen bereits 1882 zusammen – mit verheerenden Folgen für die oftmals einfachen Anleger und Kleinsparer.

In Deutschland kam es infolge des verlorenen Ersten Weltkriegs in den frühen 1920er Jahren zu einer katastrophalen Inflation: Die neugegründete Weimarer Republik machte den fatalen (und nach kapitalistischen Grundsätzen eigentlich unverständlichen) Fehler, alle Folgelasten und Reparationszahlungen des Krieges immer wieder durch Geldvermehrung zu finanzieren: Nach Bedarf wurden stets neue Banknoten gedruckt, ohne dass diese durch einen entsprechenden realen Gegenwert (etwa Gold) gedeckt waren – eine riskante Kreditpolitik, die Deutschland direkt in die Hyperinflation steuerte. In der Folge brach 1922 zunächst der Export ein, darauf die Leistung der Binnenwirtschaft. Als im November der Gegenwert von einem US-Dollar bei unsagbaren 4,2 Billionen Mark lag, blieb von den Geldscheinen nur noch ihr bloßer Papierwert übrig.[2]

Am Ende des Jahrzehnts kam es zur bis dahin verheerendsten ökonomischen Krise des Kapitalismus überhaupt: Nachdem die ‚Goldenen Zwanziger Jahre' in den USA zu einem beachtlichen wirtschaftlichen Aufschwung, aber auch zu starken Kursanstiegen an der New Yorker Börse geführt hatten, platzte diese Spekulationsblase am 25. Oktober 1929. Der Börsencrash in Nordamerika löste weltweit eine Kette von ähnlichen Kursstürzen und eine tiefe wirtschaftliche Depression aus, die überhaupt erst 1932 ihren Tiefpunkt finden sollte.

2 Vgl. dazu auch Jonas Nesselhauf: Bis zum letzten Tropfen. Die Großstädte und das Trinkerleben in Berlin-Romanen der Weltwirtschaftskrise um 1930. In: Grzegorz Jaśkiewicz / Jan Wolski (Hrsg.): *Genuss und Qual. Aufsätze und Aufzeichnungen.* Rzeszów: Wydawnictwo Uniwersytetu Rzeszowskiego 2014, S. 117–130, hier S. 118–119.

Ökonomische Gegenentwürfe im 19. Jahrhundert

Nicht ohne Grund steht das kapitalistische Wirtschaftssystem in diesen acht Jahrzehnten unter Beobachtung – und nicht zuletzt in Romanen, wo in dieser Zeit auch immer wieder (fiktionale) ökonomische Neuausrichtungen entwickelt werden. Und so überrascht es nicht, dass die realen und teilweise sehr einschneidenden Wirtschaftskrisen des späten 19. und frühen 20. Jahrhunderts von Schriftstellern be- und verhandelt wurden, in Anlehnung an die Tradition der Utopie sogar Neuentwürfe des ökonomischen Systems gedacht und vorgestellt wurden.

Vereinfacht gesagt beschreiben Utopien (gemeinhin) eine ‚schönere', ‚gerechtere', ‚lebenswertere' Welt und sind der idealistische Entwurf der bestmöglichen Gesellschaft.[3] In den klassischen literarischen Utopien seit dem 16. Jahrhundert – nähme man etwa Thomas Morus' namensgebende *Utopia* (1516) und Tommaso Campanellas *Città del Sole* (1602) als Ausgangspunkt – ist eine vollendete Ordnung immer auch am tatsächlichen Zustand der Gesellschaft, des Staatswesens oder eben der Wirtschaft ausgerichtet. Diese Utopien funktionieren also als Gegenfolie zur Zeitgeschichte, decken damit aktuelle Missstände und Ungerechtigkeiten durch eine Umkehrung in den Idealzustand auf.

Die folgenden drei Beispiele sind keine utopischen Romane im klassischen Sinne, vielmehr sind die ‚utopischen' Gedanken in den jeweiligen Texten integriert, als eine von mehreren inhaltlichen Facetten. Und einen weiteren Aspekt haben diese Texte gemein: Ihre werkimmanent entworfenen Utopien bleiben un(aus)gelebt, ihr Schöpfer oder Vordenker wird gnadenlos scheitern. Exemplarisch soll der Blick nun auf die Utopisten Sigismond Busch und Máximo Estrella aus Werken von Émile Zola und Ramón del Valle-Inclán, aber auch auf Berlinromane der 1920er

3 Ich verwende hier einen deutlich weiteren Utopie-Begriff, der über den Kanon klassischer literarischer Utopien hinausgeht. Unter den inzwischen zahlreichen Untersuchungen zur literarischen Utopie seien folgende Einführungen hervorgehoben: Klaus Berghahn / Hans Ulrich Seeber (Hrsg.): *Literarische Utopien von Morus bis zur Gegenwart.* Königstein: Athenäum 1983; Gregory Claeys: *Ideale Welten. Die Geschichte der Utopie.* Darmstadt: WBG 2011; Merlin Coverley: *Utopia.* Harpenten: Pocket Essentials 2010; Hiltrud Gnüg: *Utopie und utopischer Roman.* Stuttgart: Reclam 1999; Richard Saage: *Politische Utopien der Neuzeit.* Darmstadt: WBG 1991; Thomas Schölderle: *Geschichte der Utopie.* Wien: Böhlau 2012.

Jahre geworfen werden, die unmittelbar die Inflationsjahre und die Wirtschaftskrise von 1929 reflektieren.

Der Traum vom ‚collectivisme': Sigismond Busch in Émile Zolas *L'Argent* (1890)

Émile Zolas 1890 erschienener Roman *L'argent* ist Teil seines 20-bändigen Romanzyklus *Les Rougon-Marquart*, einer fulminanten Milieustudie zur gesellschaftlichen Lage Frankreichs im Zweiten Kaiserreich.
Im Zentrum steht Aristide Saccard, der die Banque Universelle gründet, sie durch gezielte, aber auch unlautere Aktienspekulationen an der Pariser Börse zu einem Imperium führt, durch den unvermeidlichen Crash – der den tatsächlichen Fällen der Crédit Mobilier oder Union Générale in Nichts nachsteht – aber schließlich alles verliert und dabei unzählige Kleinanleger mit in den finanziellen Ruin reißt.
In Zolas Romanwelt wimmelt es von neurotischen und hochkapitalistischen Figuren, deren zentraler Lebensmittelpunkt Gelderwerb und -mehrung darstellt – mit Ausnahme des Utopisten Sigismond Busch. Selbst verarmt und vereinsamt vegetiert er kränklich im Hinterzimmer der Wohnung seines Bruders, ausgerechnet eines Schuldeneintreibers und ausgerechnet mit freiem Blick auf die imposante Pariser Börse:

> Et, malgré son dur amour de l'argent, sa cupidité assassine qui mettait dans la conquête de l'argent l'unique raison de vivre, il souriait indulgemment des théories du révolutionnaire, il lui abandonnait le capital comme un joujou à un gamin, quitte à le lui voir briser.[4]

Bereits im ersten Kapitel sucht Saccard, der spätere Spekulationskönig, Sigismond auf, um ihn bei der Übersetzung eines Dokuments aus dem Russischen um Hilfe zu bitten. Dabei prognostiziert Sigismond den Untergang des kapitalistischen Gewinnstrebens:

4 Émile Zola: *L'Argent.* Paris: Flammarion 2008, S. 51–52. – In der deutschen Übersetzung von Leopold Rosenzweig: „Trotz seiner hartherzigen Geldgier, seiner blutigen Habsucht, die im Gelderwerb den einzigen Grund zum Leben fand, lächelte Busch [Sigismonds Bruder] über die Lehren des Weltverbesserers und gab ihm das Kapital preis, wie man einem Knaben ein Spielzeug überlässt, das er zerbrechen muss." (Émile Zola: *Das Geld.* Frankfurt am Main: Insel 2010, S. 54.)

‚Mais nous vaincrons, parce que nous sommes la justice. Tenez! vous voyez ce monument devant vous… Vous le voyez?'
‚La Bourse?' dit Saccard. ‚Parbleu! oui, je la vois!'
‚Eh bien, ce serait bête de la faire sauter, parce qu'on la rebâtirait ailleurs… Seulement, je vous prédis qu'elle sautera d'elle-même, quand l'État l'aura expropriée, devenu logiquement l'unique et universelle banque de la nation; et, qui sait?'[5]

In seinem Denken klar von Karl Marx[6] beeinflusst – *Das Kapital*, die Schrift seines „Lehrmeisters", bezeichnet er als seine „Bibel"[7] –, skizziert der Utopist seine Pläne des „collectivisme"[8]:

‚Le collectivisme, c'est la transformation des capitaux privés, vivant des luttes de la concurrence, en un capital social unitaire, exploité par le travail de tous. […] Et cela, comme d'un coup de hache, abat l'arbre pourri. Plus de concurrence, plus de capital privé, donc plus d'affaires d'aucune sorte, ni commerce, ni marchés, ni Bourses. L'idée de gain n'a plus aucun sens. Les sources de la spéculation, des rentes gagnées sans travail, sont taries. […] Il n'y a plus, comme mesure de la valeur, que le travail. […] C'est notre système social entier à détruire…'[9]

5 Zola: *L'argent*, S. 57. – „‚Aber siegen müssen wir, weil wir die Gerechtigkeit sind!… Hier, sehen Sie dieses Denkmal vor Ihren Augen, sehen Sie es?' – ‚Die Börse?' sagte Saccard. ‚Freilich sehe ich sie.' – ‚Nun, es wäre eine Dummheit, sie in die Luft zu sprengen, weil sie anderswo wieder aufgebaut würde. Allein ich sage Ihnen zum voraus, sie wird von selbst in die Luft fliegen, wenn der Staat sie enteignet hat und logischerweise das einzige und allgemeine nationale Bankhaus geworden ist.'" (Zola: *Das Geld*, S. 60–61.)

6 Karl Marx verbrachte ab 1843 selbst einige Jahre in Paris, wo er auch enge Kontakte mit der kulturellen Szene pflegte – der ebenfalls in Paris lebende Heinrich Heine etwa veröffentlichte sein Gedicht *Die schlesischen Weber* 1844 im von Marx mitherausgegebenem *Vorwärts!*. Die Zeit in der französischen Hauptstadt war für Marx prägend, auch in Hinblick auf sein zusammen mit Friedrich Engels verfasstes *Manifest der kommunistischen Partei* (1847/48).

7 Zola: *Das Geld*, S. 412.

8 Den von Busch skizzierten Ideen des „Kollektivismus" liegen sicherlich die zeitaktuellen Gedanken von Karl Marx zugrunde, erinnern aber ebenso an den Kanon klassischer literarischer Utopien: Auch hier existiert Geld als Währung quasi nicht mehr, genauso wenig wie persönlicher Besitz, während die Ressourcennutzung politisch kontrolliert wird.

9 Zola: *L'argent*, S. 54–56. – „Kollektivismus ist die Umgestaltung der Privatkapitalien, die vom Konkurrenzkrieg leben, zu einem einheitlichen Gesellschaftskapital, das durch gemeinsame Arbeit aller in Betrieb gesetzt wird. […] Und so wird mit einem Axthieb der verfaulte Baum gefällt. Keine Konkurrenz, kein Privatkapital mehr, folglich keinerlei Geschäfte mehr, kein Handel, keine Börse. Der Gedanke an Gewinn hat gar keinen Sinn mehr, die Quellen der Spekulation, der ohne Arbeit erworbenen Renten sind versiegt. […] Das einzige Wertmaß ist nur noch die Arbeit. […] Unsre gesamte Gesellschaftsordnung ist umzuwerfen…" (Zola: *Das Geld*, S. 57–59).

Zwei weitere Male wird Sigismond noch im Roman auftauchen: Nach dem kometenhaften, aber mit Betrug und Aktienmanipulationen verbundenen Aufstieg Saccards treffen die beiden unterschiedlichen Charaktere, der kränkliche und fragile Utopist und der kapitalistische Zocker, im neunten Kapitel nochmals aufeinander, und – mit seiner Forderung, das Geld abschaffen zu wollen – auch zwangsläufig aneinander. Doch schließlich wird der idealistische Sigismond im stickigen Hinterzimmer sterben, vereinsamt, aber bis zuletzt von seinem „erhabenen Traum von Gerechtigkeit“[10] überzeugt.

Und nicht zufällig erinnern die Dialoge zwischen Sigismond und Saccard immer wieder auch an die literarischen Vorläufer Morus und Campanella, die eine bereits in Platons Philosophie begründete Form des Gesprächs übernehmen. Hier ist es nun aber kein zurückkehrender Seemann, der seinem Gegenüber den jeweiligen Idealstaat im Kontrast zur ‚heimischen‘ Situation vorstellt; die Utopie, die der überzeugte Marxist dem hochkapitalistischen Spekulanten darlegt, ist reine Theorie – real ist nur die übermächtige Bourse de Paris vor dem Fenster, die Saccard magisch anzieht und Sigismond abstößt.

Bis zuletzt befürchtet er, dass seine am gesellschaftlichen Reißbrett skizzierten Aufzeichnungen nach dem Tod von seinem Bruder zerstört, oder noch schlimmer, verkauft würden, vertraut sein niedergeschriebenes Lebenswerk schließlich einer Bekannten an:

> ‚Enfin, cette société de l'avenir, je suis parvenu à la mettre debout, après tant de nuits passées! Tout y est prévu, résolu, c'est toute la justice et tout le bonheur possibles… Ah! comme je la vois, comme elle se dresse là, nettement, la cité de justice et de bonheur! […] Plus d'argent, et dès lors plus de spéculation, plus de vol, plus de trafics abominables, plus de ces crimes que la cupidité exaspère […]. Ah! cité bienheureuse, cité triomphale vers qui les hommes marchent depuis tant de siècles, cité dont les murs blancs resplendissent, là-bas… Là-bas, dans le bonheur, dans l'aveuglant soleil…‘[11]

10 Zola: *Das Geld*, S. 54.

11 Zola: *L'argent*, S. 486–489. – „Endlich ist es mir gelungen, nach so vielen durchwachten Nächten die Gesellschaft der Zukunft aufzubauen. Alle Fragen sind vorgesehen, alles ist gelöst, jede irgendmögliche Gerechtigkeit und Wohlfahrt gefunden… O, wie deutlich sehe ich sie, wie klar steht sie vor mir aufgerichtet, jene Stadt der Gerechtigkeit und des Glücks! […] Geld gibt es keines mehr, daher auch keine Spekulationen mehr, keinen Diebstahl, keinen verwerflichen Schacher, nichts mehr von jenen in der

Mit diesen letzten Worten stirbt er, der träumende Utopist, über seinen Papieren, seinem intellektuellen Vermächtnis an die Menschheit, wobei offen bleibt, ob seine Gedanken zu einem alternativen Wirtschaftssystem und zum „collectivisme" jemals veröffentlicht, geschweige denn umgesetzt und gelebt werden können.

Sein Tod in diesem aufgeladenen und hochsymbolischen Raum – dem Hinterzimmer des Inkassobüros, ausgerechnet mit Blick auf die prunkvolle Pariser Börse – symbolisiert sein individuelles Scheitern, aber genauso auch die vergeblichen Bemühungen einer ökonomischen Neuausrichtung der Gesellschaft des 19. Jahrhunderts insgesamt.

Der intellektuelle Wutbürger: Máximo Estrella in Ramón del Valle-Incláns *Luces de Bohemia* (1921/24)

Die Verbindung einer politischen *und* wirtschaftlichen Neuausrichtung der Gesellschaft zeigt sich in Ramón del Valle-Incláns Groteske *Luces de Bohemia* (1921/24), einem bitterbösen sozialkritischen Zeitstück in 15 Szenen, das die letzten Stunden des blinden Schriftstellers Máximo Estrella in der abgestumpften Umwelt eines lebensfeindlichen Madrids erzählt. Um einer „Straßennutte"[12] ein Lotterielos abkaufen zu können, veräußert er Teile seiner Kleidung. Er wandelt durch die Straßen Madrids, die einem „Höllenkreis"[13] aus Dantes *Divina Commedia* gleichen, und wird, als er schließlich vor der Tür seines Hauses stirbt, noch von seinem Vertrauten Don Latino um sein restliches Geld und das Lotterielos erleichtert, das sich später als Hauptgewinn entpuppen wird.

Das Stück entstand unter dem Eindruck gleich dreier zeitaktueller Krisen: Der allgemeinen wirtschaftlichen Krise der 1920er Jahre, der spanischen Identitätskrise nach dem endgültigen Verlust der Kolonien 1898 sowie der Militärdiktatur von Miguel Primo de Rivera, die Spanien ab 1923 beherrschte.

Verzweiflung der Geldgier begangenen Verbrechen. […] O, glückselige Stadt, Stadt des Triumphs, welcher die Menschheit seit so vielen Jahrhunderten entgegenschreitet; o Stadt, deren weiße Mauern dort in der Ferne schimmern … dort, im Glück … im blendenden Sonnenschein…" (Zola: *Das Geld*, S. 575–579).

12 Ramón del Valle-Inclán: Lichter der Boheme. Esperpento in 15 Szenen. In: *Theater Heute*, 6/1974, S. 27–42, hier S. 29.

13 Ebd., S. 36.

Die Situation der spanischen Bevölkerung zeigt sich besonders in der elften Szene des Stücks, die im Armenviertel spielt und einer Milieustudie der Krisenverlierer und gesellschaftlich Ausgestoßenen gleicht: Die Straßen sind dreckig, Geschäfte wurden geplündert, und eine Mutter hält ihren toten Sohn in den Armen; in einer polyphonen Massenszene kommen Stimmen aus dem Volk zu Wort: „La vida del proletario no representa nada para el Gobierno.“[14]

Dieses krisenhafte Zeitgefühl drückt sich auch in Máximos ernüchternder Bilanz aus:

> MAX: La Revolución es aquí tan fatal como en Rusia. [...] Yo me siento pueblo. Yo había nacido para ser tribuno de la plebe, y me acanallé perpetrando traducciones y haciendo versos. [...] Pero esa prensa miserable me boicotea. Odian mi rebeldía y odian mi talento. Para medrar hay que ser agradador de todos los Segismundos.[15]

„Segismundos“, in der deutschen Übersetzung der „Heini“, ist sicherlich ein Verweis auf die ‚ganze Welt‘, gewiss aber auch auf die gleichnamige Figur in Calderón de la Barcas *La vida es sueño* (1635) und vielleicht sogar eine intertextuelle Andeutung auf unseren Sozialutopisten Sigismond aus Émile Zolas *L'argent* zuvor. Denn schließlich trägt auch der Hauptprotagonist Máximo Estrella hier einen sehr bezeichnenden Namen – er mag zwar der (wörtlich übersetzt) ‚höchste Stern‘, Spaniens führender Intellektueller, sein, aber wie ein Stern kann er auch (besonders unter den Bedingungen der Zeit) nicht von alleine leuchten.

Und so wird er nicht nur von seiner Umgebung ausgebeutet und betrogen – auch seine Ideen zur Erneuerung der Gesellschaft werden gnadenlos scheitern. In der sechsten Szene des Stücks landet Max wegen Trunkenheit kurzzeitig in einer Polizeizelle und entwirft zusammen mit einem Mitgefangenen aus diesem (erneut sehr ambivalent-mehrdeutigen)

14 Ramón del Valle-Inclán: *Luces de Bohemia. Esperpento.* Madrid: Espasa-Calpe 1974, S. 101. – „Was kümmert die Regierung das Leben der Proletarier?“ (Valle-Inclán: Lichter der Boheme, S. 36.)

15 Valle-Inclán: *Luces de Bohemia*, S. 38–40. – „MAX: Die Revolution ist hier so unvermeidlich wie in Russland. [...] Ich fühle mich Volk. Ich war zum Volkstribun geboren und habe mich prostituiert, indem ich Übersetzungen angefertigt und Verse gemacht habe. [...] Aber die elende Presse boykottiert mich. Sie hassen meine Rebellion und hassen mein Talent. Um es zu etwas zu bringen, muss man sich bei jedem Heini Liebkind machen.“ (Valle-Inclán: Lichter der Boheme, S. 30.)

Raum heraus eine politisch-gesellschaftliche, aber auch ökonomische Neuordnung:

> EL PRESO: En España el trabajo y la inteligencia siempre se han visto menospreciados. Aquí todo lo manda el dinero. [...] El ideal revolucionario tiene que ser la destrucción de la riqueza, como en Rusia. No es suficiente la degollación de todos los ricos. [...] Hay que hacer imposible el orden anterior, y eso sólo se consigue destruyendo la riqueza. [...]
> MAX: Los obreros se reproducen populosamente, de un modo comparable a las moscas. En cambio, los patronos, como los elefantes, como todas las bestias poderosas y prehistóricas, procrean lentamente. [...] Y en último consuelo, aun cabe pensar que exterminando al proletario también se extermina al patrón.[16]

Máximos eher unspezifische Forderungen sind deutlich radikaler als die utopischen Entwürfe von Sigismond und von dessen Traktaten und detaillierten Entwürfen am Reißbrett weit entfernt. Anstatt auf den Zusammenbruch des fehlerhaften Systems zu warten (oder zu hoffen), und aus der postapokalyptischen Szenerie der spanischen Hauptstadt heraus, in der Plünderungen an der Tagesordnung sind, ruft Máximo zur *gewaltsamen* Umwälzung der Gesellschaft auf.
Doch genau damit ist eine weitere und nun Gewalt nicht mehr ablehnende Entwicklungsstufe erreicht: Veränderungen am immer dominanter werdenden Kapitalismus scheinen jetzt nicht mehr durch theoretische Gedanken möglich, sondern (auch in der zeitlichen Nähe zu den Ereignissen von 1917) nur in einer allgemeinen Revolution und durch die martialische ‚Vernichtung des Reichtums' zu erreichen.

16 Valle-Inclán: *Luces de Bohemia*, S. 54–56. – „GEFANGENER: In Spanien wurden die Intelligenz und Arbeit von jeher verachtet. Hier regiert nur das Geld. [...] Das revolutionäre Ideal muss die Vernichtung des Reichtums sein, wie in Russland. Sämtliche Reichen zu köpfen, damit ist es nicht getan. [...] Die ganze alte Ordnung muss abgeschafft werden, und das lässt sich nur durch die Vernichtung des Reichtums erreichen. [...] MAX: Die Arbeiter pflanzen sich so zahlreich fort wie die Fliegen. Die Unternehmer dagegen pflanzen sich so langsam fort wie die Elefanten, wie alle mächtigen prähistorischen Tiere. [...] Als letzten Trost möge man bedenken, dass mit der Ausrottung des Proletariats auch die Unternehmer ausgerottet werden." (Valle-Inclán: Lichter der Boheme, S. 36.)

Die ‚Utopie der schweigenden Mehrheit' in Großstadtromanen der 1920er Jahre

Bei allen diesen werkimmanenten Utopien, also gesellschaftlichen, politischen und vor allem ökonomischen Gegenentwürfen, die von handelnden Figuren innerhalb der fiktionalen Welt eines Werkes entwickelt werden, stellt sich immer die Frage, ob sie als autorintendierte und damit kritische Auseinandersetzungen mit der jeweiligen zeitgeschichtlichen Realität fungieren, oder (neutral) lediglich Teil der abgebildeten gesellschaftlichen Umwelt sind, Stimmen des Alltags sozusagen.

Besonders in den Großstadtromanen der 1920er Jahre, einer dominanten Form der Erzählliteratur dieser Zeit, finden sich immer wieder intensive Beschäftigungen einzelner Protagonisten mit ihrer gesellschaftlichen und ökonomischen Situation. Vor allem dem Phänomen der Hyperinflation stand die Bevölkerung hilflos gegenüber – als prägendes wie übermächtiges Erlebnis strukturiert sie außerdem die literarischen Texte unfreiwillig: So klingen die täglich zur Mittagszeit neu herausgegebenen Umrechnungskurse zum Dollar, etwa in Hans Falladas *Wolf unter Wölfen* (1937) oder dem erst spät erschienenen Roman *Der schwarze Obelisk* (1956) von Erich Maria Remarque, so regelmäßig durch die Erzählung wie die Glockenschläge in Virginia Woolfs *Mrs. Dalloway* (1925):

> Der Dollar ist zu wild geworden; er springt jetzt nicht mehr um Tausende und Zehntausende, sondern um Hunderttausende täglich. [...] Die Arbeiter bekommen jetzt zweimal am Tage Geld – morgens und nachmittags –, und jedes Mal eine halbe Stunde Pause, damit sie losrennen und einkaufen können [...].[17]

Durch die lange und schwere wirtschaftliche Krise, aber auch ausgelöst durch die blühende Presselandschaft dieser Zeit, reflektieren alle Gesellschaftsschichten (und dadurch auch die unterschiedlichsten Figuren in diesen Großstadtromanen) die Nachteile des kapitalistischen Systems in seiner aktuellen Form. In Erich Kästners Roman *Fabian. Die Geschichte eines Moralisten* (1931) etwa äußert Labude, der engste Studienfreund des titelgebenden „Moralisten" Jakob Fabian, erst müsse sich das ökonomische System ändern, damit sich auch die Menschen darin grundlegend ändern könnten – eine in dieser Zeit populäre These, die auch immer

17 Erich Maria Remarque: *Der schwarze Obelisk. Geschichte einer verspäteten Jugend.* Köln: Kiepenheuer & Witsch 2014, S. 259.

wieder in anderen literarischen Werken erwähnt wird, von Irmgard Keuns *Das kunstseidene Mädchen* (1932) bis zu Ödön von Horváths Oktoberfeststück *Kasimir und Karoline* (1932).

> ‚Erst muss man das System vernünftig gestalten, dann werden sich die Menschen anpassen. […] Aber du phantasierst lieber von einem unerreichbaren vollkommenem Ziel, anstatt einem unvollkommenem zuzustreben, das sich verwirklichen lässt.'[18]

Labude wirft dem zu idealistischen Fabian also auch gleichzeitig vor, in seien Utopien *zu utopistisch* zu sein und fordert schrittweise kleinere Veränderungen hin zur gesellschaftlichen Verbesserung. Damit ist er von seiner sozialen Umgebung geprägt, der krisengeschüttelten Weimarer Republik nach Ende des Ersten Weltkriegs wie auch dem Gefühl einer allgemeinen Ohnmacht in den Notjahren der Inflation und später während der verheerenden Wirtschaftskrise. So bleibt von ausgefeilten Entwürfen am gesellschaftlichen Reißbrett oder drastischen Aufrufen zur Gewalt in dieser eigentlich sehr medialen Zeit nur noch die reine (und resignative) Politisierung übrig, also die passive Beteiligung an einem politischen Programm.
Diese Verhaltensweise lässt sich an die von Hermann Peter Piwitt in anderem Zusammenhang geprägte Bezeichnung einer „Utopie der schweigenden Mehrheit" anlehnen – nun geht es nämlich nicht mehr um einen „positiven Entwurf einer neuen ganz anderen Gesellschaft":

> Sie gehen über das, was der bestehenden gesellschaftlichen Ordnung ihrer Natur nach zu leisten zugetraut wird, nicht hinaus. […] Aber sie gestalten keinen neuen Entwurf aus dem Glücksverlangen des Unterbewusstseins der Mehrheit heraus.[19]

Auch Hans Falladas Roman *Kleiner Mann – was nun?* (1932) ist im Berlin der 1920er Jahre angesiedelt, in der pulsierenden, aber eben auch von der wirtschaftlichen Situation gezeichneten Metropole. Johannes Pinneberg versucht darin, sich und seine junge Familie über die Runden zu bringen; immer wieder wird er zum Spielball anderer:

18 Erich Kästner: *Fabian. Die Geschichte eines Moralisten.* München: dtv 2009, S. 54.

19 Hermann Peter Piwitt: Kleiner Versuch zur Utopie der schweigenden Mehrheit. In: Nicolas Born (Hrsg.): *‚Die Phantasie an die Macht.' Literatur als Utopie.* Reinbek: Rowohlt 1975, S. 72–79, hier S. 73.

> Wenn man arm ist [, konstatiert er], kompliziert sich alles.[20]

Erst spät schlägt sein stoisches Erdulden in eine zumindest passive Auflehnung um, die aber ebenfalls, wie bei so vielen anderen Großstadtfiguren dieser Zeit, noch weit entfernt von utopischen Neuentwürfen der Gesellschaft ist, sich stattdessen ausschließlich auf die eigene Lebenswirklichkeit bezieht:

> ‚Aber jetzt will ich…' Er versinkt im Nachdenken und schweigt.
> ‚Was willst du?' fragt [seine Ehefrau] Lämmchen.
> ‚Ich werde', sagt er feierlich, ‚noch einmal an das Aufsichtsamt schreiben. Ich werde denen sagen, […] dass wir anständig behandelt werden müssen, dass wir Menschen sind.'
> ‚Hat es einen Zweck?', fragt Lämmchen. […]
> ‚Aber man muss doch was tun!' ruft er verzweifelt. ‚Ich ertrag das einfach nicht länger. Sollen wir zu allem still sein? Sollen wir uns immer treten lassen?' […]
> Und dann geht er gegen das Fenster und sieht hinaus, und halblaut sagt er: ‚Und das nächste Mal wähle ich doch Kommunisten!'[21]

Pinneberg, der archetypische Kleinbürger, kann sich nur durch die Übernahme einer bereits existierenden und verheißungsvoll klingenden (in diesem Fall marxistischen oder kommunistischen) Ideologie helfen und ist dabei Spiegelbild der zunehmenden Politisierung in dieser Zeit: Die Arbeiterklasse und die aufstrebenden Angestellten (zu denen auch Pinneberg gehört) unterstützen eher die extremen politischen Lager am rechten wie linken Rand – seiner Ohnmacht bewusst, bleibt der Widerstand passiv.

Und so gibt es den Typus des bürgernahen und ‚selbstlosen Weltverbesserers', der seine eigene Situation der Arbeit am ökonomischen System (und für die Gesellschaft insgesamt) unterordnet, nun nicht mehr, ebenso wenig allerdings wie den Verfechter eines radikalen und auch gewaltsamen Umbruchs. Zu stark scheinen Enttäuschung und Machtlosigkeit angesichts des längst etablierten kapitalistischen Wirtschaftssystems zu sein, zu groß die Selbstbezogenheit in Zeiten der finanziellen Unsicherheit.

20 Hans Fallada: *Kleiner Mann – was nun?* Berlin: Aufbau 2011, S. 218.
21 Ebd., S. 284–285.

Zusammenfassung

Diese drei Beispiele – der kränkliche antikapitalistische Träumer im Hinterzimmer des Schuldeneintreibers, der blinde und verkannte Schriftsteller im lebensfeindlichen Madrid sowie verschiedene Berliner Kleinbürger –, sie alle stehen für die Beschäftigung mit dem wirtschaftlichen System in einer ersten Zeit regelmäßiger und teilweise schwerwiegender kapitalistischer Krisenphänomene. Und sie zeigen chronologisch das Spektrum dieser Reflektionen und Auseinandersetzungen auf: Das Individuum ist von der jeweiligen Wirtschaftskrise so beeinflusst, dass es zwangsläufig nach Alternativen sucht, aktiv oder passiv.

Alle Texte sind darüber hinaus stark vom jeweiligen Verständnis der Figuren von Wirtschaft und Kapitalismus geprägt. Trotz des relativ überschaubaren zeitlichen Rahmens unterscheidet sich etwa Sigismond Buschs Auffassung von Wirtschaft stark vom Verständnis von Ökonomie bei Max oder Labude.

Doch die Literatur erschafft hier keinen Experimentalraum wie Morus' Insel Utopia, noch lassen sich die untersuchten Einzeltexte überhaupt als ‚reine' Utopie bezeichnen; vielmehr nimmt die Beschäftigung mit den aktuellen ökonomischen Bedingungen und damit verbunden die Entwicklung eines alternativen Wirtschaftssystems *einen* inhaltlichen Teilaspekt ein. Diese ‚werkimmanente Utopie' wird aber gerade durch eine solche direkte Gegenüberstellung wirkmächtiger und regt zum Nachdenken an, schließlich wurden Finanzkrisen vor Nikolai Kondreatjews Theorie einer zyklischen Wirtschaftsentwicklung (noch) nicht als *Katharsis*, als eine (selbst)reinigende Funktion des kapitalistischen Systems, gesehen, sondern als unbändige Gefahr und Ausdruck von individueller Gier und Überreizung.

So verbinden gerade die vielstimmigen und teils mehrperspektivischen Großstadtromane der 1920er Jahre unterschiedliche gesellschaftliche Stimmen und Meinungen, zeigen aber auch: Der träumende Utopist als Reflektorfigur ist verschwunden und mit ihm auch sein *direktes* Engagement. Dieser literaturgeschichtliche Wandel vom idealistischen Träumer zum verzweifelten (aber radikalen und gewaltbereiten) Intellektuellen und schließlich zum resignierten Kleinbürger spiegelt vereinfacht die gesellschaftlichen Stimmungen und das Verhältnis zum Kapitalismus dieser Zeit. Doch nicht nur die Erweiterung des empirischen Wissens

in den Jahrzehnten dazwischen lässt die ökonomische Neuausrichtung der Gesellschaft schließlich scheitern, sondern auch die Macht des längst etablierten Kapitalismus – und so scheint in den 1920er Jahren nur noch die passive Möglichkeit einer ökonomischen Utopie zu bleiben.
Doch interessanterweise können sich die Utopisten mit ihren Ideen gegen den schier übermächtigen Kapitalismus selbst in jenen krisenhaften Zeiten nicht durchsetzen, in denen das wirtschaftliche System besonders fragil und angeschlagen ist und in der Öffentlichkeit stark hinterfragt (und vielleicht sogar angezweifelt) wird.
Gleich geblieben ist nur das Ende der Geschichte: Die idealistischen Utopisten wie Sigismond oder Máximo sind ebenso zum Scheitern verurteilt wie die passiven Großstadtbewohner der 1920er Jahre, die sich lediglich bereits bestehenden und politisch begründeten Utopien anschließen. Und so bleiben die wirtschafts- und gesellschaftstheoretischen Gedanken weiterhin ungelebte Utopien, Fiktionen in der Fiktion.

Zwischen Utopie und Heterotopie

Die Welt aus ökonomischer Sicht

Jens Reich

Dieser Essay behandelt die Theorie der dominierenden ökonomischen Schule: der Neoklassik.[1] Das analytische Herzstück jeder allgemeinen[2] ökonomischen Theorie ist die sogenannte „allgemeine Gleichgewichtstheorie“, weshalb sich deren Bedeutung in alle möglichen Winkel und Ecken der Volkswirtschaftslehre erstreckt. „Most subfields of economics“, schreibt zum Beispiel Michael Blonski „in particular macroeconomics, finance, monetary economics, public finance rely heavily on methodology originating in general equilibrium theory.“[3] Aus ihr werden alle weiteren Aussagen deduziert und in ihr liegt das Verständnis der Funktionsweise von Märkten und damit Marktwirtschaften begründet.

1 Aufgrund der Unkenntnis anderer Schulen wird die Neoklassik fälschlicherweise häufig mit der Volkswirtschaftslehre gleichgesetzt. Doch existieren weitere ökonomische Schulen wie beispielsweise die ökonomische Klassik. Vgl. Alessandro Roncaglia: *The Wealth of Ideas*. Cambridge: Cambridge UP 2006.

2 Allgemeine Theorien sind hier im Unterschied zu partialanalytischen Theorien als solche zu verstehen, welche alle wirtschaftlichen Aspekte einer Volkswirtschaft zu erfassen versuchen.

3 Matthias Blonski: Syllabus – Allocation and Market. http://www.wiwi.uni-frankfurt.de/professoren/blonski/html/allokation_main_05.htm (Zugriff am 15.01.2014).

Die Gleichgewichtstheorie ist die Brille durch welche Ökonomen die Welt sehen.
Ohne allgemeine Theorie hat man keine konsistente Interpretationsmöglichkeit empirischer Ereignisse. Ableitungen, die beispielsweise zum Verständnis von Arbeitslosigkeit, Sozialversicherungen, der Staatsverschuldung, aber auch von Finanzmärkten und Finanzmarktkrisen beitragen, sind ohne Theorie kaum möglich oder laufen zumindest Gefahr, partielle Erfahrungen zur allgemeinen Gültigkeit zu erheben.
Partialwissen, beispielsweise ein rein unternehmerisches Verständnis, liefert ein einseitiges ökonomisches Verständnis. Aus Unternehmersicht ist beispielsweise der Zusammenhang zwischen dessen Arbeitsnachfrage und den für ihn anfallenden Lohnkosten offensichtlich: Je günstiger die Arbeitskraft, desto lieber und desto mehr Arbeitskräfte werden beschäftigt. Steigt nicht die Arbeitsnachfrage, dann wenigstens die Wettbewerbsfähigkeit des Unternehmens.
Aus volkswirtschaftlicher Perspektive kann dieser Zusammenhang jedoch gerade umgekehrt sein: Durch im Aggregat sinkende Löhne und Gehälter kann es zu einem Rückgang der Nachfrage kommen, der dann wiederum ein Fallen der Preise bedingen kann. Man denke hier an die gegenwärtige Erfahrung in Griechenland. Sinkende Nominallöhne können bei sinkenden Preisen also sogar mit steigenden Arbeitskosten und sinkender Wettbewerbsfähigkeit einhergehen.
Für die ökonomische Sicht auf unsere Welt ist eine Theorie unabdingbar, egal ob sie bewusste oder unbewusste Wahl war oder den Namen „Theorie" überhaupt verdient. In jedem Fall ergibt sich aus der jeweils abgeleiteten Interpretationshoheit die politisch-ökonomische und damit auch gesellschaftliche Bedeutung der jeweiligen ökonomischen Theorie. Und deshalb gilt nach wie vor John Maynard Keynes Verdikt, dass

> the ideas of economists and political philosophers, both when they are right and when they are wrong, are more powerful than is commonly understood. Indeed the world is ruled by little else.[4]

Die Wissenschaft der Ökonomie basiert auf dem wirtschaftlichen Leben und Handeln des Menschen. Als Sozialwissenschaft kann sie nur dann

4 John Maynard Keynes: *The General Theory of Employment Interest and Money* [1936]. London: HBJ Books 1964, S. 383.

die Funktionsweise von Märkten aus individuellen wirtschaftlichen Handlungen ableiten, wenn diese einer vorhersehbaren Logik folgen. Mit anderen Worten, die Ökonomik kann nur dann empirische Gültigkeit beanspruchen, wenn wirtschaftliches Handeln zu einem gewissen Grad determiniert und daher erklärbar ist. Andernfalls muss sie unbestimmt bleiben. Daher mussten und müssen ökonomische Theorien, um die Funktionsweise von Märkten aus Prämissen deduzieren zu können, immer gewisse Annahmen treffen, beispielsweise bezüglich der Rationalität der wirtschaftlich handelnden Akteure.

Ein charakteristisches Merkmal der Neoklassik ist dabei, die kleinste Untersuchungsebene – die individuellen Entscheidungen des einzelnen Menschen – zu ihrem analytischen Ausgangspunkt erhoben zu haben. Ausgehend von den Arbeiten Léon Walras' entwickelte sich die Neoklassik zu einer intertemporalen Gleichgewichtstheorie. Die Handlungen der wirtschaftlichen Akteure bilden, so wird im modernen Ansatz unterstellt, ein intertemporales Tauschgleichgewicht.[5] Hierbei meint man im Rahmen der modernen neoklassischen Gleichgewichtstheorie zeigen zu können, dass die dezentralen Entscheidungen der wirtschaftlichen Akteure auf unbeschränkten Märkten zu einer bestmöglichen Güterallokation im Sinne der Paretoeffizienz[6] führen, die selbst von einem allwissenden Sozialplaner nicht übertroffen werden könnte.

Die Theorie ist intertemporal, da die heutigen Handlungen untrennbar mit der Zukunft verbunden sind. Unser heutiges Konsumverhalten bedingt unsere heutige Sparentscheidung und damit den zukünftigen Konsum, und vice versa. Darauf aufbauend zeichnet die Neoklassik ein Bild der Wirtschaft als Sequenz von Momentaufnahmen, als Reihe verschiedener Märkte zu unterschiedlichen Zeitpunkten. Von einem Akteur und Zeitpunkt aus betrachtet treten unendliche viele Terminmärkte, die sogenannten Zukunftsmärkte, neben einen Markt des Hier und Jetzt, wobei auf allen gleichzeitig gehandelt wird.

Es sind dabei die Erwartungen, welche die die Zukunft betreffenden wirtschaftlichen Entscheidungen bestimmen. Die Bedeutung der

5 Vgl. Léon Walras: *Éléments d'économie pure ou théorie de la richesse sociale*. Lausanne: Corbaz 1874.

6 Eine Situation, in der sich niemand besser stellen kann, ohne einen anderen gleichzeitig schlechter zu stellen.

Erwartungsbildung wurde insbesondere durch die Schriften Keynes' hervorgehoben.[7] Sie rückte ins Zentrum seiner *General Theory*. Der mit einer offenen und unbekannten Zukunft konfrontierte homo oeconomicus[8] ist in Keynes' Theorie unfähig zu rational kalkulierten Zukunftsentscheidungen. Handlungsfähigkeit erhält er erst durch die sogenannten „Lebensgeister", die Teil seiner Erwartungsbildung sind und die rationale Kalkulation ersetzen, da diese angesichts einer unbekannten Zukunft nicht durchführbar ist. Diese Lebensgeister stehen für das praktische Kalkül, das Bauchgefühl, das uns angesichts einer unmöglichen rationalen Kalkulation erst wirtschaftliches Handeln ermöglicht.

Diese Betrachtungsweise veränderte die Wirtschaftstheorie so nachhaltig, dass eine ganze Theorieschule, der Keynesianismus, nach ihr benannt wurde. Es wurde deutlich, dass Abweichungen vom Determinismus – also das schlichte Eingeständnis der Unsicherheit über die Zukunft – zu unzähligen Alternativen und im schlechtesten Fall in die analytische Beliebigkeit führen. Keynes sprach sich aus diesem Grund für eine Rolle des Staates als wirtschaftlicher Stabilisator aus.

Keynes' Ansatz zeigt auch, dass eine sinnhafte und eindeutige Verbindung der verschiedenen Momentaufnahmen im Rahmen der Neoklassik auf der Erwartungsbildung und Prognosefähigkeit des Einzelnen beruht. Retrospektiv stellte sich so heraus, dass durch die beschriebene Entwicklung der Neoklassik zu einer intertemporalen Theorie die Notwendigkeit entstand, von der Determiniertheit gegenwärtiger *und zukünftiger* individueller Entscheidungen auszugehen. Als konsistente und allgemeine Wirtschaftstheorie basiert die Neoklassik in ihrer Aussagekraft auf einer ganz bestimmten Form rationaler Erwartungsbildung. Die Anforderungen daran gehen weit über die üblichen an den homo oeconomicus hinaus. Dazu gehört, dass die wirtschaftlichen Akteure bereits zu Beginn ihres Lebens alle in ihrem gesamten späteren Leben nachgefragten Produkte auf Zukunftsmärkten erwerben bzw. handeln. In die Entscheidungen über ihr dezentrales wirtschaftliches Handeln werden zukünftige

7 Siehe bspw. John Maynard Keynes: *Treatise on Probability*. London: Macmillan 1921.

8 Der homo oeconomicus steht in der Ökonomik für den rein zweckrational handelnden wirtschaftlichen Akteur. Vorläufer des modernen Begriffs finden sich schon früher, Hayek führt den *rational economic man* auf John Stuart Mill zurück, vgl. Friedrich August von Hayek: *Die Verfassung der Freiheit*. Tübingen: Mohr Siebeck 1971, S. 76.

Phasen von Arbeitslosigkeit ebenso einbezogen wie ferne technische Entwicklungen. Die Akteure werden in der Sprache der Ökonomie zu zeitkonsistenten Erwartungsnutzenmaximierern. Überraschungen gibt es für diese nicht.[9]

Was dem Mensch hier abverlangt wird kann mit dem Laplace'schen Dämon verglichen werden: einer Intelligenz so umfassend, dass sie „les mouvemens des plus grands corps de l'univers et ceux du plus léger atome"[10] zu fassen imstande ist und daraus schon heute ihre Schlüsse für den Rest der Zeit ziehen kann. In Pierre Simone de Laplaces Worten:

> Une intelligence qui pour un instant donné, connaîtrait toutes les forces dont la nature est animée, et la situation respective des êtres qui la composent, si d'ailleurs elle était assez vaste pour soumettre ces données à l'analyse [...]: rien ne serait incertain pour elle, et l'avenir comme le passé, serait présent à ses yeux.[11]

Laplace dient hier nicht nur deswegen als hervorragendes Beispiel, da er, wie Jörn Heinrich es ausdrückt, zur „Fixierung des modernen Wissenschaftsideals"[12] beitrug, sondern insbesondere, weil er seine Kausalitätslehre aus der Mechanik und nicht aus der Philosophie zog. Hieraus resultierte seine Vorstellung einer zeitlichen und räumlichen Gültigkeit von Naturgesetzen, die auch die Vorstellung vieler moderner Ökonomen charakterisiert und die darüber hinaus für den unterstellten

9 Vgl. Christopher Torr: *Equilibrium, Expectations and Information.* Cambridge: Polity 1988. Zusätzlich sind die Akteure mit einem materiellen Vermögen ausgestattet, welches ihnen gleichsam erlauben würde, sich von allen Märkten auf alle Zeit fernzuhalten. Denn nur durch diese Unabhängigkeit vom Markt kann sichergestellt werden, dass alle Akteure ausschließlich freiwillige Entscheidungen treffen, die sie zu späteren Zeitpunkten nicht umkehren möchten.

10 Pierre Simon de Laplace: *Essai Philosophique sur Les Probabilites.* Paris: Mme Ve Courcier 1814, S. 3–4. In der Übersetzung von Richard von Mises heißt es: "die Bewegung der größten Weltkörper wie des leichtesten Atoms umschließen" (Pierre Simon de Laplace: *Philosophischer Versuch über die Wahrscheinlichkeit*, aus d. Frz. v. Ludwig von Mises / Harri Richard. Frankfurt: Deutsch 1932, S. 1–2).

11 Laplace: *Essai Philosophique sur Les Probabilites*, S. 3–4. „Eine Intelligenz, welche für einen gegebenen Augenblick alle in der Natur wirkenden Kräfte sowie die gegenseitige Lage der sie zusammensetzenden Elemente kennte, und überdies umfassend genug wäre, um diese gegebenen Größen der Analysis zu unterwerfen [...]; nichts würde ihr ungewiß sein und Zukunft wie Vergangenheit würden ihr offen vor Augen liegen" (Laplace: *Philosophischer Versuch über die Wahrscheinlichkeit*, S. 1–2).

12 Vgl. Jörn Henrich: *Die Fixierung des modernen Wissenschaftsideals durch Laplace.* Berlin: Akademie 2010.

Determinismus bei Laplace wie auch bei den Anhängern der strengen Auslegung rationaler Erwartungen zu dem Schluss führt, „daß Naturgesetze [ökonomische Gesetze, J. R.] existieren und die Materie [der handelnde Akteur, J. R.] sich gemäß diesen Naturgesetzen verhält"[13].
Nur eine solch strenge Form rationaler Erwartungen erlaubt, die individuelle Erwartungsbildung in einen Determinismus zu überführen und darauf aufbauend eine eindeutige analytische Aneinanderreihung der wirtschaftlichen Momentaufnahmen zu gewährleisten. Preise, Zinsen, Verteilung, Wachstum, Sozialprodukt – all diese Größen sind nur unter dieser Voraussetzung eindeutig bestimmbar und nur mit Hilfe dieser Annahme kann gezeigt werden, dass dezentrale Märkte den allwissenden Sozialplaner in seiner Effizienz erreichen.[14]
Aber was macht die Annahme rationaler Erwartungen mit der ökonomischen Theorie? Wie verändert sie die ökonomische Sicht auf die Welt? Die Positionen von Ökonomen zerfallen hier grob betrachtet in zwei Pole, die nicht weiter voneinander entfernt liegen könnten.

Ökonomie als Utopie

Die erste der beiden möglichen Auffassungen schließt sich Laplaces eigener Einschätzung an, nach welcher der Mensch trotz aller Bemühungen stets in unendlicher Entfernung von den Fähigkeiten seines Dämonen verharrt: „Tous ses efforts dans la recherche de la vérité, tendent à le rapprocher sans cesse de l'intelligence que nous venous de concevoir, mais dont il restera toujour infiniment éloigné".[15] Der Mensch kann die Entwicklung der Welt weder vollständig nachvollziehen noch vorausberechnen. Vergangenheit und Zukunft bleiben ihm verborgen. Für die Funktionsweise von Märkten ist es – insbesondere in der Vorstellung der

13 Henrich: *Die Fixierung des modernen Wissenschaftsideals*, S. 149.

14 Zentrale Beiträge waren hier John F. Muth: Rational Expectations and the Theory of Price Movements. In: *Econometrica* 29,3 (1961), S. 315–335; Roy Radner: Competitive Equilibrium under Uncertainty. In: *Econometrica* 36,1 (1968), S. 31–58; Kenneth J. Arrow / Frank H. Hahn: *General Competitive Analysis*. Amsterdam: North-Holland Publishing 1971.

15 Laplace: *Essai Philosophique sur Les Probabilites*, S. 3. „Alle diese Bemühungen beim Aufsuchen der Wahrheit wirken dahin, ihn unablässig jener Intelligenz näher zu bringen, von der wir uns eben einen Begriff gemacht haben, der er aber immer unendlich ferne bleiben wird" (Laplace: *Philosophischer Versuch über die Wahrscheinlichkeit*, S. 2).

auf die Akteure fokussierten Neoklassik – jedoch Voraussetzung, dass die Akteure die Zukunft vorausberechnen und ihre individuellen Verhaltensweisen und Wahlentscheidungen darauf abstimmen. Da die Preise vom täglichen Spiel von Angebot und Nachfrage abhängen, bildet sich jeden Tag aufs Neue ein Preis, der von – ebenfalls immer wieder aufs Neue gebildeten – Erwartungen über die Zukunft determiniert ist, die aber unsicher bleiben müssen. Die Lösung dieses Problems besteht in der Neoklassik aber nun darin, diese Zukunft mittels der Terminmärkte in die Gegenwart zu projizieren. Jeder Marktpreis wird stets aufs Neue von der erwarteten Zukunft bestimmt. Damit die Märkte aus neoklassischer Perspektive eine eindeutige und effiziente Allokation ermöglichen, sind rationale Erwartungen eine konstitutive Voraussetzung. Ohne einen Laplace'schen Dämonen müssen die Marktpreise aber als Orientierungshilfe und Steuerungsinstrument versagen. So können sich beispielsweise Aktienpreise von den zukünftigen diskontierten Gewinnen, die sie eigentlich widerspiegeln, dauerhaft deutlich entfernen, weil die Zukunft eben qua Definition in der Zukunft und damit unsicher bleiben muss.
Sofern Menschen keine im strengen Sinn rationalen Erwartungen bilden, fehlt also eine Erklärung, wie Märkte die intertemporale, paretoeffiziente Allokation erreichen sollen. In einer Welt voller fehlbarer und – in Bezug auf die Zukunft – unwissender Akteure muss daher der Anspruch der Neoklassik, Beschreibung der gegenwärtigen wie auch zukünftigen Welt sein zu wollen, versagen. Die Theorie wird zur Fiktion: die Beschreibung einer fiktiven, aber nicht der empirischen Wirklichkeit. Die Ökonomie als Wissenschaft wird folglich, um den Begriff von Otto Neurath aufzunehmen, zur Utopistik: zur Wissenschaft einer selbst entworfenen fiktiven Welt, einer Utopie. Für Neurath war dies 1919 eine positiv besetzte Entwicklungsperspektive. Die Utopistik als Wissenschaft möglicher Gesellschaftsentwürfe, von der er hoffte, sie könne „bessere Dienste leisten als die überlieferte Wirtschaftslehre und Soziologie".[16]

Allerdings konnte Neurath weder ahnen, dass sich in der Volkswirtschaftslehre eine Monokultur der Neoklassik entwickeln würde, noch, dass sich die Verwirklichung der ökonomischen Utopie der Neoklassik aus anthropologischen Gründen als unmöglich erweisen würde.

16 Otto Neurath: Die Utopie als gesellschaftstechnische Konstruktion. In: Ders. (Hrsg.): *Durch die Kriegswirtschaft zur Naturalwirtschaft*. München: Callwey 1919, S. 228–231, hier S. 229-230.

Da der wirtschaftlich handelnde Mensch nicht in einen Laplace'schen Dämonen verwandelt werden kann, muss die empirische Wirtschaftsordnung freier und unbeschränkter Märkte trotz aller ordnungspolitischer Bemühungen stets in unendlicher Entfernung von der neoklassischen Utopie bleiben. Ihre Umsetzung scheitert schlicht an ihren Vorbedingungen, den notwendigen Axiomen über die menschliche Natur, die nicht hergestellt werden können.

Die Utopie ist hier nicht erstrebenswertes „Ideal“, sondern unwirkliche Vorstellung, also „Träumerei“ oder „Phantasterei“.[17] Die Ökonomik ist, so gesehen, weniger positiv besetzte Utopistik, sondern, im Marx'schen Sinne, von der gesellschaftlichen Unterlage abgehobenes, allgemeines und abstraktes Dogma.[18]

Zwar kann die neoklassische Theorie mithilfe deduktiver Logik wissenschaftlich auf ihre Konsistenz hin untersucht werden, aber es bleibt ein normativer Entwurf. Orientieren sich Ökonomen in ihren wirtschaftspolitischen Empfehlungen einseitig und unter dem Deckmantel der Wissenschaftlichkeit an dieser Utopie, werden sie zu „Dogmatikern“ und verletzen das Weber'sche Werturteilsfreiheitspostulat, denn anderen Normen und Axiomen könnten andere ökonomische Theorien und – darauf aufbauend – auch unterschiedliche Ideale oder Utopien entspringen.

Ebenso wie das Unterfangen, eine unerreichbare Utopie anzustreben, versagen muss, scheitert auch die – so gelesene – ökonomische Theorie als Prognosemodell der empirischen Wirtschaft. Neoklassische Ökonomen, die sich in der Anwendung ihrer Theorie stets aufs Neue von der Gegenwart werdenden Zukunft überrascht finden, aber an ihrer Beschreibung der Wirtschaft festhalten, projizieren ihre Hoffnungen bezüglich der Gültigkeit ihrer Theorie dabei ironischerweise einfach immer aufs Neue auf die Zukunft. Sie verfallen dem Glauben, ihre Prognosefehler durch „ausreichendes“ Sammeln weiterer „Daten“ verbessern zu können. Da

17 Lucian Hölscher: Utopie. In: Otto Brunner / Werner Conze / Reinhart Koselleck (Hrsg.): *Geschichtliche Grundbegriffe. Historisches Lexikon zur politisch-sozialen Sprache in Deutschland.* Stuttgart: Klett-Cotta 1997, S. 733–788, hier S. 775.

18 Karl Marx: Der „Débat social“ vom 6. Februar über die Association démocratique. In: Ders. / Friedrich Engels: *Marx-Engels-Werke* (*MEW*), Bd. 4. Berlin: Deutz 1972, S. 511–513, hier S. 513.

sich die Welt in unüberbrückbarem Abstand von deren Utopie befindet, können sich solche Prognosen – selbst bei beliebig langem Sammeln von Daten – nicht der Realität annähern. Dies gleicht dem Esel, der einer an einen Stock gebundenen Karotte folgt, die an seinem Rücken befestigt ist und über den Kopf ragt. In der Hoffnung durch fleißiges Laufen die Karotte zu erreichen, muss er, die Karotte in scheinbar greifbarer Nähe, erschöpft verhungern, ohne sie jemals zu erreichen. Es ist erstaunlich, dass sich insbesondere die deutsche neoklassische Nationalökonomie, die sich einst von der Deutschen Historischen Schule mit dem Vorwurf theorievergessenen Datensammelns emanzipierte, heute in die gleiche Lage zu manövrieren scheint.

Ökonomie als Heterotopie

Doch worin besteht die Alternative? Akzeptiert man die Vorstellung des Menschen als Laplace'schem Dämon und hält sie für eine zutreffende Beschreibung der empirischen Realität, verfällt man in das gegenteilige Extrem: Beobachtete Phänomene werden im Nachhinein als Ergebnis einer rationalen Handlungslogik gedeutet. Aber eben nur im Nachhinein. So wird tautologisch verklärt, was eigentlich zu beweisen war.

Die Stärke oder Überlegenheit der gesellschaftlichen Organisation durch Märkte wird durch die Annahme unfehlbarer Wesen bereits axiomatisch vorausgesetzt. Die dezentralen Handlungen der Laplace'schen Dämonen ähnelnden Akteure entsprechen bereits den bestmöglichen Wahlentscheidungen im Sinne der individuellen und freiheitlichen Nutzenmaximierung. Ergo ist die Ordnung der Welt durch freie und unbeschränkte Märkte die bestmögliche im Sinne der Paretoeffizienz.

Ein Beispiel hierfür ist die Theorie effizienter Finanzkrisen von Franklin Allen und Douglas Gale,[19] die auf der Effizienzmarkthypothese von Eugene Fama aufbaut:[20] Aus möglichen Zukunftsverläufen errechnen Sparer und Anleger ex ante, dass die möglicherweise eintretenden Vorteile die möglicherweise eintretenden (bekannten!) Kosten überwiegen. Aus diesem exakten Kosten-Nutzen-Kalkül beteiligen sie sich allein zu

19 Vgl. Franklin Allen / Douglas Gale: Optimal Financial Crises. In: *Journal of Finance* 53,4 (1998), S. 1245–1284.

20 Zur Effizienzmarkthypothese später noch mehr.

ihrem Vorteil – auch in der ex post Betrachtung – am Finanzmarkt und der Finanzkrise. Die Krise ist daher als paretoeffizient zu beurteilen.
Auch die zentrale und berühmte neoklassische Bestimmung des individuellen (Konsum-)Verhaltens basiert auf dem strengen Konzept eines „dämonischen" Menschenbildes: Das sogenannte Konzept der „enthüllten Präferenzen" besagt, dass, wenn Entscheidungen auf rationaler Grundlage getroffen werden, auch alle beobachtbaren Entscheidungen rational gewesen sein müssen. Eine Beurteilung erfolgt auch hier ex post.[21]
In dieser Wahrnehmung wird die Welt per Annahme zu einer, um den Foucault'schen Begriff im hier verwendeten Kontext aufzunehmen, Heterotopie: einer real existierenden Utopie. In Foucaults Raumsemantik bildet die Heterotopie den Gegenbegriff zur Utopie. Im Gegensatz zu den „unwirklichen Räumen", den Utopien, sind Heterotopien wirkliche Orte, „realisierte Utopien", die „tatsächlich geortet werden können".[22] Die Ökonomik wäre, sofern sie die Annahme rationaler Erwartungen trotz empirischer Falsifikation beibehält, nicht mehr Utopistik.[23] Und so mag man – in leicht abgewandelter Weise – den Vorwurf, den Keynes einst gegenüber David Ricardo erhob, wieder aufgreifen:

> [Modern] theory offers us the supreme intellectual achievement, unattainable by weaker spirits, of adopting a hypothetical world remote from experiences as though it were the world of experience and then living in it consistently.[24]

21 Die Heere von Arbeitslosen nach der Großen Depression oder die jugendlichen Arbeitslosen im heutigen Süden Europas als Ausdruck ihrer effizienten Wahlmöglichkeiten zu verstehen, entbehrt dabei nicht eines gewissen Sarkasmus.

22 Michel Foucault: Andere Räume. In: Peter Gente / Heidi Paris / Martin Weinmann (Hrsg.): *Short Cuts 3*. Frankfurt: Zweitausendeins 2001, S. 20–38, hier S. 26.

23 Insofern die Theorie die bestehende soziale Wirklichkeit verklärt, anstatt sie zu erklären, könnte man sie im Sinne Karl Mannheims als Ideologie bezeichnen. Karl Mannheim unterscheidet die Utopie von der Ideologie. Utopien versteht er als idealtypische Gesellschaftsentwürfe im Sinne Webers. (Karl Mannheim: Utopie. In: Arnhelm Neusüss (Hrsg.): *Utopie – Begriff und Phänomen des Utopischen*. Frankfurt am Main / New York: Campus 1986, S. 113–120, hier S. 115.) Im Gegensatz dazu bezeichnet er geistige Konstruktionen als Ideologien, sofern sie die empirische Welt verklären, anstatt sie zu erklären. Die Neoklassik ist dann eine sogenannte „totale Ideologie". Darunter versteht Mannheim „nicht nur einzelne Gedankengehalte, sondern ein ganz bestimmtes Gedankensystem, eine bestimmte Art der Erlebnis- und Auslegungsform." (Karl Mannheim: *Ideologie und Utopie*. Frankfurt am Main: Klostermann 1985, S. 53.)

24 Keynes: *General Theory*, S. 192.

Für die ökonomische Theorie bedeutet diese Sichtweise, in die Nähe der Leibniz'schen Theodizee zu rücken: Aus der unendlichen Anzahl der möglichen Welten wurde bereits die bestmögliche geschaffen. Die neoklassische Theorie damit zur Tautologie: Man beurteilt das Ergebnis eines Marktes als effizient, da die individuellen und dezentralen Handlungen der Akteure kein anderes Ergebnis haben können. Analog hatte Wilhelm Georg Leibniz das Übel in der Welt relativiert, dessen Existenz sonst einen Widerspruch zu einem allgütigen, allmächtigen und allwissenden Gott darstellte. Es müsse sich schon um die beste aller möglichen Welten handeln, weil es Gott gebe. Deshalb sei Gott auch nichts anzulasten.[25] Es ist diese Analogie, welche einen die Ironie von Voltaires *Candide ou l'optimisme*, die eigentlich auf die deutsche Philosophie von Leibniz gemünzt war, auf die – so gelesene – neoklassische Ökonomik übertragen lässt:

> Eh bien ! mon cher Pangloss, lui dit Candide, quand vous avez été pendu, disséqué, roué de coups, et que vous avez ramé aux galères, avez-vous toujours pensé que tout allait le mieux du monde ? Je suis toujours de mon premier sentiment, répondit Pangloss ; car enfin je suis philosophe ; il ne me convient pas de me dédire, Leibnitz ne pouvant pas avoir tort, et l'harmonie préétablie étant d'ailleurs la plus belle chose du monde, aussi bien que le plein et la matière subtile.[26]

Entgegen aller empirischen Erfahrung wird an der Vorstellung, dass freie und unbeschränkte Märkte die beste Wirtschaftsordnung ermöglicht haben, festgehalten.[27]

25 Wilhelm Georg Leibniz: *Essais de théodicée*, aus d. Frz. v. E.M. Huggard. London: Routledge & Kegan Paul 1951.

26 Voltaire: *Candide ou l'optimisme*. Goldmann: München 1987, S. 176. „‚Nun, lieber Pangloß,' sprach Candide, ‚blieben Sie denn noch immer bei Ihrem alten Lehrsatze, nachdem Sie gehängt, seziert, zerprügelt und endlich Galeerensklave geworden waren? Behaupten Sie noch immer, dass diese Welt die beste ist?' ‚Allerdings hänge ich noch immer fest an meiner ersten Meinung und werde ihr ewig treu bleiben,' antwortete Pangloß; ‚denn ich bin ein Philosoph, und es würde mir schlecht anstehen, etwas, das ich einmal behauptete, zu widerrufen. Leibniz kann nicht Unrecht haben, und überdies gibt es nichts Herrlicheres in der Welt, als die vorherbestimmte Harmonie, wie auch die Lehre vom Plenum und der Materia subtilis'" (ebd., S. 177).

27 Alternativ werden Probleme oder Krisen durch politische Eingriffe erklärt. Mit anderen Worten, Ökonomen glauben, die Heterotopie allein durch staatliche Eingriffe gefährdet oder gar in ihrer Funktion gestört zu sehen.

Utopie oder Heterotopie: Binäre Entscheidung

Es liegt nahe, einen Mittelweg zwischen den beiden genannten Extremen, zwischen der Sichtweise auf die Ökonomie als Utopie oder Heterotopie, zu suchen. Manche Ökonomen versuchen das „dämonische" Menschenbild mit einem Nebenvermerk zu relativieren. Seine Gültigkeit müsse, so heißt es, nur „annähernd" erfüllt sein. Es wird argumentiert, dass zwar die einzelnen Akteure am Markt durchaus in ihren Fähigkeiten limitiert seien, der Markt als Ganzes jedoch als Katalysator wirke. In der Summe, sozusagen als Kondensat, würde der Markt die individuellen Entscheidungen im Sinne eines Laplace'schen Dämonen ordnen. Doch wie genau soll dieser Prozess ablaufen? Sofern alle am Markt aktiven Akteure in ihren Fähigkeiten beschränkt sind, worin bestünde dann das Korrektiv? Wie gewährleistet der Markt, dass die unvollkommenen und fehlerhaften Erwartungen und Entscheidungen der einzelnen Akteure so zusammengefügt werden, dass sich im Aggregat die Erwartungen und das Wissen eines Laplace'schen Dämonen bilden?

Die klassische ökonomische Theorie nennt als Korrektiv beispielsweise die Reproduktionsbedingungen. Abweichungen der Marktpreise von den Produktionskosten steuern die Ausrichtung der Produktion wie von „unsichtbarer Hand", um den Begriff zu verwenden, der im Allgemeinen auf Adam Smith zurückgeführt wird. Fehler und Unerwartetes konstituieren in der klassischen Ökonomie gerade die kapitalistische Dynamik, die bis zur Krise führen kann. Doch weder „objektive" Produktionskosten noch die Vorstellung von Produktionspreisen sind in der intersubjektiven neoklassischen Tauschökonomie greifbar. Das Korrektiv oder das Gravitationszentrum der Neoklassik bilden einzig die Erwartungen und Entscheidungen der Akteure. Aber wieso sollten sich an einem Markttag gerade diejenigen Marktteilnehmer durchsetzen, deren Entscheidungen sich zu einem späteren Zeitpunkt als richtig herausstellen? Wie ist gewährleistet, dass die vorhandenen Informationen, die sich in den verschiedenen heterogenen Erwartungen ausdrücken können, richtig gewichtet werden? Auch in dieser Hinsicht wird stets Keynes zitiert: Es ist eben kein Automatismus, dass sich das „langfristig Richtige" auch kurzfristig durchsetzen kann; sich kurzfristig rentiert.[28]

28 Vgl. Keynes: *General Theory*, S. 155–157.

Wer heute auf den Erhalt oder den Zusammenbruch des Euro wettet, ist zwar davon überzeugt, oder, um mit Keynes zu sprechen, von seinen Lebensgeistern dazu motiviert. Aber egal wie festen Glauben der Spekulant in sich vereinen mag, wie es Rudolf Hilferding einmal ausdrückte, prophetische Gabe besitzt er sicherlich nicht.[29] Er kann nicht vorhersehen, ob seine Spekulation Erfolg haben wird. Dementsprechend ist es gut möglich, dass trotz eines langfristig stabilen Euros die Mehrheit der Marktteilnehmer gegen diesen wettet, sich also irrt, und darüber hinaus Spekulanten, die auf den Erhalt der Eurozone wetten, diese Wette nicht durchstehen werden.

Robert Merton, der für seinen – auf der Effizienzmarkthypothese beruhenden – Beitrag zur Theorie der Kapitalbewertung den Nobelpreis erhalten hat, ist noch heute erzürnt, dass der Investmentfonds Long Term Capital Management (LTCM) Insolvenz anmelden musste. LTCM, an dem Merton mitwirkte, hatte – unter anderem – auf eine Angleichung der europäischen Zinssätze durch die Währungsunion gewettet. Diese Wette wäre aufgegangen, hätten die Geldgeber daran nicht zu zweifeln begonnen. Bevor sich die Wette als Erfolg erweisen konnte, zogen sie ihre Mittel aufgrund einer – retrospektiv gesehen – kurzfristigen gegenläufigen Entwicklung ab und LTCM musste Insolvenz anmelden.

Neben das Problem der korrekten Bewertung der vorhandenen Informationen tritt zudem das fehlende Wissen über die Zukunft. Weicht man von der Annahme des Laplace'schen Dämonen ab und gesteht die wirkliche Unsicherheit über die Zukunft ein, ist letztere nicht nur unbekannt, sondern auch offen und unbestimmt.

Um als Kondensat den Laplace'schen Dämonen in seiner Prognosegüte zu erreichen, müssen Märkte nicht nur die fehlerhaften und unvollständigen Einzelmeinungen richtig gewichten, sondern darüber hinaus auch den einzelnen Akteuren fehlende Informationen korrekt einpreisen. Andernfalls, sobald also ein Teil der Zukunft unbekannt oder nicht vorherbestimmt bleibt, verbleibt auch das über den Markt erreichte Kondensat, z. B. in seiner Einschätzung von Preisen, in unendlicher Entfernung vom Laplace'schen Dämonen.

29 Vgl. Rudolf Hilferding: *Das Finanzkapital*. Frankfurt am Main: EVA 1973, S. 224.

Es gilt also: Mit der geringfügigsten Aufweichung der Annahmen über die Fähigkeiten rationaler Erwartungsbildung endet jeder Determinismus und die neoklassische Theorie verfällt schlagartig in eine analytische Orientierungslosigkeit. Sie wird, wie im ersten Teil beschrieben wurde, zur Fiktion, die Forderung nach ihrer Umsetzung zum Anstreben einer unerreichbaren Utopie. Da keine Möglichkeit besteht, die Strenge des Determinismus graduell und in eindeutiger Art und Weise zu mildern, ist ein Mittelweg, der nicht zwangsläufig in eines der beiden Extreme Utopie oder Heterotopie zerfällt, auf dem Fundament der neoklassischen Methodologie versperrt. Diese Gegensätzlichkeit wurde auch durch die Verleihung des Nobelpreises an Eugene Fama und Bob Shiller illustriert.[30]

Famas prämierte Effizienzmarkthypothese basiert darauf, dass die Vergangenheit keine Rolle in der Bestimmung der Preise spielt. Die Zukunft wird über die Erwartungen und die Terminmärkte in die Gegenwart projiziert.[31] Der Aktienpreis, um das Beispiel nochmals aufzugreifen, wird eindeutig durch die erwarteten diskontierten zukünftigen Erträge bestimmt. Paradoxerweise wird die Funktionsfähigkeit dieses Zusammenhangs und der darunterliegende Determinismus, also die eindeutige Preisbildung aufgrund rationaler Erwartungen der Marktteilnehmer in der ebenfalls prämierten Verhaltensökonomie nach Shiller abgelehnt.[32] Wie aber sollte uns Famas Theorie ohne die Annahme rationaler Erwartungen als Orientierungspunkt dienen? Entweder erhält man, wie Fama selbst, ihre strenge Annahme aufrecht und teilt die Vorstellung einer deterministischen Welt und einer Ökonomie unbeschränkter Märkte als Heterotopie; oder man muss, sofern man eine auch nur marginale Abschwächung des Determinismus zugibt, die allgemeine neoklassische Gleichgewichtstheorie und damit auch Famas Effizienzmarkttheorie aufgeben. Denn dann greift die bereits ausgeführte Kritik Keynes: Die eindeutige Bestimmung

30 Der dritte Preisträger Lars Peter Hansen steht mit seinen empirischen Arbeiten nicht so eindeutig im gleichen Spannungsfeld.

31 Eugene F. Fama: Random Walks in Stock Market Prices. In: *Financial Analysts Journal* 21,5 (1965), S. 55–59.

32 Siehe bspw. George A. Akerlof / Robert J. Shiller: *Animal Spirits – How Human Psychology Drives the Economy, and Why It Matters for Global Capitalism.* Princeton: Princeton UP 2009, oder Robert J. Shiller: *Irrational Exuberance.* Princeton: Princeton UP 2000.

der Gegenwart ist aus einer unbestimmten Zukunft heraus nicht möglich. Sind die Diskontrate und die zukünftigen Erträge eines Unternehmens unsicher, kann der Aktienpreis nicht eindeutig aus der Zukunft abgeleitet werden. Am Markt kann sich zwar auf einen Aktienpreis empirisch geeinigt werden, aber die neoklassische Gleichgewichtstheorie hat nicht viel über die Angemessenheit des Preises oder die Effizienz seiner Findung zu sagen. Damit verliert die neoklassische Gleichgewichtstheorie ihre Aussagekraft. Aus dieser Keynes'schen Sicht wird die neoklassische Gleichgewichtstheorie zur Fiktion und zur Beschreibung einer Utopie degradiert; ihr also der Realitätsgehalt abgesprochen. Es gibt dann keine Begründung mehr, weshalb unbeschränkte Märkte ein Gutes, geschweige denn das bestmögliche Ergebnis liefern sollten.

Nicht viel anders steht es für Shiller. Zwar mag er sich der Realität annähern, indem er zugibt, dass die ökonomischen Akteure keine Laplace'schen Dämonen sind, doch worin besteht dann seine Theorie von Märkten? Zwar hat Shiller gute Argumente, weshalb Märkte nicht im Sinne Famas funktionieren müssen, aber wenn Famas Theorie zur Utopie erklärt wird, wie funktionieren Märkte dann aus seiner Sicht? Wo liegt die Regelmäßigkeit, das Gleichgewicht oder das Gravitationszentrum der Preise für ihn? Mit der Aufgabe der strengen Interpretation der rationalen Erwartungsbildung kippt Shiller zwangsläufig die neoklassische Gleichgewichtstheorie in den Orkus. Mit welchem Argument verteidigt der *Ökonom* Shiller eine freie Ressourcenallokation, eine Verteilung über unbeschränkte Märkte? Dabei darf nicht verkannt werden, dass diese Frage keine rein theorieimmanente ist, sondern eine von außerordentlichem Gewicht. Auf welcher Grundlage zeigt der Ökonom ohne Gleichgewichtstheorie, dass eine marktbasierte Verteilung von Ressourcen überhaupt vorteilhaft ist, zum Beispiel gegenüber einer politischen Zuteilung? Die neoklassische Gleichgewichtstheorie soll ja gerade zeigen, dass sie als Verteilungsmechanismus genauso gut funktioniert wie ein (dann zur Utopie erklärter) allmächtiger und allwissender Planer.

Anders: was verhindert, dass in einer nicht-deterministischen Welt unbeschränkte Märkte nicht beständig zu Herdenverhalten und Spekulationswellen in beide Richtungen getrieben werden, also katastrophale Kurseinbrüche beständig von spektakulären Spekulationsblasen gefolgt werden? Sei es aufgrund stark schwankender Erwartungen oder kurzfristiger Gewinninteressen. Warum sollte einer marktbasierten Ordnung der Vorzug gegeben werden? Ein unbestimmtes: „weil Alternativen noch schlechter sind" kann aus wissenschaftlicher Sicht nicht genügen.

Für Shiller muss Famas Theorie als Orientierungspunkt ausscheiden, denn wie sollten sich Händler und Spekulanten ohne prophetische Gabe systematisch auf die von Fama beschriebenen Gleichgewichtspreise einigen? Aus nicht-deterministischer Sicht wird die moderne neoklassische Gleichgewichtstheorie zur Utopie. Eine Utopie an die keine Annäherung möglich ist. Angesichts einer wirklich unsicheren, im Sinne von unbekannten und offenen, noch nicht bestimmten Zukunft, kann letztere nicht den Stabilitätsanker der Gegenwart darstellen. Entweder erklärt man daher eine Welt freier Märkte, im Sinne Famas, zur Heterotopie, zur bestmöglichen Welt, oder erklärt diese zwangsläufig zur Utopie, die niemals auch nur annäherungsweise erreicht werden kann.

Zur Überwindung dieser binären Interpretationsentscheidung sind die modernen neoklassischen Ökonomen eine Antwort schuldig geblieben und müssen es theorieimmanent auch bleiben. Und deswegen ist auch in methodologischer Hinsicht notwendig, was Hans Christoph Binswanger in Bezug auf die Produktionstheorie formulierte: „Der beschrittene Irrweg muss aufgegeben und zur klassischen Methodik zurückgekehrt werden."[33] Gibt man den Versuch auf die täglichen oder wöchentlichen Marktpreise aus einer allgemeinen Gleichgewichtstheorie bestimmen zu wollen und kehrt zur Trennung in Marktpreise und normale oder Produktionskostenpreise verschiedener Perioden zurück, wie sie sich auch in klassischen oder auch frühen neoklassischen Ansätzen z. B. bei Alfred Marshall noch finden, dann ermöglicht eben diese methodische Trennung eine Überwindung der aus moderner neoklassischer Perspektive ausweglosen Situation.

33 Hans-Christoph Binswanger: *Die Wachstumsspirale – Geld, Energie und Imagination in der Dynamik des Marktprozesses.* Marburg: Metropolis 2006.

Vorsicht Utopie!

Friedrich August von Hayeks Weg zum Konservativismus

Christopher Dathe

Einleitung

> *Man muß die alte Herrschaftsordnung bis auf den Grund niederreißen und sie nach einem neuen Plan wiedererrichten, auf der Grundlage der Gerechtigkeit und der Wissenschaft.* […] *In einem richtig aufgebauten Staat muss jede Arbeit gerechten Lohn finden.*[1]

Diese Aufforderung erschien am 24. April 1871 in der Zeitschrift *L'ami du peuple*, die in der Pariser Kommune herausgegeben wurde: Zwei Monate später erlag der Autor und Kommunarde Vermorel den Verletzungen, die ihm bei der Erstürmung der Kommune zugefügt wurden. Das Zitat zeigt kurz und knapp, gegen welches Denken sich der österreichische Ökonom Friedrich August von Hayek (1899–1992) wehrte. Die Vorstellung, man könne die tradierte Ordnung einfach ablösen und durch Diskurs oder gar wissenschaftliche Erkenntnis zu einem Bauplan

1 Auguste-Jean-Marie Vermorel zit. nach Pjotr L. Lawrow: *Die Pariser Kommune vom 18. März 1871. Geschehnisse, Einfluß, Lehren* [1880]. Münster: Unrast 2003, S. 120.

einer neuen, besseren Gesellschaft gelangen, war ihm zuwider. Der revolutionäre Überschwang der Aussage Vermorels mag bei manchem die Erinnerung an die Möglichkeit einer anderen Zukunft hervorrufen. Für Hayek ist das Gegenteil anzunehmen: Aus seiner Perspektive bleibt die schiere Anmaßung des Revolutionärs vordergründig. Natürlich sei es jedem erlaubt, sich bessere Verhältnisse auszumalen, aber diese Utopien müssen zwangsweise Träume bleiben. Der Verfall dieser Utopien – ihre Degeneration – sei bereits in ihnen angelegt. Nach Hayek könne es eine auf Dauer bestehende Ordnung, welche die Freiheit des Einzelnen zu sichern vermag, nur in einer sogenannten *spontanen Ordnung* geben, die gerade dadurch geprägt sei, dass in ihr die Einzelhandlungen einer Unmenge von Akteuren keinem Plan folgen, nicht-intendierte Ergebnisse zeitigen und trotzdem eine Ordnung ausbilden. Im Sinne Hayeks könnte man sagen, dass die Pariser Kommune überhaupt nur aufgrund ihrer blutigen Niederschlagung weiterhin ein Bezugspunkt in der heutigen Zeit sein kann.

Im Folgenden soll nun herausgearbeitet werden, wo der Utopiebegriff in Hayeks Gesellschaftstheorie verortet werden kann, d. h. sowohl in seinen eigenen utopischen Anschauungen, die von ihm nicht als solche wahrgenommen werden, als auch in den von ihm so verstandenen, rationalistischen Gesellschaftskonstruktionen. In einem darauf aufbauenden zweiten Schritt wird die These vertreten, dass Hayeks Konzept der kulturellen Evolution ein Mittel darstellt, die eigenen utopischen Konzepte gegen Kritik zu immunisieren – soweit so wenig brisant –, Hayek dafür aber liberale Grundsätze über Bord werfen muss und sich dadurch im konservativen Lager wiederfindet. Ist die spontane Ordnung zu Beginn noch als Erwiderung eines liberalen Ökonomen und Gesellschaftstheoretikers auf den utopisch-rationalen Konstruktivismus zu verstehen, der für Hayek im Faschismus und Kommunismus seine realweltliche Gestalt fand, muss für den späten Hayek ein Umschlagen konstatiert werden: Der hartnäckige Kampf, den er zeitlebens gegen jegliche Form von Steuerung, gegen jegliche Form staatlicher Eingriffe führte, lässt Hayek vom Liberalismus abfallen und entfernt ihn immer weiter von den liberalen Denkern, die er als seine Ahnen ansieht. Als Antwort auf utopisches Denken bleibt ihm bestenfalls noch die Verteidigung des Status quo.

Utopie und Ideologie

Doch wie ist Utopie bei Hayek überhaupt zu verstehen, beschäftigt er sich doch nicht primär mit den klassischen utopischen Romanen à la Thomas Morus oder Tommaso Campanella und entwickelt er ja auch selbst gerade keine detaillierte Vorstellung einer zukünftigen Gesellschaft, wie es die genannten Autoren tun? Hayeks Utopiebegriff lässt sich besser durch einen Rückgriff auf Arnhelm Neusüss' Beitrag zur Utopiediskussion fassen, der sich wiederum auf Max Horkheimer bezieht. Neusüss arbeitet anhand einer Entgegensetzung von Utopie und Ideologie einen sogenannten intentionalen Utopiebegriff heraus. „Bewirkt die Ideologie den Schein, so ist dagegen die Utopie der Traum von der ‚wahren' und gerechten Lebensordnung".[2] Diese Gegenüberstellung impliziere aber auch einen Zusammenhang. So erscheine in der Ideologie eben auch der Traum – die Utopie –, zugleich aber verhindere die Ideologie die Verwirklichung der Utopie. Neusüss spricht auch von der Utopie als Ferment der Ideologie. Verdeutlicht wird die Unterscheidung darin, dass die Ideologie etwas „bewirkt" und die Utopie einfach „ist". Ideologie ist eine Funktion, sie ist Schein nur, indem sie diesen bewirkt. Die Utopie hingegen ist der Traum, unabhängig von der Frage, was damit bewirkt werden kann oder bewirkt werden soll. Die Utopie als Traum ist auf das träumende Subjekt gerichtet, während die Ideologie durch die objektive Wirkung bestimmt wird.[3]

Laut Neusüss hat der Begriff Utopie stets klassifizierenden Charakter, d. h., dass er nicht an sich etwas ausdrückt, sondern auf ein zweites Konzept angewendet wird und dieses charakterisiert. Die Intentionen sind das, was – im Sinne des zuvor Gesagten – als utopisch klassifiziert wird.[4] Dabei träten Form und Inhalt insofern auseinander, als dass nicht die Form etwas als utopisch auszeichnet, sondern die Intention, also ein bestimmter Bedeutungsgehalt. Je nach Medium ist dabei anzumerken, dass auch in der Form diese utopische Intention aufscheinen kann. Zugegebenermaßen wird durch diese Entformalisierung und

2 Horkheimer zit. nach Arnhelm Neusüss: Schwierigkeiten einer Soziologie des utopischen Denkens. In: Ders. (Hrsg.): *Utopie. Begriff und Phänomen des Utopischen*. Überarb., erw. Aufl. Frankfurt am Main / New York: Campus 1986, S. 13–119, hier S. 15.

3 Neusüss: Schwierigkeiten einer Soziologie des utopischen Denkens, S. 15–16.

4 Ebd., S. 18.

Enthistorisierung der Utopiebegriff – zum Beispiel im Vergleich zu Richard Saages Utopiebegriff[5] – massiv geweitet.[6] Nichtsdestotrotz wird man ihm nur so gerecht, und er ermöglicht es so auch, Phänomene wie Musik und Malerei miteinzuschließen.

Die Entgegensetzung von Utopie und Ideologie folge dabei selbst utopischen Intentionen, nicht im Entwerfen einer besseren Gesellschaft, aber in der kritischen Analyse der gegenwärtigen.[7] Der Utopiebegriff bestimme somit Phänomene, die sich von nicht- oder gar gegenutopischen Begriffen abheben und sich gegen diese vielleicht am präzisesten bestimmen lassen. Er bezeichne damit keine strikt positiv bestimmbaren Phänomene, weil ihre Ähnlichkeit nur „in der kritischen Negation der bestehenden Gegenwart im Namen einer glücklicheren Zukunft“[8] liege. Der Konservativismus stehe dabei in steter Gegnerschaft zur Utopie. Beide ähneln sich darin, dass ihr jeweiliger Bedeutungsgehalt von der Gegenwart bestimmt ist, sich auf diese bezieht und deswegen stetem Wandel unterliegt.[9]

Hayek entwickelt nun keinen Utopiebegriff anhand einer Gegenüberstellung von Utopie und Ideologie. Eine Trennung beider Konzepte ist nur insofern vorhanden, als dass die Utopie stets in der barbarischen Ideologie endet. Begrifflich wird dieser Wandel aber nicht gefasst. Allerdings verwendet Hayek einen auf die Intention hin fokussierten Utopiebegriff, sich selbst aber nimmt er – zu Unrecht – davon aus.

Utopie zwischen Spontaneität und Rationalismus

Bevor die Verwendung des Utopiebegriffs nun aber verdeutlicht werden kann, müssen zunächst die grundlegenden Argumente Hayeks dargelegt werden. In Hayeks *Verfassung der Freiheit* heißt es: „Viele utopische Konstruktionen sind wertlos, weil sie den Theoretikern in der Annahme

5 Richard Saage: *Utopisches Denken im historischen Prozess. Materialien zur Utopieforschung.* Berlin: Lit 2006, S. 51–78.

6 Neusüss: Schwierigkeiten einer Soziologie des utopischen Denkens, S. 22.

7 Ebd., S. 30.

8 Ebd., S. 32–33.

9 Ebd., S. 34.

folgen, daß wir vollkommenes Wissen besitzen".[10] Genau gegen diese Annahme spricht sich Hayek aus, weil 1.) das menschliche Tatsachenwissen versprengt sei, d.h. so verteilt, dass es unmöglich ist, es zu überblicken und durch Vernunftgebrauch daraus Schlüsse zu ziehen; und 2.) sei der menschliche Geist das Produkt einer sogenannten kulturellen Evolution, die gerade nicht vom Menschen gesteuert wurde.[11] Hayek sieht in dieser Beschränktheit menschlichen Wissens nun keinesfalls einen Nachteil, sondern weist darauf hin, dass gerade aus der Unwissenheit bestimmte Institutionen entstanden sind, die ihre Funktion für die Gesellschaft erfüllen.

Hayeks Konzept der spontanen Ordnung baut direkt auf den erkenntnistheoretischen Grundannahmen auf. Ordnung wird unterschieden in eine erzeugte, exogene Ordnung, die als künstlich betrachtet wird. Ihr gegenüber steht die spontane Ordnung: gewachsen und sich selbst generierend. Beide Ordnungen stiften ein bestimmtes Maß Erwartungssicherheit. Die spontane Ordnung aber ist Resultat vieler verschiedener Handlungen, vieler unterschiedlicher Individuen, die dabei nicht – und das ist das Entscheidende – einem festgelegten Plan folgen.[12]

Die elementaren Unterschiede zwischen spontaner und konstruierter Ordnung lassen sich wie folgt zusammenfassen und es ist unschwer zu erkennen, dass der Markt im Sinne Hayeks „die anschaulichste und systematischste Darstellung der Einsicht [liefert], daß die Ordnung in der Gesellschaft ein spontanes Gebilde ist".[13] Die Merkmale der spontanen Ordnung sind laut Hayek auf den „realen" Markt übertragbar. Es ist überhaupt erst der Handel und Gütertausch, der die friedliche Zusammenarbeit in der „*Großen Gesellschaft*" ermöglicht.[14] Die Subjekte in der spontanen Ordnung verfolgen ihre eigenen Zwecke und erzeugen sie

10 Friedrich August von Hayek: *Die Verfassung der Freiheit* [1960]. Tübingen: Mohr 1991, S. 30.

11 Christina Petsoulas: *Hayek's Liberalism and Its Origins. His Idea of Spontaneous Order and the Scottish Enlightenment.* London / New York: Routledge 2003, S. 18.

12 Friedrich August von Hayek: *Gesammelte Schriften in deutscher Sprache*, Bd. 4: Recht, Gesetz und Freiheit. Eine Neufassung der liberalen Grundsätze der Gerechtigkeit und der politischen Ökonomie, hrsg. v. Viktor Vanberg [1973–1979]. Tübingen: Mohr Siebeck 2003, S. 39.

13 John N. Gray: *Freiheit im Denken Hayeks.* Tübingen: Mohr 1995, S. 31.

14 Hayek: Recht, Gesetz und Freiheit, S. 259–261.

sozusagen im Vorbeigehen. Außerdem wird sie durch bestimmte Verhaltensregeln koordiniert, die in Bezug zur Umwelt befolgt werden. In der konstruierten Ordnung hingegen herrschen hierarchische Beziehungen; die Handlungen der Mitglieder sind bis ins Detail festgelegt. Sie wurde mit einer bestimmten Absicht ins Leben gerufen, die durch Befehle verfolgt wird. Die Verhaltensregeln der spontanen Ordnung jedoch sind stets negativ, d. h., sie schränken die Handlungsfähigkeit der Subjekte zwar ein, lassen sie aber ansonsten ihren eigenen Plänen nachgehen. Die beiden Typen unterscheiden sich zumeist zusätzlich – und das ist wichtig – in ihrer Komplexität, wobei der spontanen Ordnung dabei keine Grenzen gesetzt sind. Diese Komplexität ruft die Notwendigkeit der Erklärung hervor, weil sie sich den menschlichen Sinnen nicht erschließt und deshalb durch den Verstand nachvollzogen werden muss.[15] Abstraktion ist ein Mittel, diese Komplexität zu bewältigen. Indem das unüberschaubare Konkrete, die Fülle von konkreten Handlungen und Erscheinungen, in abstrakte Begriffe und Konzepte überführt wird, ist es den Subjekten überhaupt erst möglich, sinnvoll zu handeln. Wiederum im Gegensatz zum rationalen Konstruktivismus erkennt Hayek in der Abstraktheit keine Eigenschaft, die auf irgendwie bewusstem, verstandesmäßigem Denken beruhen muss, sie geht diesem eher voraus. Wann immer eine bestimmte Dispositionskonstellation zu einem bestimmten Reaktionsmuster führt, ist das eine Anpassung des Menschen an seine Unkenntnis über die meisten Einzeltatsachen. Die Abstraktion von den konkreten Erscheinungen verlegt Hayek in eine Phase, die der Wahrnehmung der Wirklichkeit vorausgeht, die den Verstandeskategorien innewohnt. Die Regeln jedoch, die das Handeln leiten, lassen sich formulieren.[16]

Mit Hayek ließe sich sagen, dass in der Komplexitätsreduktion von Utopien à la Morus und im übertragenen Sinne eben auch in den kollektivistischen totalitären Ideologien ein Reiz von Utopien liegt. Mögen sie noch so ausgefeilt sein, sie treffen auf Zustimmung, weil sie z. B. konkrete Gesellschaften beschreiben oder nachvollziehbare Regeln bereitstellen.

15 Roland Kley: *Hayek's Social and Political Thought*. Oxford: Oxford UP 1994, S. 29–31.
16 Hayek: Recht, Gesetz und Freiheit, S. 32.

Diese Unterscheidung von spontaner und konstruierter Ordnung findet sich nun auch in der Ideengeschichte wieder, die Hayek in sich widerstreitende Lager aufteilt. Die mit der Utopie und gleichsam der konstruierten Ordnung zu identifizierende Tradition erkennt Hayek im *cartesischen Rationalismus*. Er sieht dieses Grundübel vor allem von den auf René Descartes nachfolgenden Denkern, hier insbesondere von Thomas Hobbes, Jean-Jacques Rousseau, den französischen Enzyklopädisten und den Physiokraten, ausgearbeitet. Ihnen schreibt er einen „radikalen Zweifel" zu, der nur logisch ableitbare Regeln als wahr anerkenne und menschliches Handeln nur dann als Erfolg versprechend ansehe, wenn es durch Vernunftanwendung als wahr erkannt werde. In den Vertragstheoretikern sieht Hayek dann die Anwendung dieses Konstruktivismus auf die gesellschaftliche Ebene.[17]

Dem cartesischen Rationalismus stellt Hayek die „britische Überlieferung" gegenüber. Er selbst reiht sich dabei v.a. hinter David Hume, Adam Smith und Adam Ferguson ein, schlägt aber auch Montesquieu, Benjamin Constant und Alexis de Tocqueville eher der britischen Überlieferung zu. Der britischen Tradition wird bescheinigt, das Wesen der Freiheit in Spontaneität und im Fehlen jeglichen Zwanges zu sehen, sie trete ein für organisches, langsames, halb unbewusstes Wachstum und betone, dass die politische Ordnung weit weniger das Produkt unseres ordnenden Verstandes sei, als die Denker der französischen Überlieferung annehmen.[18] Sich immer wieder auf diese Tradition berufend, wendet sich Hayek gegen den cartesischen Rationalismus und stellt fest, dass es „faktisch falsch" sei, dass „der Mensch seine Umgebung hauptsächlich aufgrund seiner Fähigkeit für logische Deduktion aus expliziten Prämissen zu beherrschen gelernt habe", vielmehr seien „[v]iele der Institutionen der Gesellschaft, die unerläßliche Voraussetzungen für eine gedeihliche Verfolgung unserer bewußten Ziele sind, […] tatsächlich das Ergebnis von Gewohnheiten, Sitten oder Handlungsweisen".[19]

Mit dem Feindbild cartesischer Rationalismus zu identifizieren sind ebenfalls die frühen Utopisten, genauso wie alle Spielarten des Sozialismus, an denen sich Hayek dann ja eigentlich abarbeitet. In diesem

17 Ebd., S. 12.

18 Hayek: *Die Verfassung der Freiheit*, S. 68–69.

19 Hayek: Recht, Gesetz und Freiheit, S. 13.

rationalen Konstruktivismus in all seinen ganz unterschiedlichen Ausprägungen kommt schlussendlich immer eine utopische Intention zum Ausdruck, ein Negieren der Verhältnisse mit Blick nach vorn, ob nun als Analyse oder in Form ausgemalter Zukunftsvorstellungen. Ihre Ähnlichkeit liegt nun nicht in den Zielen, die sie erreichen wollen, sondern überhaupt in der Festlegung bestimmter Ziele für die Gesellschaft.[20] In dieser Wendung hin zum Kollektivismus formiere sich der Rationalismus als vernunftgelenkte Festlegung bestimmter Ziele, Werte und Institutionen. Aus der Sicht der Akteure gehe es dabei um eine Veränderung der Gesellschaft zum Besseren, um eine Umsetzung bis dahin utopischer Gedanken.[21] Hayek unterstellt den besagten Personen also auch nicht, per se ideologische Absichten zu haben. Im Sinne des intentionalen Utopiebegriffs gesteht er ihnen zu, ‚wahrhaftig' von einer besseren Gesellschaft zu träumen. Nur greift an der Stelle der Verwirklichung von Utopien Hayeks erkenntnistheoretisch unterfütterter Determinismus. Der Versuch, die Utopie zu verwirklichen, entspricht laut Hayek nun genau dem rationalen Konstruktivismus, mit all der Selbstüberschätzung menschlicher Erkenntnis, die die Verwirklichung eben nicht nur nicht erstrebenswert, sondern auch gar nicht möglich mache. Insofern ist für Hayek die Utopie immer Ferment der Ideologie, wird jedoch zwangsweise immer korrumpiert sein. Die begriffliche Trennung entfällt bei ihm, sie ist in dieser Verfallstheorie nicht von Nutzen. So verwundert es auch nicht, dass Hayek den Nationalsozialismus als Fortentwicklung des Sozialismus betrachtet, eben dann, wenn jegliches freiheitliche Denken vernichtet wurde.[22] Abstrakte Normen reichten in einer auf bestimmte Ziele hin ausgerichteten Gesellschaft nicht aus. Es werde stets in die Leben der Einzelnen eingegriffen und somit Zwang ausgeübt.[23]

Nun kann aber auch liberale, in ihrem Selbstverständnis gegen-utopische Kritik utopische Elemente in sich bergen.[24] Für Hayek ist genau das festzustellen: Ist in *Der Weg zur Knechtschaft* von 1944 der real existierende

20 Friedrich August von Hayek: *Der Weg zur Knechtschaft* [1944]. München: Bonn Aktuell 1991, S. 15–16.

21 Ebd., S. 26.

22 Ebd.

23 Ebd., S. 103.

24 Neusüss: Schwierigkeiten einer Soziologie des utopischen Denkens, S. 35.

Totalitarismus doch der historische Kontext in dem Hayek sich gegen die Utopie ausspricht. Aufgrund der Analyse der Entwicklung totalitärer Systeme diagnostiziert Hayek für die sich erst entwickelnden Sozialstaaten die Gefahr, die begonnene Einschränkung der Freiheit kenne keine Grenzen mehr. Kritisiert werden dabei nicht nur die utopischen Theoretiker, sondern auch die Gesellschaft, wie sie sich Hayek darstellte und über die er explizit hinausdachte. *Der Weg zur Knechtschaft* ist nicht nur eine Intervention, die auf der Einsicht beruht, dass Gesellschaften sich nicht ohne Nebenwirkungen vernunftgemäß ordnen lassen, sondern auch eine Verteidigung des Liberalismus. Ein Liberalismus, der den Werten der Aufklärung verbunden ist, wird dabei zur Negation der absolut negativen Gegenwart. Darin ist eine utopische Intention aufgehoben.

Inwiefern gilt diese utopische Intention nun noch für Hayeks Große Gesellschaft bzw. die spontane Ordnung als grundlegendes Strukturprinzip? In gewisser Weise tut sie es noch: Reste einer liberalen Gesellschaftskritik sind Hayek schwer abzusprechen. Nicht umsonst erinnern die Individuen in der Beschreibung von Hayeks Großer Gesellschaft an jenes Volk von Göttern, ohne das sich Rousseau eine funktionierende Demokratie nicht vorzustellen vermochte. Nur zeigt sich in der spontanen Ordnung die grundlegende Aporie Hayeks überdeutlich. Einerseits wird die vernunftgemäße Einsicht in die Gesellschaft als unmöglich denunziert und ein Eingreifen deshalb abgelehnt, andererseits wird das neoliberale Dogma durch eine Gesellschaftstheorie gestützt, die auch administrativ expliziert werden muss.[25] Sie muss es, weil sie so enorm voraussetzungsreich ist. Weil sie an das Individuum Ansprüche stellt, die es nicht zu erfüllen vermag. Dass der Einzelne eben nicht einfach so seinen eigenen Interessen folgt, dessen ist sich auch Hayek bewusst. So müsse z. B. die Loyalität zu bestimmten Kollektiven unterdrückt werden. Rechtliche Bestimmungen müssen befolgt werden, selbst wenn der Sinn dahinter für das Individuum nicht kurzfristig zu erschließen ist. Ebenso muss die ständige Unsicherheit bewältigt werden, die ein Leben in der Großen Gesellschaft mit sich bringe.[26]

25 Gerhard Stapelfeldt: *Der Geist des Widerspruchs. Studien zur Dialektik*, Bd. 1. Freiburg: ça ira 2012, S. 325.

26 Peter McNamara: Introduction. Governing the Great Society. In: Louis Hunt / Peter McNamara (Hrsg.): *Liberalism, Conservatism, and Hayek's Idea of Spontaneous Order*. New York: Palgrave Macmillan 2007, S. 1–17, hier S. 11.

Intentional utopisch ist nun also einerseits der rationale Konstruktivismus, demgegenüber aber auch Hayeks Verteidigung des Liberalismus in *Der Weg zur Knechtschaft*. Die spontane Ordnung im weiteren Werk Hayeks endet in eben beschriebener Aporie. Um einen Ausweg zu finden, entwickelt Hayek das Konzept der kulturellen Evolution und gibt ihm im Verlauf seines Werkes immer größeren Raum.[27] Zweierlei soll damit erreicht werden: 1.) erhält die spontane Ordnung ein Fundament, das ihr das utopische Moment austreibt, d. h., dass die Erkenntnis über Gesellschaft in eine sozusagen evolutionäre Vernunft ausgelagert und der Mensch getilgt wird, und 2.) findet sich darin das wissenschaftliche Antidot, um gegen den utopisch-rationalen Konstruktivismus zu argumentieren und Gründe für seine verheerenden Folgen aufzuzeigen

Der Hayek dieser Phase arbeitet sich nicht mehr am Nationalsozialismus oder dem Stalinismus ab, sondern attackiert mit gleicher Schärfe die Wohlfahrtsstaatlichkeit: der Traum weicht dem Schein. Der Wandel Hayeks ist in diesem Sinne nicht nur einer vom Liberalismus hin zum Konservativismus, sondern auch einer von einem der schottischen Aufklärung geschuldeten Liberalismus zu einem „neue[n] Liberalismus, der aus dem alten durch eine Dialektik der Aufklärung hervorging“ und „alle utopischen Versprechen eingezogen [hat]: er ist eine Ideologie ohne Utopie“.[28]

Kulturelle Evolution als Gegenstrategie

Hayek bezeichnet spontane Ordnung und kulturelle Evolution schließlich als Zwillingsidee. Die Regeln, die eine Ordnung erst ermöglichen, haben sich in einer kulturellen Evolution durchgesetzt, was auch für den Markt gilt.[29] Im Gegensatz zur genetischen Evolution gehe die kulturelle rasend schnell vonstatten und überdecke sie. Das bedeute aber nicht, dass die Vernunft die kulturelle Evolution bestimmen würde. Wiederholt betont Hayek, dass der Mensch nicht aufgrund irgendeiner Vernunft

27 Norman P. Barry: The Road to Freedom. Hayek's Social and Economic Philosophy. In: Jack Birner / Rudy van Zijp (Hrsg.): *Hayek, Co-Ordination and Evolution. His Legacy in Philosophy, Politics, Economics, and the History of Ideas*. London / New York: Routledge 1994, S. 141–163, hier S. 144–145.

28 Stapelfeldt: *Der Geist des Widerspruchs*, S. 324.

29 Kley: *Hayek's Social and Political Thought*, S. 39.

dazu begabt sei, sich kulturell zu entwickeln. Vielmehr entwickle er seine Fähigkeiten durch Nachahmung und anschließende Weitergabe des Erlernten. Hierbei ist weniger ein Fachwissen gemeint als die schon kurz angesprochenen Verhaltensregeln, die den Menschen besser an seine Umwelt anpassen.[30]

Diese Verhaltensregeln haben sich ungesteuert herausgebildet. Es sei aber möglich, ihre Rolle für eine freie Gesellschaft zu erkennen und so günstige Bedingungen für zukünftige Entwicklungen zu schaffen. Der Staat habe dabei die Aufgabe, Richtlinien abstrakter Art festzulegen, die die Freiheit des Individuums nicht einschränken und ihm die Möglichkeit geben, seine eigenen Ziele zu verfolgen: Sehr prominent nennt Hayek das Eigentum als Ursprung der Entwicklung von Zivilisation generell. Gleichzeitig werde das Individuum damit vom Zwang durch andere Personen geschützt; das Monopol zur Sanktionierung solcher Eingriffe in den privaten Bereich liegt beim Staat. So ergebe sich die Möglichkeit, dass verschiedene Menschen ganz unterschiedlichen Zielen kollisionsfrei nachgehen können: „[G]ute Zäune machen gute Nachbarn".[31] Damit unternimmt Hayek den Versuch, sein eigenes Menschenbild, das der spontanen Ordnung zugrunde liegt, theoretisch zu untermauern. Die Erkenntnis des Theoretikers und daraus abgeleitete Regeln sind somit nicht erforderlich. Wurde die Vernunft zuvor denunziert, gleichwohl aber benötigt, wird sie nun durch die ordnende Hand der Evolution ersetzt, einer sozusagen evolutionären Vernunft.

Ganz reibungslos läuft die evolutionäre Durchsetzung der Regeln in der Großen Gesellschaft aber nicht, denn die kulturelle Evolution lässt Hayeks Menschen als „von Konflikten zerrissen"[32] zurück. Drei Schichten der kulturellen Entwicklung des Menschen werden unterschieden:

30 Hayek: Recht, Gesetz und Freiheit, S. 463–464. Hier soll nicht der Ort sein, den Evolutionsmechanismus der kulturellen Evolution zu kritisieren. Siehe hierfür auf ganz unterschiedliche Weise Ulrich Witt: The Theory of Societal Evolution. Hayek's Unfinished Legacy Philosophy. In: Birner / van Zijp (Hrsg.): *Hayek, Co-Ordination and Evolution*, S. 178–189; Gerald F. Gaus: Social Complexity and Evolved Moral Principles. In: Hunt / McNamara (Hrsg.): *Liberalism, Conservatism, and Hayek's Idea of Spontaneous Order*, S. 149–176; Hendrik Wortmann: *Zum Desiderat einer Evolutionstheorie des Sozialen. Darwinistische Konzepte in den Sozialwissenschaften*. Konstanz: UVK 2010.

31 Hayek: Recht, Gesetz und Freiheit, S. 110.

32 Ebd., S. 466.

1.) eine sich nur wenig verändernde Grundschicht von Trieben; 2.) die Ablagerung der gesamten kulturellen Entwicklung, durch die der Mensch gegangen ist, und 3.) eine „dünne Schicht von Regeln, die mit Vorbedacht eingeführt oder abgeändert wurden, um bewußten Zwecken zu dienen“.[33] Damit liefert die kulturelle Evolution das wissenschaftliche, nicht-normative Argument, mit dem im Speziellen dem Sozialismus gegenübergetreten werden kann, da diesem moralisch – so Hayek – ohnehin nicht beizukommen sei.[34]

Nebenwirkung: Konservativismus

„Conservatives need Charles Darwin. They need him because a Darwinian science of human nature supports the conservative commitment to liberty as rooted in nature, custom, and reason“.[35] Ich möchte diesem Zitat so nicht zustimmen und behaupten: Wäre Hayek in der Lage, sich an diese Aufzählung zu halten, und würde sowohl auf Natur, Gewohnheiten als auch Vernunft zurückgreifen, würde er vielleicht seinem eigenen Anspruch gerecht werden und tatsächlich in scharfer Abgrenzung zum Konservativismus stehen können. Nur weist Larry Arnhart aber ganz richtig darauf hin, dass bei Hayek letztlich nur die Gewohnheiten und Traditionen ausschlaggebend sind.[36]

Wenn Hayek dem Konservativismus deshalb aus liberaler Perspektive vorwirft, dass „er seiner ganzen Natur nach keine Alternative bieten kann zu der Richtung, in der wir uns bewegen“, und er sich explizit gegen einen Konservativismusvorwurf verwehrt, weil er eben nicht nach hinten schaue, sondern auf die Zukunft vertraue, ist das insgesamt nicht zu halten.[37] Er selbst ist spätestens in *Recht, Gesetz und Freiheit* (1973–1979) genau der Abwehrreaktion verfallen, die er den Konservativen in *Die Verfassung der Freiheit* (1960) noch vorwirft. Die kulturelle Evolution spielt dabei die entscheidende Rolle. Wie erwähnt handelt es sich beim

33 Hayek: Recht, Gesetz und Freiheit, S. 466–467.

34 Kley: *Hayek's Social and Political Thought*, S. 18–19.

35 Larry Arnhart: Friedrich Hayek's Darwinian Conservatism. In: Hunt / McNamara (Hrsg.): *Liberalism, Conservatism, and Hayek's Idea of Spontaneous Order*, S. 127–148, hier S. 127.

36 Ebd., S. 133.

37 Hayek: *Die Verfassung der Freiheit*, S. 482.

Konservativismus um einen fluiden Begriff, der ebenso wie die Utopie sehr abhängig von den aktuellen gesellschaftlichen Gegebenheiten ist. Es scheint deswegen angebracht, Hayeks eigene Kritikpunkte am Konservativismus gegen ihn zu wenden, quasi Hayeks Konservativismusbegriff zu folgen. Louis Hunt fasst die drei Hauptkritikpunkte Hayeks am Konservativismus zusammen: 1.) eine Resistenz gegen Innovation; 2.) ein moralischer Paternalismus und 3.) ein Verzicht auf politische und moralische Prinzipien zugunsten der Autorität.[38] Diese Kritik Hayeks soll auf ihn zurückgespiegelt werden, um die tatsächliche Nähe aufzuzeigen.

Im Sinne der kulturellen Evolution spricht er sich für die Bewahrung der bestehenden Werteordnung aus. So konstatiert er, dass Traditionen erhaltenswert seien, könnten sie ja eine sehr wichtige gesellschaftliche Funktion erfüllen, selbst wenn uns nicht bekannt sein sollte, welche,[39] und richtet sich damit an „die Propheten und Philosophen von Moses bis zu Platon und dem Hl. Augustinus, von Rousseau bis zu Marx und Freud“, denn offensichtlich hatte „keiner von ihnen erfaßt, in welchem Ausmaß erst die von ihnen verurteilten Verhaltensweisen die Zivilisation ermöglicht hatten, der auch sie angehörten“.[40] Es bleibt bei solchen Aussagen fraglich, wie es überhaupt zu veränderten Verhaltensweisen kommen kann, wenn schon ein Infragestellen der tradierten Regeln für Hayek nicht zulässig ist: Der Vorwurf, resistent gegen Innovation zu sein, fällt auf ihn zurück. Mit Michael Oakeshott und auch mit Edmund Burke[41] teilt er die Einstellung, dass „many institutions, moral traditions, and practices are absurd, archaic, and even morally abominable, but his conservatism is rooted in the conviction that every tradition, no matter how flawed, has at least something to recommend it“[42].

Letztlich konstruiert Hayek eine Zwangsläufigkeit, durch die die bestehenden Regeln als unumgänglich gesetzt werden. Haben sie sich erst

38 Louis Hunt: The Origin and Scope of Hayek’s Idea of Spontaneous Order. In: Hunt / McNamara (Hrsg.): *Liberalism, Conservatism, and Hayek’s Idea of Spontaneous Order*, S. 43–64, hier S. 57.

39 Hayek: *Die Verfassung der Freiheit*, S. 44.

40 Hayek: Recht, Gesetz und Freiheit, S. 473.

41 Richard Boyd / James A. Morrison: F. A. Hayek, Michael Oakeshott, and the Concept of Spontaneous Order. In: Hunt / McNamara (Hrsg.): *Liberalism, Conservatism, and Hayek’s Idea of Spontaneous Order*, S. 87–105, hier S. 91.

42 Ebd., S. 88.

einmal entwickelt und wurde dann nicht auf Basis falscher Annahmen interveniert, kann nur die Große Gesellschaft im Sinne Hayeks entstehen. Wäre dem nicht so, hätte sich die totalitäre Gesellschaft durchgesetzt. Schließlich gibt es im so häufig dualistischen Denken Hayeks nur zwei mögliche Gesellschaftsformen. In den Regeln stecke immer das gesamte Erlernte der vorhergehenden Generationen, und das ist bei Hayek per se gut und führt zu einer Affirmation des Bestehenden. Eine so verstandene Evolution, die paradoxerweise an ihr Ende gekommen zu sein scheint, rückt Hayek in die Nähe des moralischen Paternalismus, den er anprangert. Behaupten konservative Denker die Natürlichkeit bestimmter Autoritäten, so läuft in Hayeks spontaner Ordnung alles auf einen Punkt zu, an dem ein intentionaler Eingriff die darunterliegende Dynamik und damit potenziell die gesamte Ordnung gefährdet. Es ist deswegen nicht verwunderlich, dass konservative Verteidiger des Status quo davon angezogen werden. Die adäquate Haltung ist eine quietistische, die die Kräfte der kulturellen Evolution – wie einen wohlmeinenden Monarchen – einfach wirken lässt.[43]

Der dritte Vorwurf an den Konservativismus lässt sich nicht so leicht auf Hayek zurückwerfen, spielen die Prinzipien und Verhaltensregeln doch tatsächlich eine große Rolle. Problematisch wird es nun bei Hayeks eigener Erkenntnis, dass die Große Gesellschaft nur näherungsweise erreicht werden kann. Sollen die althergebrachten Verhaltensregeln möglichst nicht infrage gestellt werden, krankt die Erfüllung seiner Utopie ironischerweise an überkommenen Regeln, nämlich an denen, die noch der – wie Hayek sagt – Stammesmoral entspringen. Einerseits wird sein Werk von der nahenden Dystopie geleitet, die aus jedem steuernden Eingreifen folgt, andererseits ist auch seine spontane Ordnung, trotz aller evolutionären Vernunft, Utopie. So stellt er die These auf, dass das Klagen über den Kapitalismus, die Industrialisierung etc. eigentlich Atavismen seien, Klagen gegen eine neue Lebensform, die „der Mensch nach mehr als einer halben Million Jahren des Daseins als wandernder Jäger vor Kurzem aufgenommen hat".[44]

Hayek vermag dieser Aporie nun nur noch in der Praxis zu entfliehen. Bestenfalls endet diese Flucht in einer Verteidigung des Status quo,

43 Hunt: The Origin and Scope of Hayek's Idea of Spontaneous Order, S. 58.

44 Hayek: *Die Verfassung der Freiheit*, S. 50.

schlimmstenfalls in der Unterstützung einer wirtschaftsliberalen Entwicklungsdiktatur à la Chile, wo die Durchsetzung der abstrakten Regeln nach dem Sturz der „totalitären Regierung Allendes“[45] allerdings kaum ohne Zwang und die Einschränkung der Freiheit einzelner zustande kam. Aber auch die Umgestaltung der britischen und US-amerikanischen Wirtschaften unter den Stichworten *Thatcherism* und *Reagonomics* können als Beispiele dafür gelten. Ob diese Eingriffe – mögen sie im Nachhinein vielleicht auch überschätzt worden sein – dann tatsächlich weniger rational-konstruktivistisch waren, bleibt fraglich, waren sie ja nun gerade von wissenschaftlichen Erkenntnissen geleitet, die über Hayeks Verhaltensregeln hinausgehen, und war der Staat das Vehikel ihrer Durchsetzung. Diese Auffassung wird dadurch unterstützt, dass Hayek selbst das Evolutionäre in seiner Theorie nicht wirklich ernst nimmt. „If he really believed in cultural selection, he should be confident that human beings will always in the end stumble on those moral rules which will enable them to prosper and survive“.[46] Er müsste also gar nicht in die Verlegenheit geraten, die Autorität in Form eines gestaltenden starken Staats, der mit allen Mitteln für die Durchsetzung bestimmter Regeln sorgt, zu preisen.

Hayek gelingt es nicht, spontane Ordnung und kulturelle Evolution so zusammenzubringen, dass sein liberaler Impetus, der sich für die Freiheit des Einzelnen gegenüber dem Staat und gegenüber anderen Subjekten einsetzte, gewahrt bleibt. Er begibt sich in eine Sackgasse, an deren Ende Burke, Oakeshott et al. schon auf ihn warten. Sein evolutionärer Ansatz bleibe daher funktional-evolutionär, vom Ende her, d.h. von den nützlichen Verhaltensregeln her, gedacht.[47] Der angewandte Liberalismus Hayeks ist vom Staat gegen jegliche Widerstände, auch gegen demokratische Mehrheiten, umzusetzen, führt sich damit selbst ad absurdum und entlarvt sich als Ideologie. Eine Utopie, die nur im Vollzug besteht, hört auf Utopie zu sein. Sie ist als Konservativismus Ideologie geworden und bewirkt den Schein, der ihr Gegenteil erreicht.

45 Hayek zit. nach Alan O. Ebenstein: *Friedrich Hayek. A Biography*. New York: Palgrave 2001, S. 300.

46 Andrew Gamble: *Hayek. The Iron Cage of Liberty*. Cambridge: Polity 1996, S. 40.

47 Petsoulas: *Hayek's Liberalism and Its Origins*, S. 39–40.

Fiktives Kapital als ökonomische Utopie bei Marx und in Balzacs Roman *La Peau de chagrin*

Anne Reich

Die Finanzierung von Dingen, die man gerne hätte und die man gegenwärtig nicht bezahlen kann, geschieht häufig mittels eines Kredits: einer zeitlich befristeten Überlassung von Geld. Durch die anfallenden Zinsen entpuppt sich die Rückzahlung gelegentlich als Unmöglichkeit. Die Kreditemission und -zirkulation wird mittels Zins und Zinseszins zu einer sich selbst erweiternden Kreditblase, erscheint als Perpetuum mobile, wird zum Selbstzweck, sowohl für Schuldner als auch für Gläubiger. Muss die Tilgung einer solchen Schuld nicht unendlich in die Zukunft verschoben werden, also in einer unbestimmten Zukunft liegen und damit utopisch[1] sein? Sowohl in der ökonomischen Theorie als auch

1 Der Aspekt des Zukünftigen ist eng an den Begriff der Utopie geknüpft, vgl. Reinhart Koselleck: Die Verzeitlichung der Utopie. In: Wilhelm Voßkamp (Hrsg.): *Utopieforschung: Interdisziplinäre Studien zur neuzeitlichen Utopie*, Bd. 3. Frankfurt am Main: Suhrkamp 1985, S. 1–14. Zudem integriert der Begriff, auch in seiner alltagssprachlichen Verwendung, die sehr komplexe Vorstellung eines Idealzustandes, dessen Realisierung unter den Bedingungen der Gegenwart im Grunde unmöglich erscheint und der sich dennoch als Möglichkeit in einer unbestimmten Zukunft behauptet. Diese beiden Aspekte, die „Zukunftsdimension als Medium der Utopie“ (ebd., S. 2) und die gleichsam alle rationalen Erwägungen missachtende, hoffnungsvolle Behauptung einer Möglichkeit des Unmöglichen, der der Begriff der Utopie Ausdruck verleiht, sind für die folgenden Überlegungen relevant.

in der Literatur finden sich dafür Beispiele. Zwei davon, nämlich das fiktive Kapital bei Karl Marx und Honoré de Balzacs *La Peau de chagrin*, soll dieser Beitrag beleuchten.

Fiktives Kapital bei Marx

In der ökonomischen Theorie gibt es einen Ausdruck, der eine bestimmte Art von Geldkapital, von Marx auch als zinstragendes Kapital bezeichnet, beschreibt: das fiktive Kapital. Es zeichnet sich dadurch aus, dass es nicht mehr oder noch nicht zu existieren braucht. Absurderweise hindert es diese Tatsache nicht daran, als scheinbar „wirkliches" oder „reales" Kapital und in der Realität gehandelt oder zur Zahlung verwendet zu werden. Seine Zirkulation ist sogar zwangsläufig nötig für die Aufrechterhaltung dieses Scheins.
Um den Ausdruck „fiktives Kapital" zu verstehen, muss man sich zunächst Marx' Wertformenlehre ins Gedächtnis rufen. Marx unterscheidet zwischen Gebrauchs- und Tauschwert. Gebrauchswerte werden durch die qualitativen Eigenschaften einer Ware bestimmt, der Tauschwert dagegen durch das, was bzw. wie viel gegen eine Ware eingetauscht werden kann. Aufgrund seiner praktischen Tauscheigenschaften hat sich Gold als Tauschware par excellence herauskristallisiert. Als Geld erlaubt die Tauschware Handel, unabhängig von Zeit und Raum. Zunächst fungiert die Geldware nur als Medium, um den Tausch unterschiedlicher Waren zu erleichtern. Doch auch ein anderer Tausch wird möglich: Waren werden nicht der Bedürfnisbefriedigung wegen, d.h. um ihres Gebrauchswertes willen gekauft, sondern Geld wird weggetauscht, um wieder Geld zu bekommen.
In diesem Fall ist nicht die Veränderung der Warenform von Interesse, sondern die der Geldsumme. Oder, in den Worten von Marx: „Die vollständige Form dieses Prozesses ist daher G – W – G', wo G' = ΔG, d.h. gleich der ursprünglich vorgeschossenen Geldsumme plus einem Inkrement. Dieses Inkrement oder den Überschuß über den ursprünglichen Wert nenne ich – Mehrwert (surplus value)."[2] In diesem Prozess ist Geld nicht mehr länger ‚nur' Geldware, sondern Kapital. Anders ausgedrückt:

2 Karl Marx / Friedrich Engels: *Das Kapital. Kritik der politischen Ökonomie. Erster Band. Marx-Engels-Werke (MEW)*, Bd. 23. Berlin: Dietz 2007, S. 165.

Verbleibt Geld nicht in der Zirkulation, sondern wird Geld um seiner Vermehrung willen weggetauscht, so ist Geld Kapital. Man könnte auch sagen, der Mehrwert bestimmt, ob Geld Kapital oder lediglich Tauschmittel ist. Das bedeutet auch, dass erst im Nachhinein bestimmt wird, ob Geld Kapital ist. Ist von Geld als Kapital die Rede – und Geld ist für Marx „das Kapital par excellence“[3], so entspricht der Mehrwert dem Zins. Doch weder Zins noch Mehrwert entstehen ex nihilo, wie es den Anschein haben mag, sondern allein durch Arbeit kann Wert geschöpft werden, wie Marx immer wieder betont: „Der Warenbesitzer kann durch seine Arbeit Werte bilden, aber keine sich verwertenden Werte.“[4] Nur durch Arbeit vermag er neuen Wert zu schaffen oder hinzuzusetzen. Arbeitskraft wird deswegen von Marx auch als Arbeitsvermögen bezeichnet. Die Besitzer der Arbeitskraft, die Arbeiter, verkaufen diese für einen bestimmten Zeitraum an den Kapitalisten oder Geldbesitzer. In diesem Fall sind die Arbeiter die Ware. Sie sind das Arbeitsvermögen, das der Kapitalist erwirbt und aus dem durch Einsatz dieser Arbeitskraft neue Waren geschaffen werden.

Bei der Entstehung des Mehrwertes ist nicht erkennbar, wodurch er generiert wird. Marx spricht von einer Sphäre unter der Oberfläche, die nicht allen Augen zugängig ist, „eine verborgne Stätte der Produktion“[5], an der sich das Geheimnis der Produktion des Kapitals zeige, d.h. wie das Kapital produziert wird und wie das Kapital selber produziert.

> Der ehemalige Geldbesitzer schreitet voran als Kapitalist, der Arbeitskraftbesitzer folgt ihm nach als sein Arbeiter; der eine bedeutungsvoll schmunzelnd und geschäftseifrig, der andre scheu, widerstrebsam, wie jemand, der seine eigne Haut zu Markt getragen und nun nichts andres zu erwarten hat als die – Gerberei.[6]

Die Arbeitskraft des Arbeiters entspricht seiner Haut, unter der er nichts zu verbergen hat, während der „nur noch als Kapitalistenraupe vorhandne[] Geldbesitzer“[7] seine Haut einfach abstreifen und als Kapitalist zum Vorschein kommen kann. Den Verwertungsgrad des Kapitals

3 Karl Marx / Friedrich Engels: *Das Kapital. Kritik der politischen Ökonomie. Dritter Band. MEW*, Bd. 25. Berlin: Dietz 2003, S. 481.

4 Marx / Engels: *Das Kapital. Erster Band*, S. 180.

5 Ebd., S. 189.

6 Ebd., S. 191.

7 Ebd., S. 180–181.

nennt Marx die ‚Profitrate' oder auch den Ausbeutungsgrad der Arbeiter. Mehrwert zu generieren – sei es anschaulich in Form der Arbeiter, die ihre Haut zu Markte tragen, oder verdeckt als verzinstes Geldkapital – ist die Bewegung, die das Kapital als solches definiert. Ob der Mehrwert in Form von Zinsen oder als Profitrate des Kapitalisten geschaffen wird, ist dabei einerlei. Die Bewegung der Verwertung ist die gleiche. Auch der Zins als abstrakte Form der konkreten Ausbeutung speist sich aus dem Produktionsprozess.

Am Geldkapital kann man besonders gut ablesen, wie sich das Geld vermehrt, d.h. Zinsen erwirtschaftet werden, ohne dass sichtbar jemand dafür arbeitet. Zudem ist es die bequemste Art, da es den Anschein hat, das Geld arbeite. Bei anderen Kapitalformen ist die praktische Arbeit noch besser erkennbar. So kann man beim Einsatz einer Maschine als so genanntes Sachkapital beispielsweise erkennen, wie mit dieser Maschine eine Tätigkeit ausgeübt wird, die zuvor nur von Arbeitern erledigt worden ist, und wie mit ihr ein Produkt mit Gebrauchswert hergestellt wird. Zum Geldkapital zählen bei Marx auch alle Arten von Wertpapieren. Bei diesen unterscheidet Marx zwischen ‚Wechseln' und sogenannten ‚Handelspapieren' auf der einen Seite sowie öffentlichen Wertpapieren wie Staatspapieren oder Aktien aller Art auf der anderen. Analog zur Entstehung des Geldkapitals entstehen auch diese Kapitalien rückwärtig. Doch noch ein besonderes Merkmal kommt hinzu: Feste jährliche Einnahmen werden bei einem bekannten Durchschnittszinssatz immer als Zins eines errechneten Kapitals angesehen oder wie Marx schreibt: „Erst wird das Geldeinkommen in Zins verwandelt, und mit dem Zins findet sich dann auch das Kapital, woraus es entspringt."[8] Wie Geld erst durch die Entstehung des Mehrwerts zum Geldkapital wurde, wird die verbriefte Zukunft nun zu einem fiktiven Kapital durch ein als Zins betrachtetes Geldeinkommen. Es entsteht in einem doppelten Sinne rückwärts.

Marx erläutert das fiktive Kapital mithilfe eines extremen Beispiels: Er nennt die Staatsschuld, die der Staatsgläubiger zwar an einen anderen verkaufen kann, der dann an seiner Stelle Staatsgläubiger wäre, aber nicht von seinem Schuldner, also dem Staat, zurückfordern kann. Oder wie es Marx sagt: „Der Gläubiger kann hier nicht seinem Schuldner aufkündigen,

8 Marx / Engels: *Das Kapital. Dritter Band*, S. 482.

sondern nur die Forderung, seinen Besitztitel darüber, verkaufen. Das Kapital selbst ist aufgegessen, verausgabt vom Staat. Es existiert nicht mehr."[9] Mit anderen Worten: Dieses Kapital wurde ausgegeben, aufgewendet für Staatsausgaben. Doch trotzdem können noch Zinsen eingestrichen werden, die aus diesem nicht vorhandenen Kapital resultieren. Obendrein kann der Besitztitel über etwas, von dem Marx selbst sagt, dass es nicht mehr existiere, real verkauft oder gehandelt werden. Und diese Besitztitel können nicht nur weiter gehandelt werden, sondern es ist sogar zwangsläufig nötig, dass sie zirkulieren. Nur dadurch können die immer weiter anfallenden Zinszahlungen geleistet werden.

Dabei ist eine Rückzahlung an die Staatsgläubiger eigentlich vorgesehen. Gewöhnlich geschieht dies – auch heutzutage – nach Ablauf einer vorher bestimmten Frist. Allerdings werden in der Zwischenzeit üblicherweise immer neue als Staatsanleihen o. Ä. bezeichnete Schulden durch den Staat aufgenommen, um sich weiter zu finanzieren, sodass nur eine Verschiebung der Schuld stattfindet und eine vollständige Tilgung zur Utopie werden muss. In anderen Worten: Eine solche Tilgung wäre „gleichbedeutend mit einer Idee, deren denkbare Verwirklichung ausschließlich in der Zukunft liegt"[10], und zwar a priori. Die Absicht einer Schuldentilgung wäre ad absurdum geführt, da die Schulden nie als jemals vollständig getilgt vorgesehen sind. Die Bezeichnung ‚Gläubiger' ist deshalb wörtlich zu verstehen, da Vertrauen und der Glaube an einen funktionierenden Staat und die Ausübung der Steuerhoheit Grundvoraussetzung für diese Art der staatlichen Finanzierung sind.

Die immer weiter anfallenden Zinszahlungen können nur durch eine immer weiter währende Zirkulation der Besitztitel oder eine revolvierende Emission, in diesem Fall also der Staatsanleihen, geleistet werden. Der Anspruch einer vollständigen Einlösung dieser Schuld unterstellt immerwährendes Wachstum und wird also immer weiter in die Zukunft geschoben. Eine vollständige Tilgung als „[…] Zukunftsutopie muss zeitliche Kontinuitäten unterstellen, gleich ob sie offen thematisiert

9 Ebd.

10 Lucian Hölscher: Utopie. In: *Geschichtliche Grundbegriffe. Historisches Lexikon zur politisch-sozialen Sprache in Deutschland*, Bd. 6, hrsg. von Otto Brunner / Werner Conze / Reinhart Koselleck. Stuttgart: Klett-Cotta 1997, S. 733–788, hier S. 769.

werden oder nicht."[11] Eine vollständige Tilgung käme der Verwirklichung dieser Utopie gleich. Der hier pejorativ verwendete Utopiebegriff „im Sinne der logischen Undenkbarkeit"[12] dürfte ganz im Sinne Marx sein, der als Utopismus verurteilte, was sich nicht mit der geschichtlichen Entwicklung begründen ließ.[13] Liegt eine völlige Tilgung also a priori in einer unbestimmten Zukunft, muss diese utopisch genannt werden, auch wenn sie wenigstens rein theoretisch möglich und durch nachgelagerte Arbeit zu erwirtschaften wäre. Als Zukunftsutopie „zehrt [sie] also von Anschlussstellen in der nicht nur fiktiv, sondern empirisch einlösbaren Gegenwart."[14] Realen Gehalt kann fiktives Kapital aber so lange nicht bekommen, wie menschliche Arbeit als einzige Quelle der Wertschöpfung der Bildung von Mehrwert im kapitalistischen System gewissermaßen hinterherlaufen muss. Da die revolvierende Emission fortwährend sein muss, also immer weiter verschoben wird, trifft die Utopiezuschreibung sowohl den (nicht-)realen Gehalt dieses ökonomischen Konzeptes in dessen scheinbarer jeweiliger Gegenwart als auch seinen tatsächlichen Zukunftscharakter. In einer kapitalistischen Gesellschaft, wie sie Marx beschreibt, kann fiktives Kapital trotzdem jederzeit zur Zahlung verwendet werden, da Verwendung und Einlösung des fiktiven Kapitals nicht von den gleichen Personen geleistet werden müssen.

Noch einmal zurück zu den Zinsen: Nur durch sie wird das nicht mehr existierende Kapital handelbar. Denn die Zinsen – als Abkömmlinge eines Kapitals – bezeugen dessen einstige Existenz. Es wird hier also nur wegen der Zinsen gehandelt – und nicht mehr wegen einer Befriedigung von Bedürfnissen, wie es einst beim Warentausch als Tausch von

11 Koselleck: Die Verzeitlichung der Utopie, S. 4.

12 Lucian Hölscher: Der Begriff der Utopie als historische Kategorie. In: Wilhelm Voßkamp (Hrsg.): *Utopieforschung: interdisziplinäre Studien zur neuzeitlichen Utopie*, Bd. 1. Frankfurt am Main: Suhrkamp 1985, S. 402–418, hier S. 403.

13 Marx äußerte sich beispielsweise 1848 dahingehend, dass „der deutsche Kommunismus der entschiedenste Gegner alles Utopismus ist und, weit entfernt, die geschichtliche Entwicklung auszuschließen, sich vielmehr auf sie begründet" (Karl Marx: Der „Débat social" vom 6. Februar über die Association démocratique. In: *MEW*, Bd. 4. Berlin: Dietz 1972, S. 511–513, hier S. 512). Und: „Als Utopie verwarf Marx dabei jede – auch sozialistische – Zukunftsperspektive, die sich nicht unmittelbar auf diese geschichtliche Entwicklung zurückführen ließ" (Hölscher: Utopie, S. 779).

14 Koselleck: Die Verzeitlichung der Utopie, S. 4.

Gebrauchswerten der Fall war. Die Staatsschuld ist also ein Kapital, das nicht mehr existiert. Es bleibt „[...] das Kapital, als dessen Abkömmling (Zins) die Staatszahlung betrachtet wird, illusorisch, fiktives Kapital.“[15] Das fiktive Kapital nimmt damit eine uneindeutige Rolle ein. Es ist ein Kapital und gleichzeitig ist es keins (mehr) oder noch keins, da es erst an irgendeiner Stelle in der Zukunft realisiert, d. h. von irgendjemandem erarbeitet werden muss. Um diesen seltsamen Zustand zu beschreiben, wählt Marx die Ausdrücke „fiktiv“ und „illusorisch“. Manches fiktive gehört also nicht unbedingt dem Bereich der Literatur an, wo man es vielleicht zunächst verorten würde, sondern auch im ökonomischen Bereich wird dergleichen kreiert.
Marx nennt den speziellen Umstand, der das fiktive Kapital begleitet, den „Schein dieses Kapitals“[16], der erst verschwindet, wenn – zum Beispiel – die Forderungen über die Rückzahlung dieser Staatsschuld unverkäuflich würden. Das bedeutet, dass erst dann, wenn es nicht mehr weiter gehandelt oder refinanziert werden kann, sichtbar wird, dass dieses Kapital nicht existent, dass es fiktives Kapital ist.

Fiktives Kapital in *La Peau de chagrin*

In der Literatur findet sich dieses Phänomen – wenn auch nicht unter diesem Namen – in Honoré de Balzacs Roman *La Peau de chagrin* von 1831. In dieser Erzählung landet der von einer unbestimmten Todessehnsucht getriebene und von einem Leben als Schriftsteller träumende junge Valentin de Raphaël in einem Antiquitätenladen. Ein alter Antiquitätenhändler bietet dem jungen Valentin de Raphaël etwas Besonderes an: ein Stück Eselshaut mit arabischer Inschrift – das Chagrinleder. Dort heißt es:

> SI TU ME POSSEDES, TU POSSEDERAS TOUT.
> MAIS TA VIE M'APPARTIENDRA. DIEU L'A
> VOULU AINSI. DESIRE, ET TES DESIRS
> SERONT ACCOMPLIS. MAIS REGLE
> TES SOUHAITS SUR TA VIE.
> ELLE EST LA. A CHAQUE

15 Marx / Engels: *Das Kapital. Dritter Band*, S. 483.
16 Ebd.

VOULOIR JE DECROITRAI
COMME TES JOURS.
ME VEUX-TU ?
PRENDS. DIEU
T'EXAUCERA.
SOIT ![17]

Das Chagrinleder symbolisiert also das Leben desjenigen, der es besitzt. Es gibt nur eine Einschränkung für die Wünsche, die es zu erfüllen vermag: Sie sollen sich nach dem Leben seines Besitzers richten. Mit Marx gesprochen würde das bedeuten, nur so viel zu wünschen wie man an Wert schaffen könnte, also so viel, wie man an Lebens- und entsprechender Arbeitszeit zur Verfügung hat. Das Leder erlaubt also im Grunde nur die schnellere Verwirklichung der Wünsche, die man sich – durch Lebenszeit finanziert oder ihr entsprechend – auch selbst hätte erfüllen können – mit dem Unterschied, dass man den Zeitpunkt dafür vorverlegen kann. Die Utopie liegt auch hier in der Vorstellung, man könne mehr ausgeben, als man durch Arbeit erwirtschaftet und die Tilgung kreditfinanzierter Ausgaben unendlich hinausschieben. Oder wie Reinhart Koselleck in seinem Aufsatz zur Verzeitlichung der Utopie schreibt: „Was die Zukunft bietet, ist in einem Satz die Kompensation des gegenwärtigen Elends, sozial, politisch, literarisch, was immer das empfindsame Herz oder die aufgeklärte Vernunft begehren mögen."[18] All dies verspricht das Chagrinleder, und zwar in mehrerlei Hinsicht. Denn man darf nicht vergessen, dass *La Peau de chagrin* auch der Titel des Buches ist, in dem diese Geschichte erzählt wird. Wenn das Chagrinleder also mit jedem Wunsch abnimmt, so trifft dies auch auf die unter diesem Titel verborgene Erzählung zu. Dass der junge Protagonist Valentin de Raphaël nicht erkennen kann, ob die Schrift dem Leder aufgetragen oder in es eingeprägt ist, unterstreicht die Analogie zum Roman, dem

17 Honoré de Balzac: *La Peau de chagrin*. Paris: Gallimard 1974, S. 60. „Wenn du mich besitzest, wirst du alles besitzen. Aber dein Leben wird mir gehören. Gott hat es so gewollt. Wünsche, und deine Wünsche werden erfüllt werden. Aber richte deine Wünsche nach deinem Leben. Es ist in mir. Bei jedem Wunsch werde ich abnehmen wie deine Tage. Willst du mich? Nimm. Gott wird dich erhören. Sei es!" (Honoré de Balzac: *Das Chagrinleder*, aus d. Frz. v. Hedwig Lachmann. Frankfurt am Main: Insel 1990. http://gutenberg.spiegel.de/buch/das-chagrinleder-4878/1 (Zugriff am 12.05.2015).)
18 Koselleck: Die Verzeitlichung der Utopie, S. 4.

La Peau de chagrin einerseits als Titel aufgetragen ist, der es aber gleichzeitig auch enthält. Das Chagrinleder ist also in mehrerlei Hinsicht metaphorisch zu lesen. Innerhalb des Textes auf sich selbst verweisend, ist das Chagrinleder schon angenommen und so muss es auch der junge Dichter Valentin tun. Er nimmt „cette Peau symbolique“[19] an sich, von dem es an späterer Stelle heißt: „aucun n'a voulu se risquer à conclure ce contrat si fatalement proposé par je ne sais quelle puissance.“[20] Es handelt sich also um einen Vertrag. Fraglich bleibt, wer genau der andere Vertragspartner ist.

Das Leben des Dichters wird damit zur Ware oder zu Geld, zu etwas, dass er eintauschen will, um dafür – absurderweise – ein besseres Leben zu erhalten. Er tauscht seine ihm lebensunwürdig erscheinende Realität gegen ein mystisch beladenes Versprechen auf eine bessere Zukunft oder einen vermeintlichen Mehrwert. So kann man auch das „Eh ! bien, oui, je veux vivre avec excès, dit l'inconnu en saisissant la Peau de chagrin.“[21] verstehen, das er im Moment seiner Entscheidung ausspricht.

Für den jungen Dichter bedeutet dies, einen Vertrag mit der unbekannten Macht einzugehen, die das Leder für ihn symbolisiert. Oder wie Werner Hamacher mit Bezug auf den Pakt zwischen Faust und Mephisto schreibt, es ist für ihn das Bekenntnis zu einer „nicht verifizierbare[n] Fiktion, […] ein[em] Glaubensakt, Kredit“[22]. Bei Einsatz des Leders wird sein Leben auf Kredit erschaffen, er also als Fiktion leben. Bezahlen muss er damit, seiner realen Welt zu entsagen, d. h. mit seiner Lebenszeit. Er schließt „von einem Text auf eine gegenständliche Realität“[23]. Der Vertrag wird eingegangen in dem Moment, in dem diesem Versprechen

19 Balzac: *La Peau de chagrin*, S. 61, „das symbolträchtige Leder“ (Balzac: *Das Chagrinleder*).

20 Balzac: *La Peau de chagrin*, S. 61. „Es hat doch noch keiner gewagt, diesen von einer unbekannten Macht so verhängnisvoll vorgeschlagenen Pakt einzugehen.“ (Balzac: *Das Chagrinleder*.)

21 Balzac: *La Peau de chagrin*, S. 64. „‚Nun gut, ja, ich will im Übermaß leben‘, sagte der Unbekannte und ergriff das Chagrinleder.“ (Balzac: *Das Chagrinleder*.)

22 Werner Hamacher: Faust, Geld. In: Ernst Behler / Jochen Hörisch / Günter Oesterle (Hrsg.): *Athenäum. Jahrbuch für Romantik*, Bd. 4. Paderborn: Schöningh 1994, S. 131–187, hier S. 141. Den Handel Valentins mit dem alten Mann, im Text u. a. auch als Mephisto charakterisiert, könnte man auch als Pakt mit dem Teufel analog zur vorstehenden Interpretation Hamachers lesen.

23 Ebd., S. 140.

geglaubt wird, wenn also Kredit gewährt wird. Man könnte auch sagen, in dem Augenblick, in dem man einem schriftlichen Versprechen Glauben schenkt, wird das Chagrinleder zum fiktiven Kapital. Hier liegt die Analogie zum fiktiven Kapital, wie es Marx beschrieben hat: Ebenso wie der Dichter dem Leder, so schenkt auch der Käufer dem Wertpapier oder dem Schuldschein Glauben, in der hoffnungsvollen Erwartung des Versprechens auf die Realisierung zukünftiger Erträge.

Der Exzess als System

Rastignac, ein Freund Raphaëls, plädiert ausdrücklich für die „dissipation“[24], die man außer als Verschwendung auch als Ablenkung verstehen könnte, und vertritt damit eben jenes „vivre avec excès“, für das sich der junge Dichter beim Anblick des Chagrinleders entschieden hat. Rastignac erklärt ihm das Prinzip des Verschwenders, der auch noch über seine Kapitalien verfügt, wenn diese nicht mehr existieren. Dann sogar erst recht. Er lebt von seinem Kredit und durch seinen Kredit. Oder wie Hamacher schreibt: „Das ist die Logik des Kapitals […]: dass es nicht einfach dem Kredit entspringt, sondern dem Kredit, der dem Kredit gegeben wird […].“[25] Je mehr der Verschwender nicht besitzt, desto mehr wird ihm kreditiert und über umso mehr fiktives Kapital verfügt er. Er lebt vom Glauben an die Zukunft. Im Unterschied dazu muss man den ebenfalls von Rastignac beschriebenen „homme occupé à manger sa fortune“[26] sehen, der im Falle der „liquidation“[27], was man mit Erfüllung oder Abrechnung übersetzen könnte, erkennt, dass sein Kapital ausgegeben ist, und nicht versteht, dass das Kapitalisieren ein System ist, in dem jeder immer auf den anderen verweist. Der wahre Verschwender dagegen macht sich dieses System zunutze und erschafft weiteres fiktives Kapital. Sein Geld kann er nicht verlieren, da er nie wirklich welches besessen hat.

24 Balzac: *La Peau de chagrin*, S. 152. „Verschwendung“ (Balzac: *Das Chagrinleder*).

25 Hamacher: Faust, Geld, S. 174.

26 Balzac: *La Peau de chagrin*, S. 152, „ein[es] Mannes, der sein Vermögen durchbringt“ (Balzac: *Das Chagrinleder*).

27 Balzac: *La Peau de chagrin*, S. 152, „Liquidation“ (Balzac: *Das Chagrinleder*).

Raphaël verfällt jedoch vor der ersten Anwendung des Chagrinleders zunächst der Gräfin Fœdora, die bereits nach dem Prinzip der „dissipation" lebt, und die ihm – sinnigerweise – Rastignac vorstellt. Mit ihr lebt er bereits von „des capitaux imaginaires"[28], da sich beide vom jeweils anderen künftigen Reichtum erhoffen. Raphaël glaubt an diese Zukunft ebenso wie an die Kraft des Chagrinleders. Da Fœdora ihn nur hin und wieder erhört, wechseln sich Leiden und Hochgefühl ab. Während seines Liebeskummers kümmert sich das arme Zimmermädchen Pauline um ihn, doch „cette douce cordialité qui n'efface pas le chagrin"[29]. Dazu muss man erwähnen, dass der Begriff ‚chagrin' im Französischen zwar ursprünglich nur eine bestimmte Lederart bezeichnete, später aber auch als Ausdruck verwendet wurde für etwas, das sich unerbittlich und sukzessive durch Gebrauch reduziert. Mit der Zeit wurde ‚chagrin' zum Synonym für Kummer oder Traurigkeit.[30] Doch so wenig sein Kummer verschwindet, so wenig verliert das Chagrinleder zunächst für Raphaël an Substanz.

Eines Tages spricht der inzwischen Verarmte zu sich selbst als „vivant dans l'avenir"[31]: „[…] je cherchai des écus imaginaires […]"[32]. Da er in dieser Zukunft lebt, kann er gar nicht anders, als fiktive Münzen zu suchen. Er beginnt sich zu verschulden und denkt dabei an Rastignac, der ihm einst versicherte:

> […] l'avenir était de tous les capitaux du monde le plus considérable et le plus solide. En hypothéquant ainsi mes dettes sur de futurs contingents, il donna ma pratique à son tailleur, un artiste qui comprenait le jeune homme et devait me laisser tranquille jusqu'à mon mariage.[33]

28 Balzac: *La Peau de chagrin*, S. 158, „eingebildeten Kapitalien" (Balzac: *Das Chagrinleder*).

29 Balzac: *La Peau de chagrin*, S. 179, „[…] diese sanfte Herzlichkeit […] vermag den Kummer nicht auslöschen" (Balzac: *Das Chagrinleder*).

30 Chagrinleder wurde zudem für Bucheinbände benutzt. Im Roman findet man viele Stellen, die mit der Mehrdeutigkeit des Begriffs spielen. Vgl. Émile Littré: *Dictionnaire de la langue française*. Paris: Gallimard, 1967, S. 75–76; *Meyers Enzyklopädisches Lexikon: eine Enzyklopädie des allgemeinen Wissens*, Bd. 5, 9. Aufl. Mannheim: Verlag des Bibliographischen Instituts 1972, S. 444.

31 Balzac: *La Peau de chagrin*, S. 185. „Ich […] lebte bereits in der Zukunft" (Balzac: *Das Chagrinleder*).

32 Balzac: *La Peau de chagrin*, S. 187, „forschte ich nach nicht vorhandenen Talern" (Balzac: *Das Chagrinleder*).

33 Balzac: *La Peau de chagrin*, S. 192. „[…], daß von allen Kapitalien der Welt die

Der Schneider, ein „artiste“ wie Raphaël, verfährt ebenso wie er. Er hofft auf einen Ertrag in der Zukunft und kreditiert ihm nur aus diesem Grund. Je mehr Schulden Raphaël auftürmt, umso größer wird sein Kredit. Immer tiefer gerät Raphaël in das System der Verschuldung, um seinen Lebensstil zu finanzieren. Immer neue Wechsel stellt er aus, die ihren Wert ebenfalls nur durch den Glauben an das Versprechen, sie eines Tages in Bargeld einlösen zu können, erhalten. Nur wenn dem Emittenten geglaubt wird, genießt er Kredit und bekommt dafür bei anderen Menschen Geld. Wie auch bei der von Marx beschriebenen Staatsschuld speist sich dieses System der Wechsel durch immer neue Schulden, deren Begleichung immer weiter in die Zukunft verschoben wird. Durch immer kürzere Verfallszeiten erhöht sich für Raphaël der Druck: „Enfin, j'épuisai facilement mon trésor […]. Pour continuer de mourir, je signai des lettres de change à courte échéance, et le jour du payement arriva.“[34] Lassen die Gläubiger sich nicht weiter mit neuen Wechseln zufriedenstellen, weil sie die Glaubwürdigkeit des Unterzeichners nicht mehr gegeben sehen, dieser also keinen Kredit mehr genießt, rückt der Tag der Abrechnung, der „liquidation“, näher. Da Raphaël von „continuer de mourir“ spricht, das Ende seiner Kreditwürdigkeit also für ihn den Tod bedeutet, kann man „liquidation“ an dieser Stelle auch als Tötung verstehen. Die geleistete Unterschrift auf den Wechseln setzt Raphaël mit sich selbst gleich: „Notre nom, c'est nous-mêmes […].“[35] Allmählich droht die Einsicht:

> Ma signature valait trois mille francs, je ne les valais pas moi-même ! […] JE DEVAIS ! Devoir, est-ce donc s'appartenir ? D'autres hommes ne pouvaient-ils pas me demander compte de ma vie ?[36]

Zukunft das wertvollste und solideste sei. Indem er so meine Schulden als Hypothek auf meine Zukunftsmöglichkeiten betrachtete, betraute er seinen Schneider mit meiner Kundschaft, einen Künstler, der sich auf den ‚jungen Mann‘ verstand und mich bis zu meiner Heirat unbehelligt lassen sollte.“ (Balzac: *Das Chagrinleder.*)

34 Balzac: *La Peau de chagrin*, S. 232. „Die andere Krisis bestand darin, daß ich meinen Schatz schnell erschöpfte. […] Um das Sterben fortzusetzen, stellte ich Wechsel mit kurzer Verfallzeit aus, und der Zahlungstag erschien bald.“ (Balzac: *Das Chagrinleder.*)

35 Balzac: *La Peau de chagrin*, S. 232. „Unser Name sind wir selbst.“ (Balzac: *Das Chagrinleder.*)

36 Balzac: *La Peau de chagrin*, S. 233. „Meine Unterschrift sagte für dreitausend Franken gut, und so viel war ich selbst nicht wert. […] Ich hatte Schulden. Gehört man sich noch selber an, wenn man Schulden hat?“ (Balzac: *Das Chagrinleder.*)

Doch bevor es soweit ist, wendet er den Tag seiner „liquidation" ab und greift zum Chagrinleder: „— Au diable la mort ! s'écria-t-il en brandissant la Peau. Je veux vivre maintenant ! Je suis riche, j'ai toutes les vertus."[37] Der Glauben an das Leder tritt nun an die Stelle Fœdoras. Nachdem er zum ersten Mal einen Wunsch vor dem Leder geäußert hat, erbt Raphaël plötzlich. Er sieht damit die Kraft des Leders als erwiesen an. „Puis il croyait à la Peau de chagrin […]."[38] Und als er nachmisst, ist es tatsächlich kleiner geworden.

Es ist nun das Leder, das ihn krediitiert und für ihn sein Leben verkörpert. Mit jedem Wunsch schrumpft es weiter und je mehr er im Überfluss lebt, desto weniger Lebenszeit scheint ihm zu bleiben. Allein der Glaube daran führt dazu, dass er sich dem Tod immer näher sieht, da er durch das Leder die Abnahme seiner Lebenszeit immer vor Augen hat. Je kleiner das Leder wird, umso mehr meidet Raphaël die Menschen. Er zieht von seinem Hotelzimmer in ein eigenes Haus, in dem er nach einer Weile sogar – aus Angst, weitere Wünsche zu äußern – das Sprechen verbietet. Eines Tages trifft er die inzwischen zu Reichtum gekommene Pauline wieder und verliebt sich in sie. Doch das Leder ist schon so stark geschrumpft, dass ihn nur ein letzter Wunsch vom Tod trennt. Als er sich wünscht, bei ihr zu sein, muss Raphaël seine Schuld begleichen und stirbt.

Da er als Dichter die Fiktion am Leben hielt und die Fiktion ihn, endet mit seinem Tod seine Erzählung. Ohne ihren Protagonisten bleibt nur ein Epilog, der einerseits außerhalb dieser Erzählung steht und ihr andererseits doch zugehörig ist. Darin gibt der Erzähler noch einen Ausblick auf das weitere „Leben" der anderen Figuren. Dem Leser wird auf diese Weise vom Erzähler der fiktiven Geschichte ein Realitätsgehalt bestätigt, der nur innerhalb der fiktiven Geschichte Bestand haben kann.

Im Roman wird das Scheitern eines ökonomischen Kalküls auf metaphorischer Ebene vorgeführt. Die Utopie liegt im falschen Glauben daran, sich vermeintlich mehr leisten zu können, als man tatsächlich bezahlen

37 Balzac: *La Peau de chagrin*, S. 237. „‚Der Teufel hole den Tod!' rief er [Valentin] und schwang das Chagrinleder in der Luft. ‚Jetzt will ich leben! Ich bin reich und besitze alle Tugenden.'" (Balzac: *Das Chagrinleder.*)

38 Balzac: *La Peau de chagrin*, S. 247. „Nun glaubte er an sein Chagrinleder" (Balzac: *Das Chagrinleder*).

kann. Doch dieses Versprechen des fiktiven Kapitals kann niemals erfüllt werden, muss Utopie bleiben oder ist „nur in Utopien realisierbar"[39]. In beiden Fällen führt der Wunsch nach einer kreditfinanzierten Gegenwart zur Verdrängung der Tilgung, die nur immer weiter verschoben wird. Aber die in der Gegenwart nicht erbrachte Arbeitszeit ist nicht gespart, sondern muss durch zukünftige Lebenszeit gezahlt werden. Für den Fall der Staatsschuld muss die Tilgung mit immer neuen Krediten verzögert werden, ein Verzug geht mit einer Krise oder dem Bankrott des betroffenen Landes einher. Bei Balzacs Protagonisten muss das Leben auf Kredit sogar mit dem Leben bezahlt werden und der Verwender des fiktiven Kapitals haftet selbst für die Tilgung seiner Schuld, die in seinen Händen nicht weiter übertragbar ist. Und so bleibt unter der Annahme eines lebenszeitfinanzierten Handelns eine unendliche Verschiebung von Schulden bei beiden Autoren eine Utopie.

39 Hölscher: Utopie, S. 768.

Abbildungsverzeichnis

Kirsten Fitzke: Vom kriegszerstörten Leib zum Maschinenmenschen

Autorinnen und Autoren

Franziska Bechtel hat an der Goethe-Universität Frankfurt am Main und der University of Wisconsin, Madison, Geschichte und Kunstgeschichte studiert und ihr Studium mit dem Magister 2010 abgeschlossen. Noch im gleichen Jahr hat sie ihre Promotion mit dem Arbeitstitel „New Harmony – Das Experiment und sein Vermächtnis" in Frankfurt begonnen. Die Quellenrecherche für ihre Arbeit führte sie zurück in die USA. In Indiana erforschte sie über einen Zeitraum von mehreren Monaten die Geschichte der Kleinstadt New Harmony. Das Forschungsvorhaben wurde durch ein Promotionsstipendium des Evangelischen Studienwerks gefördert.

Till Breyer studierte 2003–2009 Germanistik, Philosophie und Geschichte in Regensburg und Wien, danach Lektor am germanistischen Institut der Universität Oradea, Rumänien, seit 2011 Mitglied des PhD-Net „Das Wissen der Literatur" (HU Berlin), Dissertation zur Poetik ökonomischen Wissens im Roman des 19. Jahrhunderts.

Christopher Dathe hat sein Bachelor-Studium der Politikwissenschaft an der TU Dresden im Jahr 2011 abgeschlossen. In seiner Abschlussarbeit „Zwischen Ökonomie und Staat? Zur Rekonstruktion der Zivilgesellschaft nach Antonio Gramsci" ging es ihm um eine Kritik der etablierten liberalen Zivilgesellschaftsbegriffe. Derzeit befindet er sich im Master-Studium der Politikwissenschaft an der Universität Potsdam und wird im Frühjahr 2015 graduieren. Seine Forschungsinteressen umfassen insbesondere die Entwicklung des Liberalismus sowie die sozialistischen Denkschulen des 20. Jahrhunderts.

Sophia Ebert studierte Theater-, Film- und Medienwissenschaft sowie Germanistik in Frankfurt am Main. Ihre Dissertation zur literarischen Kooperation von Walter Benjamin und Wilhelm Speyer an drei Gesellschaftskomödien und einem Roman wird voraussichtlich im Herbst 2015 erscheinen. Als Mitherausgeberin bereitet sie derzeit die Edition der von Speyer und Benjamin gemeinsam verfassten Komödien vor.

Kirsten Fitzke, Dr., Studium der Kunstgeschichte und Geschichte in Heidelberg. 2008 Promotion über „Die Arbeiten Erich Drechslers zum Ersten Weltkrieg". Derzeit Arbeit am Habilitationsprojekt zur Geschlechterthematik im Werk von Max Beckmann (Universität Osnabrück). Zahlreiche Publikationen im Bereich der Forschungsschwerpunkte Klassische Moderne, Anti-Kriegskunst und Sepulkralkultur.

Hannes Gießler hat Philosophie sowie Mittlere und Neuere Geschichte studiert. Er promoviert, betreut von Prof. Christoph Türcke, zum Thema „Die Aufhebung des Marktes – sozialistische Utopie und Praxis". Veröffentlichungen u. a.: „Raubt der Sache die gesellschaftliche Macht …" Zur Aufhebung des Geldes. In: Oliver Decker / Tobias Grave / Christoph Türcke (Hrsg.): *Geld – Kritische Theorie und Psychoanalytische Praxis.*

Gießen: Psychosozial-Verlag 2011, S. 135–156; Beihilfe zur Erschaffung des Neuen Menschen? Verstrickungen und Scheitern der Psychoanalyse im Erziehungswesen der jungen Sowjetunion – ein Indizienprozess. In: *Psychoanalyse. Texte zur Sozialforschung* 14,2/3 (2010); Umgebessert, eingetaktet (Dossier über die russische Oktoberrevolution und ihre Folgen). In: *Jungle World* 47, 22.11.2007.

Johannes Glaeser, Studium der Politik- und Wirtschaftswissenschaften an der Goethe-Universität Frankfurt am Main, an der University of Wisconsin, Madison, sowie an der Dalarna University in Schweden. 2014 Promotion am Fachbereich Wirtschaftswissenschaften der Frankfurter Universität über den Werturteilsstreit in der Volkswirtschaftslehre. Als wissenschaftlicher Mitarbeiter im Exzellenzcluster „Die Herausbildung normativer Ordnungen" arbeitete er in Forschungsprojekten zur Genese von Normen in der ökonomischen Wissenschaft. Seit 2014 arbeitet er als Publishing Editor in der Buch- und Zeitschriftenplanung beim Springer Verlag in Heidelberg.

Christian E. W. Kremser absolviert sowohl ein Masterstudium in Wirtschaftswissenschaften als auch in Philosophie. Von April 2010 bis März 2014 begleitete er als Tutor die Vorlesungen „Ethik in den Wirtschaftswissenschaften" an der Arbeitsstelle Wirtschaftsethik und „Einführung in die Volkswirtschaftslehre" am Lehrstuhl für Volkswirtschaftslehre, insbesondere Wirtschaftstheorie der Goethe-Universität in Frankfurt am Main. Von Januar 2012 bis September 2014 war er studentische Hilfskraft an der Arbeitsstelle Wirtschaftsethik und Redaktionsassistent der *Zeitschrift für Wirtschafts- und Unternehmensethik*. Zu seinen Forschungsinteressen gehören Theoriegeschichte, Wirtschaftsethik, Methodologie und Wirtschaftsanthropologie.

Marion Messiner studierte Deutsche Philologie, Philosophie und Soziologie an der Universität Wien. In ihrer Diplomarbeit widmete sie sich dem Thema der menschlichen Verwertbarkeit in der utopischen Literatur um die Jahrhundertwende. Derzeit forscht sie über Geheimgesellschaften und die Archivierung und Akkumulation von Wissen in der Literatur der Moderne.

Matthias Naumann studierte Theater, Film und Medienwissenschaft, Germanistik und Judaistik in Frankfurt am Main, Tel Aviv und Paris und arbeitet als freier Theaterwissenschaftler, Autor, Dramaturg, Übersetzer und Verleger. Er forscht und veröffentlicht in den Bereichen Theater, Film und Jüdische Studien. Er war, gemeinsam mit Stefanie Plappert, für die wissenschaftliche Konzeption und Realisierung des im November 2008 eröffneten Norbert Wollheim Memorials in Frankfurt am Main verantwortlich. 2011 gründete er zusammen mit Frank Schlöffel den Neofelis Verlag, Berlin. Übersetzungen israelischer Theaterstücke ins Deutsche, u. a. von Hanoch Levin, Yonatan Levy und Maya Arad; seit 2013 als Dramaturg für die Mülheimer Fatzer Tage tätig. Seine Theaterstücke wurden zur „Langen Nacht der Autoren" 2013 am Deutschen Theater Berlin und zum Heidelberger Stückemarkt 2014 eingeladen.

Jonas Nesselhauf, Literatur- und Kulturwissenschaftler, Studium der Allgemeinen und Vergleichenden Literaturwissenschaft und Kunstgeschichte in Saarbrücken und London. 2011 Bachelor of Arts. 2013 Master of Arts mit einer Untersuchung von Wirtschaftskrisen in der Literatur: „Die Liebe in den Zeiten der Krise. Zwischenmenschliche Beziehungen in literarischen Bearbeitungen der Weltwirtschaftskrisen 1929 und 2007f." Derzeit Promotion zur Figur des Kriegsheimkehrers in der Literatur des 20. und 21. Jahrhunderts an den Universitäten Vechta und Saarbrücken. Forschungsschwerpunkte: Diverse Publikationen zum Verhältnis von Literatur und Ökonomie (vor allem Wirtschaftskrisen), der literarischen Darstellungen und Inszenierungen des Körpers (besonders Tätowierungen), sowie dem seriellen Erzählen im Fernsehen (im Rahmen des Forschungsprojekts „Serial Narration on Television" an der Universität des Saarlandes).

Anne Reich, Studium der Allgemeinen und Vergleichenden Literaturwissenschaft, Romanistik (Schwerpunkt Lateinamerikanistik) und Volkswirtschaftslehre an der Johann Wolfgang Goethe Universität in Frankfurt am Main. Außerhalb der Universität diverse Tätigkeiten im Kultur- und Medienbereich. Magisterarbeit 2012 mit dem Titel „‚Die zum Markt getragene Haut' oder ‚Fiktives Kapital in der Literatur. Eine Arbeit zu Texten von Marx, Derrida und Balzac'" bei Prof. Werner Hamacher. Seit 2014 Mitglied des PhD-Nets „Das Wissen der Literatur" der Humboldt Universität zu Berlin und Promotionsstudentin bei Prof. Joseph Vogl zum Thema „Schuldsubjekte und Schuldrepräsentationen bei Balzac" (Arbeitstitel).

Jens Reich studierte Volkswirtschaftslehre (Diplom) und Politologie (Diplom) an der Johann Wolfgang Goethe Uni-versität Frankfurt am Main und der New School for Social Research in New York City. Von 2010 bis 2015 promovierte er am Lehrstuhl von Prof. Bertram Schefold am Fachbereich Wirtschaftswissenschaften der Universität Frankfurt. Neben seinem Studium arbeitete er vier Jahre als wissenschaftlicher Mitarbeiter an der Universität Frankfurt. Bis heute lehrt er als Dozent für Volkswirtschaftslehre, insbesondere Geld und Währung, an der Dualen Hochschule Mannheim und der ProCredit Bank-Academy. Im Wintersemester 2013 war er neben seiner regelmäßigen Lehrtätigkeit im Rahmen des Mi-nerve Programmes an der Université Lyon 2 als Visiting Assistent Professor. Neben seiner wissenschaftlichen Tätigkeit war er Referent für Finanzmarktökonomie und Finanzmarktanalyse in der Bundesanstalt für Finanzdienstleistungsauf-sicht und ist heute im Zentralbereich Finanzstabilität der Deutschen Bundesbank tätig. Veröffentlicht hat er zu verschie-denen wirtschaftstheoretischen und -politischen Themen.

Katja Rieck ist wissenschaftliche Mitarbeiterin am Lehrstuhl „Ethnologie kolonialer und postkolonialer Ordnungen" im Exzellenzcluster „Die Herausbildung normativer Ordnungen" und am Institut für Ethnologie der Johann Wolfgang Goethe-Universität Frankfurt am Main. Sie beschäftigt sich u. a. mit den ästhetischen Praxen, die mit den kulturellen und religiösen Abgrenzungsprozessen innerhalb von postkolonialen politischen Bewegungen einhergehen.

Peter Seyferth, Dr. phil., Privatgelehrter in München, Lehrbeauftragter für Politische Theorie und Philosophie am Geschwister-Scholl-Institut für Politikwissenschaft, an der Hochschule für Politik München und an der Münchner Volkshochschule. Forschungsschwerpunkte: Anarchismus und nichtstaatliche Demokratie, Utopien und Utopismus, Anthropologie und Sozialphilosophie. Einige Veröffentlichungen zum Thema Utopie: *Utopie, Anarchismus und Science Fiction. Ursula K. Le Guins Werke von 1962 bis 2002*. Münster: Lit 2008; Anarchism and Utopia. In: Randall Amster et al. (Hrsg.): *Contemporary Anarchist Studies*. New York / Oxford: Routledge 2009, S. 280–289; Homo economicus and Homo utopicus: Towards a Synthesis, 2010. http://independent.academia.edu/PeterSeyferth; William Morris' *News from Nowhere* (1890). Die libertär-anarchistische Linie als Korrektiv der etatistischen Utopietradition. In: Thomas Schölderle (Hrsg.): *Idealstaat oder Gedankenexperiment? Zum Staatsverständnis in den klassischen Utopien*. Baden-Baden: Nomos 2014, S. 231–264.